1992-2012

公积金 惠万家

苏州住房公积金制度20年

苏州大学出版社
Soochow University Press

图书在版编目(CIP)数据

公积金　惠万家：苏州住房公积金制度20年：1992～2012 / 陈鼎昌主编：—苏州：苏州大学出版社，2012.12
ISBN 978-7-5672-0393-8

Ⅰ.①公…　Ⅱ.①陈…　Ⅲ.①住宅－公积金制度－研究－苏州市－1992～2012　Ⅳ.①F299.233.1

中国版本图书馆CIP数据核字(2012)第297675号

公积金　惠万家

——苏州住房公积金制度20年

(1992—2012)

陈鼎昌　主编

责任编辑　许周鹈

苏州大学出版社出版发行
(地址：苏州市十梓街1号　邮编：215006)
苏州市越洋印刷有限公司印装
(地址：苏州市吴中区天鹅荡路2号　邮编：215104)

开本 700 mm×1 000 mm　1/16　印张 18.25　字数 271 千
2012年12月第1版　2012年12月第1次印刷
ISBN 978-7-5672-0393-8　定价：38.00元

苏州大学版图书若有印装错误，本社负责调换
苏州大学出版社营销部　电话：0512-65225020
苏州大学出版社网址　http://www.sudapress.com

《公积金　惠万家》编委会

序

contents

20年前，我国在推进改革开放的伟大进程中，建立了住房公积金制度。这项造福百姓的改革创举历经时间的检验，如今已被广大人民群众所认可。苏州住房公积金事业长期走在全省乃至全国前列，成为全国住房公积金事业发展的一个闪亮缩影。

1992年7月，苏州市住房制度改革实施方案和苏州市住房公积金管理暂行办法同步实施，标志着苏州市市区住房公积金制度的建立。当月底，缴存职工38.3万人，月缴存总额477.7万元。20年后的今天，全市参加住房公积金制度职工已有167万人，月缴存总额达到11.8亿元，缴存人数居江苏省第一。累计归集住房公积金670亿元，支持职工购(建)房、租房等提取住房公积金387亿元，向21.5万户家庭发放住房公积金贷款405.7亿元，支持购房面积2 000万平方米。为各级政府提供廉租住房建设补充资金7.1亿元。20年来，我市的住房公积金事业蒸蒸日上，社会效益和经济效益不断扩大，为维护社会公平正义、促进社会和谐稳定作出了积极的贡献。

勇于探索、敢于创新、善于实践是苏州住房公积金制度得以成长、发展、完善的主旋律。制度建立初期，在全省或全国率先破解住房贷款风险防范难题、推出住房公积金个人贷款业务；率先实行中心专户管理、建立住房公积金职工个人明细账；率先将外地户籍职工纳入制度保障范围。机构调整后，又在率先实现全市“四个统一”管理的基础上，紧贴快速发展的经济社会形势，率先将企业履行公积金缴交义务列入《劳动合同》示范文本；率先出台并实施汶川地震灾区户籍职工提取公积金的政策；率先实施面向高层次人才、中低收入家庭、患重病、特困群体以及民生重点工程安置职工的一系列公积金优惠倾斜政策，拓展了扩大制度覆盖面的新思路，形成了政府行政推动、多方联动协作、中心全力推进、职工参与维权的建制扩面新机制，创出了苏州经验，为全国住房公积金制度的发展与完善提供了有益借鉴。

机制创新、管理创新、服务创新是苏州住房公积金事业得以科学发展、快速发展、跨越发展的原动力。近年来，在全系统持续倡导和实践管理的科学化、规范化、精细化，努力增强全社会对住房公积金制度的感受度、信任度、满意度，坚持以客户需求为导向，以信息化为引领，以标准化为载体，以人性化为目标，主动融入大局，尽责服务社会，构建起由《苏州市住房公积金管理办法》和各类管理《规程》《规定》《手册》（苏州标准版）等组成的制度体系，做到依法管理、制度约束、规范操作；坚持保障基本住房需求、支持改善性住房需求的使用原则，发挥了住房公积金对中等偏低收入职工家庭的住房保障作用；完善管理运行和风险防控机制，强化监督制约，确保资金安全规范运用；确立统一的服务理念、服务规范、服务标准，注重以人为本，为职工群众提供优质高效服务，塑造了"公积金，惠万家"这一特色服务品牌。应该说，苏州市住房公积金制度发展越来越好，保障作用越来越大，职工受益也越来越多。

20 年探索历程、20 年惠民实践，苏州市住房公积金从无到有，从小到大，在风雨中成长，在历练中发展，圆了百万职工的住房梦，促进了住房保障目标的实现。在苏州市住房公积金制度建立 20 周年之际，苏州市住房公积金管理中心编撰此书，以翔实的史料、动人的故事，将苏州市住房公积金事业 20 年的发展历程记录下来，与大家共同见证这段历史进程，共同感受这份荣耀与辉煌，共同总结过去、展望未来。

"记注欲往事之不忘，撰述欲来者之兴起"。20 年后的今天，经济社会环境发生了巨大的变化，新形势、新任务对住房公积金事业的发展提出了新的要求。住房公积金事关民生安居大计，在今后的工作中必须紧紧围绕率先基本实现现代化的目标，积极探索健全制度、规范管理、提升服务的新路径，不断推出住房公积金利民、惠民、便民的新举措，努力使住房公积金制度在新的起点上实现新跨越！

苏州市人民政府市长 周乃翔

目录 contents

二、收获

三、耕耘

四、见证

一、回　首

历史的航船穿过了20年的风雨，崭新的事业走过了20年的历程。顺应国家宏观经济体制的转型，呼应历届党委、政府的工作部署，承载着苏州住房制度改革的使命……在苏州市住房公积金事业发展历程的一个个断面，展示的是一幅幅值得回味的画面，记载的是一项项值得铭记的史料……

1992 年

1992 年 3 月 4 日，经江苏省人民政府同意，江苏省住房制度改革领导小组批准，苏州市政府印发《苏州市市区房改实施方案》（苏府〔1992〕19 号），将“建立住房公积金制度”列入住房制度改革起步方案的首要内容，明确“住房公积金按职工月工资的一定比例（1992 年为各 5%），由单位和职工个人逐月缴存，全部归职工个人所有，享有低息。通过住房公积金的长期积累，扩大住房建设资金的融通，提高职工家庭解决住房的能力”。该《方案》明确了住房公积金的定义，缴储范围和对象，缴储比率、利率、用途、提取、来源和管理等。

1992 年 3 月 3 日至 4 日，苏州市政府召开全市第二次房改工作会议。会议由副市长沈长全主持，市委副书记黄俊度到会讲话，市人大副主任石琪、市政协副主席谢慧新出席会议，各县（市）、区、市各部委办局（公司）和直属单位的分管领导及房改办负责人共 300 多人参加，市政府秘书长、市住房制度改革领导小组（以下简称市房改领导小组）组长姚秉森传达了全国、全省工作会议精神，部署了苏州市的工作任务。沈长全就“建立住房公积金制度”提出了明确要求。

当月，苏州市委宣传部专门召开宣传工作会议，部署以建立住房公积金制度为重点的房改宣传工作。3 月 6 日，《苏州日报》发表题为《积极稳妥地推进住房制度改革》的社论；报纸、电台、电视台开辟“房改问答”、“访谈录”、“系列报道”、“小言论”等栏目，讲解群众关心的热点问题；市总工会主席在广播电台发表讲话；各民主党派负责

苏州日报

SU ZHOU RI BAO

热烈庆贺

苏州市农行系统储蓄突破60亿元

积极稳妥地推进住房制度改革

社论

人发表谈话;各系统、各单位利用闭路电视、广播、厂报等多种形式进行宣传。

1992年4月初,苏州市市区在中国建设银行苏州分行的配合下,基本完成住房公积金开户、月工资核定等各项准备工作后,用两个月的时间进行了缴存住房公积金的模拟运转,为住房公积金制度的正式实施奠定了基础。

1992年5月21日,苏州市房改领导小组印发《苏州市市区住房公积金管理暂行办法》(苏房改〔1992〕3号)。同日,市房改领导小组、市人事局、市劳动局联合印发《苏州市市区住房提高租金和发放住房补贴的暂行办法》(苏房改〔1992〕4号)、《苏州市市区缴存住房公积金和发放住房补贴的月工资和月离退休费计算办法》(苏房改〔1992〕5号),市房改领导小组、中国人民银行苏州分行联合印发《苏州市市区住房金融管理暂行办法》(苏房改〔1992〕7号),市房改领导小组、市财政局、市税务局联合印发《苏州市市区住房基金管理暂行办法》(苏房改〔1992〕8号)。并明确与当年7月1日实施的房改方案同步施行。

1992年6月5日,苏州市委、市政府决定,市编制委员会批准,建立苏州市住房制度改革办公室和苏州市住房改革基金管理中心,实行两块牌子、一套机构,属副县级建制全民事业单位,列为市政府的直属部门,受市房改领导小组领导,挂靠市房管局。内设秘书科、业务科、基金管理科(均为副科级建制),核定全民事业编制20名。同年9月16日,苏州市住房制度改革办公室更名为苏州市人民政府住房制度改革办公室(以下简称市政府房改办),苏州市住房改革基金管理中心更名为苏州市住房基金管理中心(以下简称市住房基金管理中心),更名后仍实行两块牌子、一套班子,合署办公。

1992年7月1日,《苏州市市区房改实施方案》正式实施,与之相配套的《苏州市市区住房公积金管理暂行办法》等实施细则也同时实施,标志着苏州市区住房公积金制度的建立。当月,市区缴存住房公积金单位2 420个,职工383 140人,月缴存总额477.70万元,职工人均月缴储额12.47元(含单位提供部分)。根据国家和省、市有关政策规定,所辖五个县(市)认真构思方案,积极稳妥地逐步推开,建立相应的住房公积金制度。

1992 年 8 月 29 日，苏州市政府任命市房管局局长郭九官兼任市政府房改办（市住房基金管理中心）主任。9 月 1 日，市政府任命盛家型等为副主任。

1992 年 9 月 28 日，苏州市房改领导小组在国务院房改办的指导下正式批准张家港港务局“大步提租发补贴，以提租促售房，建立住房新体制，推行住房公积金制度，建立独立核算、自负盈亏的房产公司，实行生产资金与住房基金、住房所有权和经营权相分离”的房改方案，该方案于同年 12 月 1 日起实施。11 月 9 日，国务院房改领导小组在内部刊物《房改简报》上介绍了张家港港务局“推行住房公积金，设立住房基金管理分中心”等经验。

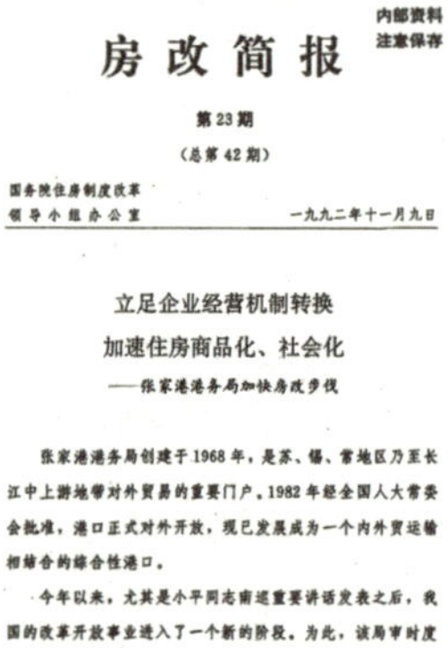
内部资料
注意保存

房改简报

第 23 期
（总第 42 期）

国务院住房制度改革
领导小组办公室　　一九九二年十一月九日

立足企业经营机制转换
加速住房商品化、社会化
——张家港港务局加快房改步伐

张家港港务局创建于 1968 年，是苏、锡、常地区乃至长江中上游地带对外贸易的重要门户，1982 年经全国人大常委会批准，港口正式对外开放，现已发展成为一个内外贸运输相结合的综合性港口。

今年以来，尤其是小平同志南巡重要讲话发表之后，我国的改革开放事业进入了一个新的阶段。为此，该局审时度

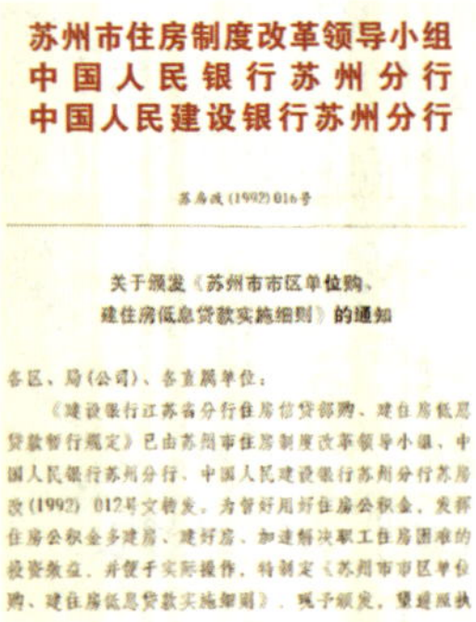
苏州市住房制度改革领导小组
中国人民银行苏州分行
中国人民建设银行苏州分行

苏房改（1992）016 号

关于颁发《苏州市市区单位购、建住房低息贷款实施细则》的通知

各区、局（公司）、各直属单位：

《建设银行江苏省分行住房信贷部购、建住房低息贷款暂行规定》已由苏州市住房制度改革领导小组、中国人民银行苏州分行、中国人民建设银行苏州分行苏房改（1992）012号文转发。为管好用好住房公积金，发挥住房公积金多建房、建好房、加速解决职工住房困难的投资效益，并便于实际操作，特制定《苏州市市区单位购、建住房低息贷款实施细则》，现予颁发，望遵照执

1992 年 9 月 28 日，苏州市房改领导小组、中国人民银行苏州分行、中国建设银行苏州分行下发《苏州市市区单位购、建住房低息贷款实施细则》，开始发放购、建住房专项贷款和支持住房建设贷款。10 月 5 日，市房改领导小组批准航空工业部长风机械总厂作为市区试点单位，市住房基金管理中心提供住房公积金贷款，支持建造职工住房。

1992 年 12 月 29 日，苏州市房改领导小组召开“苏州市市区 1992 年度房改工作总结交流表彰大会”。市政府秘书长、市房改领导小组组长姚秉森在大会上作了《认真总结经验，继续积极推进住房制度改革》的讲话。6 个单位（系统）的代表在会上交流了经验。大会表彰了平江区房改办等 41 个先进单位，表扬了金阊区政府房改办等 15 个单位。

1993 年

1993 年 1 月 4 日，江苏省住房制度改革领导小组发文，批准《常熟

市城区住房制度改革实施方案》(苏房改〔1993〕1 号),明确 4 月 1 日起正式建立住房公积金制度,确定常熟市城区“公积金缴储率为 1991 年 12 月底月工资的 10%,由个人和单位各缴 50%,归个人名下,享有低息”。常熟市首月汇缴单位共计 722 个,月缴储额为 808 937 元,100%汇缴,实现了无逾期缴储。

1993 年 2 月 20 日,苏州市房改领导小组批转颁发《苏州市市区职工购、建住房低息贷款试行办法》及其附件《苏州市市区职工购、建住房低息贷款综合保险试行条款》,于当年 4 月 1 日起试行。此举标志着苏州市通过探索、创新,破解了向职工个人发放贷款的风险担保难题,推出了住房公积金个人贷款,住房抵押加综合保险和有价证券质押两种风险担保方式,特别是综合保险担保方式的推出为全国首创。

苏州市住房制度改革领导小组( )

关于批转《关于颁发〈苏州市市区职工购、建住房低息贷款试行办法〉的报告》的通知

[illegible]

1993 年 3 月 9 日,苏州市房改领导小组举行苏州市经济实用住房发展中心成立大会暨挂牌仪式。苏州市经济实用住房发展中心隶属于市政府房改办(市住房基金管理中心)。

1993 年 4 月初,苏州市市区正式开始发放职工购、建住房低息贷款。4 月 7 日,发放首笔申请贷款 1.5 万元,申请人姓名:钱光达,房屋住址:三元三村 46 幢 601 室。

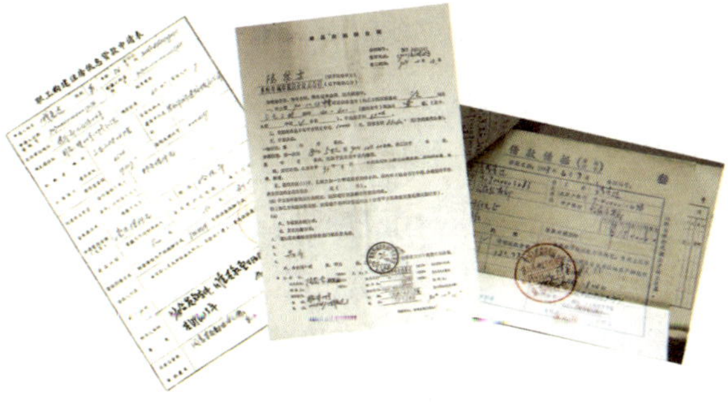

苏州市首笔住房公积金个人贷款资料

1993 年 4 月,根据《江苏省县(市)住房制度改革实施意见》规定要求,苏州市所属六县(市)房改方案全部出台实施,其中常熟市、吴县实

行住房公积金制度，其他县(市)实行公益金制度。

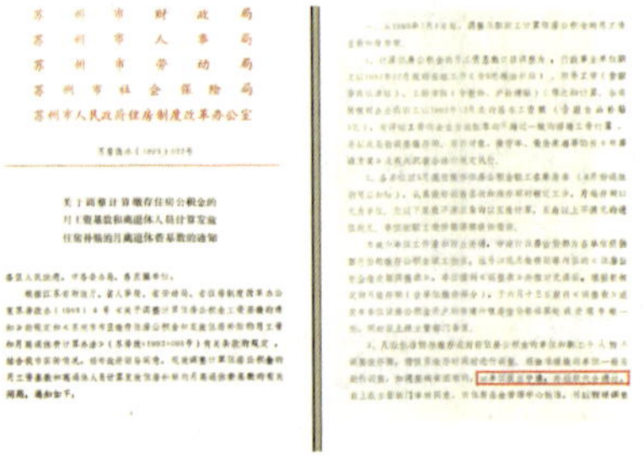
苏州市财政局
苏州市人事局
苏州市劳动局
苏州市社会保险局
苏州市人民政府住房制度改革办公室

1993年6月2日，苏州市住房基金管理中心会同市财政、劳动、人事、社保等部门联合发文，首次就调整住房公积金基数作出规定，每年7月1日为住房公积金基数调整时间；明确了当年住房公积金的月工资基数计算口径；规定缴存单位一般应进行调整，对调整确有困难的，需单位提出申请，并经职代会通过，报上级主管部门审核同意，市住房基金管理中心批准，可暂缓调整。单位因困难停、缓缴住房公积金须经职代会通过这一做法，后被国务院制定《住房公积金管理条例》(以下简称《条例》)所采纳。

1993年6月，苏州市住房基金管理中心组织人员分组到承办银行各结算处网点，首次对单位进行住房公积金催缴和督促基数调整工作，为确有困难的企业及时办理停、缓缴手续，使苏州市住房公积金的汇缴率在全省保持领先。

1993年8月24日，苏州市政府下发《关于调整市住房制度改革领导小组成员的通知》(苏府〔1993〕71号)，市房改领导小组由市委常委、副市长沈长全任组长，许福荣、王惠荣、瞿慰祖任副组长，许福荣兼任市政府房改办主任。

1993年11月12日，苏州市住房基金管理中心首次对承办住房公积金业务的建设银行市区各结算处有关住房公积金的汇缴、转移、提取、划款等项业务会计处理手续进行检查。由此开始逐步规范住房公积金的业务管理工作。

1993年12月17日，经苏州市政府同意，市政府办公室发文(苏府抄93字，第56号)同意中国工商银行苏州分行参与房改配套金融业务，并明确工行苏州分行房改金融机构，在业务上接受市房改领导小组及其办公室的统一领导和管理。

1993年，当年苏州市区共归集住房公积金6 211万元，年末归集余额8 872万元，归集率达98.68%，居全省首位。利用住房公积金对单位、职工购建住房，对市政府实事工程干将路、阊胥路动迁户购买住房、解困房和经济适用住房建设等进行贷款支持，累计发放贷款 9 783 万元。截至当年 11 月底，共发放 1 142 户职工个人购、建住房贷款 898.2 万元。其中，解决职工个人支付动迁住房 396 户、401.63 万元；解困 34 户、40.69 万元；私房翻建 16 户、13.72 万元；购买商品房 125 户、130 万元，有力地配合了市政府拆迁改造工作，缓解了职工住房困难。在全国房改工作会议上得到了李铁映同志的好评。

1994 年

1994 年 1 月 14 日，苏州市住房基金管理中心依据《苏州市市区住房公积金管理暂行办法》规定，首次编制住房公积金贷款计划。预计当年筹集住房公积金 6 778 万元，年末余额达 15 650 万元，计划安排年度新增贷款额度 7 698 万元，为新增公积金存款额的 113.6%。

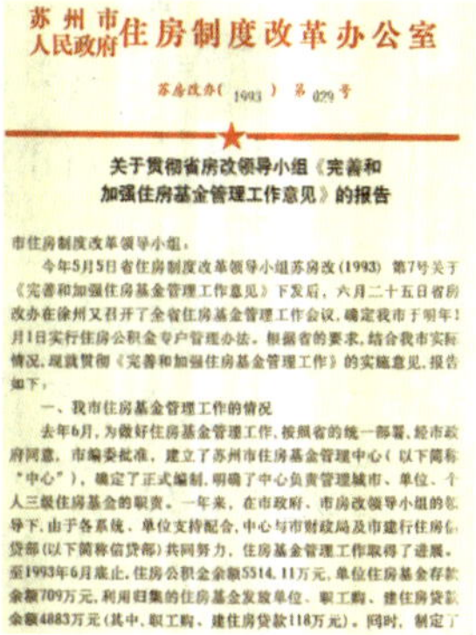
苏州市人民政府住房制度改革办公室

苏房改办（1993）第 029 号

关于贯彻省房改领导小组《完善和加强住房基金管理工作意见》的报告

市住房制度改革领导小组：

今年5月5日省住房制度改革领导小组苏房改(1993) 第7号关于《完善和加强住房基金管理工作意见》下发后，六月二十五日省房改办在徐州又召开了全省住房基金管理工作会议，确定我市于明年1月1日实行住房公积金专户管理办法。根据省的要求，结合我市实际情况，现就贯彻《完善和加强住房基金管理工作》的实施意见，报告如下：

一、我市住房基金管理工作的情况

去年6月，为做好住房基金管理工作，按照省的统一部署，经市政府同意，市编委批准，建立了苏州市住房基金管理中心（以下简称"中心"），确定了正式编制，明确了中心负责管理城市、单位、个人三级住房基金的职责。一年来，在市政府、市房改领导小组的领导下，由于各系统、单位支持配合，中心与市财政局及市建行住房信贷部(以下简称信贷部)共同努力，住房基金管理工作取得了进展。至1993年6月底止，住房公积金余额5514.11万元，单位住房基金存款余额709万元，利用归集的住房基金发放单位、职工购、建住房贷款余额4883万元(其中，职工购、建住房贷款118万元)。同时，制定了

1994 年 1 月 22 日，苏州市政府房改办针对住房基金管理上存在的体制不顺、职责不清、权责不对等及缴存职工合法权益得不到维护等问题，依据江苏省房改领导小组印发的《完善和加强住房基金管理工作意见》（苏房改〔1993〕7 号），规定"中心负责、银行办理、财政监督、税务支持、管理委员会决策"的原则及住房公积金由中心直接管理的要求，向市房改领导小组提出对住房公积金实行专户管理意见。

1994 年 3 月，苏州市住房基金管理中心与沧浪区、金阊区、平江区、郊区房改办协同对区属单位住房公积金进行催缴、归集。所属四个区共有应缴存住房公积金单位 1 100 多个，占市区单位总数的 40%，面广量大，且情况复杂，市、区两级各司其职，协调配合，督促单位按期缴存住房公积金，使催缴工作由被动变为主动。由此，苏州市逐步开始建立和完善住房公积金的协管催建催缴机制。

1994 年 4 月 29 日，苏州市住房基金管理中心与中国建设银行苏州分行住房信贷部联合印发《关于缴存住房公积金有关问题的补充通

知》。每年7月，市建行住房信贷部根据市住房基金管理中心的要求，由各结算处向各缴存单位发放职工住房公积金对账单。

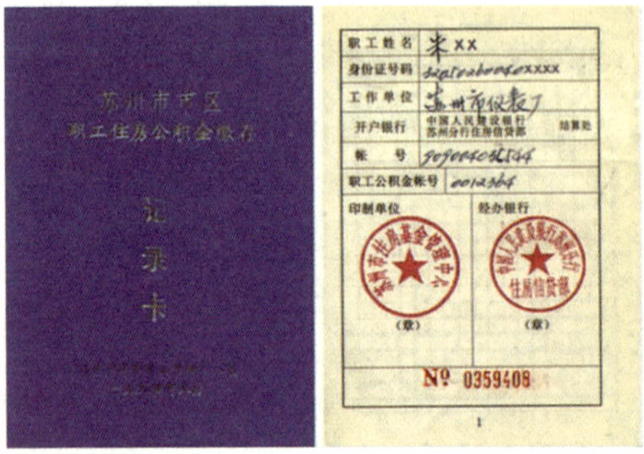

1994年7月12日，苏州市住房基金管理中心向市区各住房公积金缴存单位开始发放《苏州市市区职工住房公积金缴存记录卡》，于10月份正式启用。记录卡反映职工个人住房公积金缴存时间和缴存金额，作为职工办理提取、贷款、转移、查询等业务的有效凭证。记录卡制度的实施，强化了单位和职工缴存公积金意识，保障了职工的公积金权益。此举属全国首创，并被国务院以“为职工发放缴存住房公积金有效凭证”规定列入《住房公积金管理条例》条款之中。

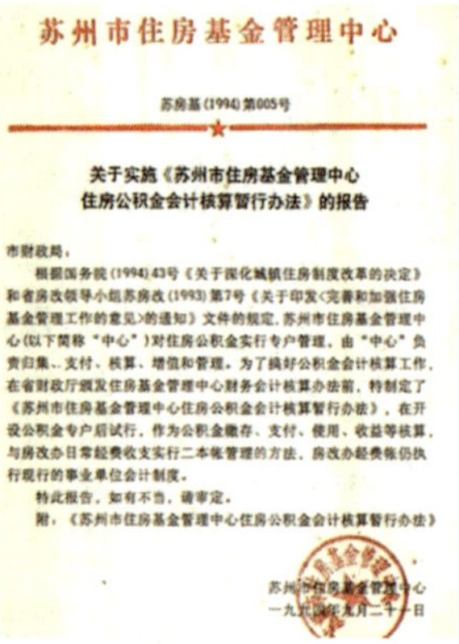

苏州市住房基金管理中心

苏房基（1994）第005号

关于实施《苏州市住房基金管理中心住房公积金会计核算暂行办法》的报告

市财政局：

根据国务院（1994）43号《关于深化城镇住房制度改革的决定》和省房改领导小组苏房改（1993）第7号《关于印发〈完善和加强住房基金管理工作的意见〉的通知》文件的规定，苏州市住房基金管理中心（以下简称“中心”）对住房公积金实行专户管理，由“中心”负责归集、支付、核算、增值和管理。为了搞好公积金会计核算工作，在省财政厅颁发住房基金管理中心财务会计核算办法前，特制定了《苏州市住房基金管理中心住房公积金会计核算暂行办法》，在开设公积金专户后试行，作为公积金缴存、支付、使用、收益等核算，与房改办日常经费收支实行二本帐管理的方法，房改办经费帐仍执行现行的事业单位会计制度。

特此报告，如有不当，请审定。

附：《苏州市住房基金管理中心住房公积金会计核算暂行办法》

苏州市住房基金管理中心
一九九四年九月二十一日

1994年9月21日，为了做好开设公积金专户工作，苏州市住房基金管理中心在全省率先制定并实施了《苏州市住房基金管理中心住房公积金会计核算暂行办法》，为市住房基金管理中心行使对住房公积金归集、支付、财务核算等业务奠定了基础。

1994年10月1日，根据江苏省房改领导小组要求，经苏州市政府同意，市住房基金管理中心开始实行中心专户管理，正式把原运作程序中的单位存款户改为单位代扣职工缴存额后，连同单位提供的公积金，一并缴存入市住房基金管理中心公积金存款户下的职工个人户名内。同时，市住房基金管理中心相应建立了记到单位的公积金账户和公积金核算账。市住房基金管理中心与承办银行签订委托办理住房公积金金融业务协议书，成为委托与被委托关系，住房公积金的归集、偿还、核算、资金调度等管理职能和责任全部由市住房基金管理中心承担，承办银行协助配合。此举标志着苏州市通过探索创新，改变过去住房公积金归集、记账、放贷、财务核算等业务全部由承办银行办理的间接管理模式，在全省率先逐步介入住房公积金的管理、运作与核算。

1994 年 11 月 28 日，苏州市住房基金管理中心向各县（市）下发《关于县（市）全面推行住房公积金制度的操作办法》，就县（市）住房公积金管理、汇缴、补缴、转移、结息、对账、查询、账户设置等方面进行规范统一。

1994 年 12 月 13 日，苏州市人民政府决定，为解决苏州市中低收入住房困难户的住房问题，实现在 20 世纪末达到小康居住目标，从 1995 年开始实施“安居工程”，并成立苏州市国家安居工程领导小组，由市委常委、副市长沈长全任组长，许树栋、许福荣、顾国华为副组长，市政府房改办副主任盛家型为成员之一。领导小组下设办公室（以下简称市安居办），办公室设在苏州市政府房改办（市住房基金管理中心）。

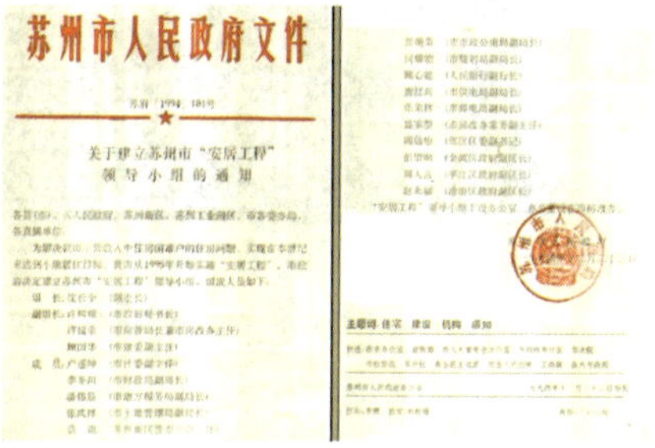
苏州市人民政府文件

关于建立苏州市“安居工程”领导小组的通知

1994 年间，苏州市住房基金管理中心通过改造原有计算机系统，采用 x1nix 多用户操作系统并配置多个终端，把原来只能由单人操作的单机系统升级为可供多人同时操作的多用户系统，各业务科室都配置终端，可及时查询单位缴存住房公积金明细数据。在此期间，又自主开发了公有住房维修基金管理，房改房管理等业务管理系统。

1995 年

1995 年 1 月 20 日，江苏省房改领导小组下发《1995 年全省房改工作要点》〔苏房改（1995）2 号〕文件，要求各市、县由住房基金管理中心对住房基金实行专户管理，并推广南京、苏州等市的经验，研究制定配套文件，把专户管理搞好。

1995 年 4 月 6 日，苏州市机构编制委员会办公室批复，同意苏州市住房基金管理中心在原定全民事业编制 20 名的基础上，增加 5 名，合计 25 名。

1995 年 5 月，国务院房改领导小组在北京召开房改研讨会，国务委员李铁映出席会议。苏州市政府房改办（市住房基金管理中心）副主任盛家型参加了会议。

李铁映同志和国务院房改领导小组全体成员与参加房改研讨会的代表合影（第三排左一为盛家型）

1995 年 5 月 12 日至 17 日，苏州市政府房改办（市住房基金管理中心）举办了两期业务培训班，市区 160 多个区、委办局和直属单位分管领导、房改办主任、财务和劳动工资相关人员近 500 人参加了业务培训。

1995 年 5 月 18 日，苏州市住房基金管理中心、市安居办联合印发《关于苏州市区国家安居工程项目建设、投资管理的暂行办法》（苏房基〔1995〕1 号）。该办法对住房公积金等专项贷款的申请、办理抵押手续、贷款按工程进度下达、资金专户管理、项目核算与监管等投资管理作出规定，规范了资金的使用，加快了建设资金的周转。

1995 年 5 月 31 日，经江苏省房改领导小组同意，省房改办发文，批准常熟市、吴江市深化城镇住房制度改革实施方案。两市正式建立住房公积金制度。

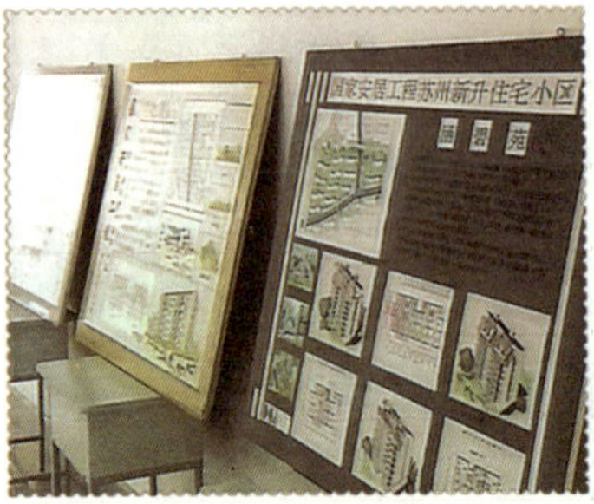

1995 年 6 月 20 日，苏州市隆重举行由住房公积金提供贷款支持的首期国家安居工程项目——新区新升新苑住宅小区开工奠基仪式。市领导杨晓堂、章新胜、黄俊度、王敏生以及建设部、江苏省房改办有关领导出席，国务院房改办发来了贺电。市委常委、副市长沈长全主持，章新胜市长作了讲话，杨晓堂、章新胜、王敏生等领导为工程铲土奠基。

新升新苑住宅小区是苏州市实施国家安居工程的首期项目，占地面积 23.79 公顷，规划总建筑面积 27 万平方米，其中住宅面积 25 万平方米，可以解决 3 756 户家庭的住房问题。

1995 年 7 月 1 日，按照《国务院关于深化城镇住房制度改革的决定》和《1995 年度苏州市市区深化住房制度改革实施方案》的规定，公积金缴存基数从月标准工资的 10% 调整为上一年度月平均工资收入的 10%，增强了职工解决住房问题的经济支付能力。调整后，3 000 多个单位计 34.57 万名职工，月应缴存款额从原来的 571 万元提高到 1 651 万元，职工人均月缴存额为 47.75 元，比调整前增加了两倍，归集率为 99.32%。同日，《苏州市市区全面推行住房公积金制度的实施细则》（苏房改〔1995〕3 号）同时执行。

1995 年 7 月 1 日，常熟市深化房改方案正式实施。为促进住房公积金汇缴工作的开展，该市建立了基层单位工作网络，聘请基金管理员 50 名，并发了聘书。

1995 年 7 月 13 日，苏州市政府批转苏州市政府房改办、市安居办联合制定的《1995 年苏州市区国家安居工程实施方案》。其中明确，安居住宅建设资金的主要来源之一为住房公积金贷款，资金管理由市住房基金管理中心和市安居办负责。

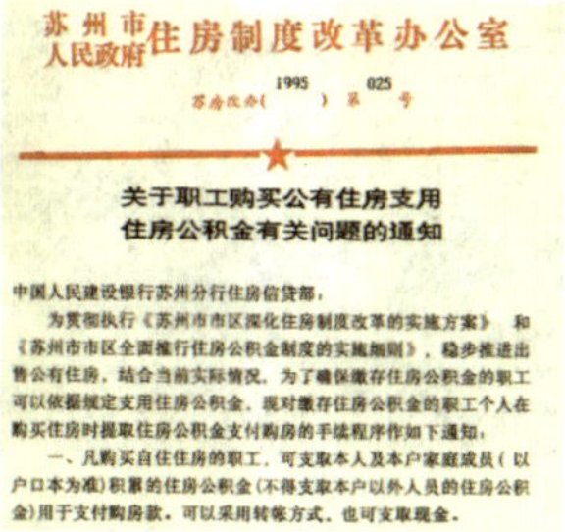

苏州市人民政府住房制度改革办公室

苏房改办（1995）第 025 号

关于职工购买公有住房支用住房公积金有关问题的通知

中国人民建设银行苏州分行住房信贷部：

为贯彻执行《苏州市市区深化住房制度改革的实施方案》和《苏州市市区全面推行住房公积金制度的实施细则》，稳步推进出售公有住房，结合当前实际情况，为了确保缴存住房公积金的职工可以依据规定支用住房公积金，现对缴存住房公积金的职工个人在购买住房时提取住房公积金支付购房的手续程序作如下通知：

一、凡购买自住住房的职工，可支取本人及本户家庭成员（以户口本为准）积累的住房公积金（不得支取本户以外人员的住房公积金）用于支付购房款，可以采用转帐方式，也可支取现金。

1995 年 8 月 25 日，为推进出售公有住房工作，苏州市住房基金管理中心下发《关于职工购买公有住房支用住房公积金有关问题的通知》（苏房改办〔1995〕25 号）文件。

1995 年 8 月 30 日，苏州市委组织部决定，黄济群同志任市房改办（市住房基金管理中心）副主任（列许福荣同志之后）。9 月 11 日，市政府发文任命。

1995 年 9 月，苏州市政府房改办（市住房基金管理中心）搬迁至闾胥路 126 号，从此拥有了自己独立的办公场所。

1995 年 10 月 1 日，太仓市、吴江市开始建立住房公积金制度。12 月 1 日，张家港市、昆山市开始建立住房公积金制度。

1995年10月31日，苏州市政府批准，中国农业银行苏州分行参与承办市区住房公积金金融业务。

1995年11月13日，为解决老城区居民住房困难，改善居民住房条件，苏州市委、市政府决定实施古城区街坊解危安居工程。根据要求，市住房基金管理中心先后两批向三个城区发放住房公积金贷款共6 000万元，以解决其部分启动资金。1995年当年提供贷款3 000万元，相当于市区6家银行和6家城市信用社提供的贷款总额。

1995年12月13日至15日，国务院房改领导小组在上海召开了全国房改经验交流会，国务院副总理朱镕基、国务委员李铁映出席会议并分别作了重要讲话。苏州市委常委、副市长、市房改领导小组组长沈长全，市房改办（市住房基金管理中心）主任许福荣参加了会议，沈长全代表市政府在会上作了题为《狠抓公积金的归集，完善公积金的管理》的经验介绍。

1995年12月底，苏州市市区当年归集住房公积金12 041万元，当年汇（补）缴率达100.15%，在全省名列前茅。当年发放职工购、建住房低息贷款1 349万元，发放单位购、建住房低息贷款2 633万元，支持单位购、建住房近4万平方米，帮助2 000多名职工乔迁新居，资金运用率在90%以上，住房公积金营运实现净增值375万元，比1994年增长两倍。

1995年至2005年，苏州市为解决职工住房问题，实施国家安居工程(经济适用住房)建设,住房公积金作为地方配套资金累计发放国家安居工程(经济适用住房)项目贷款8.63亿元,先后支持新区的新升新苑、园区的新城花园、城区的新康花园等住房建设共83万平方米,为社会提供住房9 000多套。

1996年

1996年1月23日至25日,江苏省房改领导小组在徐州市召开全省住房制度改革经验交流会。省长郑斯林向会议发来贺信,国务院房改办主任陈学斌出席并讲话。苏州市住房基金管理中心负责人在会上作了《狠抓公积金归集　努力提高汇缴率》的交流发言。省政府秘书长、省房改领导小组组长刘坚在讲话中对苏州市住房基金管理中心在全省率先出台职工个人购、建住房政策性抵押贷款办法和率先在承办银行开设住房公积金存款专户,实行统一集中管理的做法给予了充分肯定。

1996年1月29日,为了进一步加强对住房公积金决策管理,苏州市政府发文成立苏州市住房公积金管理委员会(以下简称市公积金管委会),由市委常委、副市长沈长全任主任,市政府副秘书长林钢、市房改办(市住房基金管理中心)主任许福荣任副主任,市体改、建设、财政、审计、人民银行等部门负责人组成。明确每年召开1~2次会议,听取年度工作汇报,审议批准住房公积金年度归集使用计划,财务收支计划与决算,专项经费支出,研究决策住房公积金管理的其他重大事项等。市住房公积金管理委员会的日常工作由市住房基金管理中心负责。

1996年1月31日,苏州市政府召开市公积金管委会全体成员会议。会议由市委常委、副市长、市住房公积金管理委员会主任沈长全主持。会议讨论通过了以中心开设职工个人公积金账户和建立公积金数据库为主要内容的专户管理方案。

1996年3月8日，在三八国际妇女节期间，苏州市住房基金管理中心上街开展住房公积金政策咨询服务活动。

1996年4月26日至29日，国务院房改办主任陈学斌在江苏省房改办副主任张先铭的陪同下，来苏州考察国家安居工程建设，对苏州的工作很满意。陈学斌对苏州市的房改工作给予充分肯定，赞扬“苏州市建立安居工程资金专户等方面创造了很好的经验”，同时提出“住房基金管理中心管理公积金必须管到职工个人账户”。

1996年6月4日，经苏州市政府批准，市住房基金管理中心与市建设银行房地产信贷部共同投资建立计算机主控室，共享住房公积金的数据，住房公积金管理逐步走上了电算化轨道。当年，六县(市)基本上实行了住房公积金专户管理，其中张家港、昆山、吴县、吴江市开始逐步使用电脑操作，为实现电算化管理创造了条件。

1996年6月20日，苏州市市区“八五”住宅建设成果展在胥城大厦开幕，国家建设部副部长李振东到会讲话。市住房基金管理中心在房改展区设有专栏。

1996年6月28日，国务院房改办主任陈学斌、建设部副部长李振东、建设部房地产业司副司长沈建中，国家计委投资司、中国建设银行等领导由江苏省建委副主任、省房改办主任徐益民等陪同来苏州市参加国家安居工程现场会。苏州市市委常委、副市长沈长全，市房改办主任许福荣等参加了会议。会议期间，与会领导还参加了苏州市国家安居工程首期项目新区新升新苑住宅小区建成交付钥匙仪式。

1996年6月底，苏州市住房基金管理中心全体工作人员参加市级机关党工委组织的纪念中国共产党建党75周年和红军长征胜利60周年歌咏比赛大会，并荣获二

等奖。

1996年6月下旬，根据省、市关于开展“住房基金管理年”活动的要求，围绕提升社会对住房公积金制度的认知度和简化办理手续、提高办事效率，苏州市住房基金管理中心会同承办银行开展大规模的市区住房公积金系列宣传活动：一是对各区、局、直属单位的房改干部、工会、财务负责人计700多人进行再培训；二是编印市区住房公积金培训（宣传）材料1.5万份，并通过培训现场咨询、承办银行窗口等渠道发放；三是通过新闻媒体以政策咨询问答等形式向社会广为宣传；四是向市区各级房改部门和市各机关部门及企事业单位编印、发放《苏州市区住房公积金指南》1万余册；五是工作人员利用节假日、房屋交易会等先后6次上街或进场设摊开展政策咨询服务。

1996年6月底，苏州新区国家安居工程新升新苑小区一期正式交付使用。该小区被国务院房改办、建设部领导誉为“具有一流水平”。

任务之（右1）在听取苏州市房改工作汇报

1996年7月4日至5日，由全国政协常委任务之为组长的国务院房改检查组一行四人，由江苏省建委副主任、省房改办主任徐益民陪同来苏州市检查工作，苏州市市委常委、副市长沈长全，市房改办主任许福荣向国务院房改检查组作了汇报。

1996年7月5日，苏州市政府第86次常务会议由市长章新胜主持召开，研究苏州市区1996年住房制度改革方案、苏州工业园区国家安居工程选址等问题，会议同意将苏州市区1996年住房制度改革方案上报省政府审批。主要内容有：巩固现行的住房公积金制度；继续实施国家安居工程，建立领导班子负责园区的国家安居工程建设。

1996年8月3日，《新华日报》刊登《苏州市房改工作走在全国前列》的报道。

1996年8月8日，国务院房改领导小组办公室在内部刊物《房改简报》第16期上刊登了《苏州市开展住房低息贷款综合保险取得良好效果》的报道，并加了编者按，时任国务院副总理朱镕基为此作了批示。

1996年8月9日至10日，国务院房改办主任陈学斌专程来苏传达国务院副总理朱镕基的讲话，高度评价苏州住房低息贷款产权抵押加综合保险的做法，要求创造条件逐步在全国推广。

1996年8月27日至30日，建设部在苏州召开国家安居工程新增实施城市工作座谈会。建设部副部长李振东，建设部房地产业司司长谢家瑾，江苏省建委副主任、省房改办主任徐益民等出席会议，苏州市委书记杨晓堂到会。市委常委、副市长沈长全代表苏州市政府在会上作了《加强领导，精心实施，实现国家安居工程首战告捷》的经验介绍。与会代表150余人还参观了新区新升新苑小区。当年常熟、吴县市列入国家安居工程新增实施城市。

工作座谈会场景

李振东(左3)、杨晓堂(左2)、谢家瑾(右1)等领导在会上

1996年10月12日，苏州市第二个国家安居工程建设项目——中新苏州工业园区新城花园举行隆重的奠基仪式，时任新加坡副总理李显龙、中国国家计委常务副主任甘子玉和江苏省省长郑斯林出席并为工程奠基。

时任新加坡副总理李显龙（前左1）和江苏省省长郑斯林（右1）在中新苏州工业园区国家安居工程新城花园小区的奠基仪式上

苏州市委常委、副市长沈长全在奠基仪式上讲话

1996年10月28日，时任中共中央政治局常委、书记处书记胡锦涛视察了新升新苑小区，对小区建设很满意，给予高度评价。

1996年12月，国家安居工程苏州新区新升新苑小区一期住房销售1544套，占总套数1980套的78%，其中中低收入职工家庭直接购买的占94%。

1996年12月6日，时任国务院副总理朱镕基在中国人民银行《关于苏州市开办住房低息贷款综合保险情况的报告》文件上批示“应积极试验，即时总结经验”。

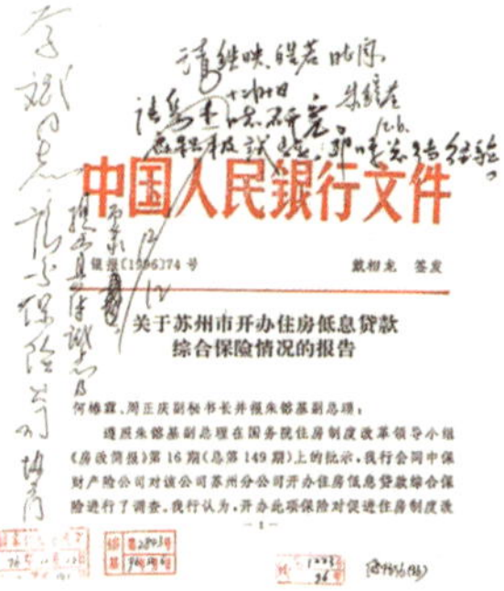

中国人民银行文件

银报〔1996〕74号　　戴相龙　签发

关于苏州市开办住房低息贷款综合保险情况的报告

何椿霖、周正庆副秘书长并报朱镕基副总理：

遵照朱镕基副总理在国务院住房制度改革领导小组《房改简报》第16期（总第149期）上的批示，我行会同中保财产险公司对该公司苏州分公司开办住房低息贷款综合保险进行了调查。我行认为，开办此项保险对促进住房制度改

—1—

朱镕基的批示

1996年12月30日，根据苏州市政府机构改革方案，苏州市政府批准《苏州市人民政府住房制度改革办公室职能设置内设机构和人员编制方案》，明确内设5个职能科：秘书科、方案政策科、住房发展科、基金管理科和财务科，人员编制30名。明确市政府房改办（市住房基金管理中心）为市政府负责住房制度改革的职能部门，是市住房制度改革领导小组的办事机构，赋予政府行政管理职能，仍为副处级建制，挂靠市房产管理局。

1996年12月底，全市住房公积金归集余额6.64亿元，其中所属六县（市）归集余额2.43亿元（常熟市已突破亿元大关）。苏州市市区住房公积金当年归集2.07亿元，年度归集率达99%以上，分别超国家、

省指标9个和4个百分点；所属六个县(市)住房公积金缴交人数34.54万人，年度归集率均在90%以上。市区当年共发放各类住房贷款2.53亿元，资金运用率达83.25%，其中重点向国家安居工程、经济适用住房建设、旧街坊解危安居工程倾斜，三项贷款合计余款1.62亿元，占全部贷款余额的65%；与此同时，扩大职工购建住房公积金贷款的受益面，优先确保该项贷款资金的需求，累计发放个人住房贷款4 910户，1.16亿元，占同期资金运用率的31%。

1997年

1997年1月23日至25日，全国房改工作会议在成都召开。苏州市政府副秘书长韩天伦在会上作了《推行住房低息贷款 增强住房贷款风险保障》典型发言。李铁映在会上作了重要讲话，指出“要认真总结苏州市由保险公司对购房贷款实行财产、人身和信用综合保险的方式，在35个大中城市扩大试点，不断完善”。国务院副秘书长张左己在大会总结时，提出全国要向上海市、苏州市学习。在这次会议上，苏州市被国务院房改领导小组授予“全国住房制度改革先进城市”荣誉称号。

1997年3月17日至19日，江苏省政府在南京召开全省房改工作会议，常务副省长季允石出席会议并作重要讲话，省政府秘书长、省房改领导小组组长刘坚作工作报告。受苏州市政府委托，市住房基金管理中心负责人作了《增强住房贷款风险保障 大力推行住房低息贷款》的交流发言。

1997年3月28日，苏州市政府下发《关于调整苏州市安居工程领导小组成员的通知》(苏府〔1997〕46号)，领导小组扩大到市政府17个部门(单位)，更有利于苏州市国家安居工程的指挥、组织和实施。

1997年5月，苏州市住房基金管理中心主任许福荣受市政府委托，向市人大常委会主任会议专题汇报市区住房公积金管理、使用情况。

1997年5月19日，根据苏州市政府批准的机构“三定”方案，市政府房改办全面开展职位分类和现有人员向国家公务员过渡工作。当年9月，经综合评审验收，在编24名工作人员全部通过资格认证。

1997年5月23日，苏州市政府第108次常务会议由章新胜市长主持召开，会议审议原则通过了市房改领导小组提出的1997年度市区房改调整方案，并同意上报审批。6月20日，根据江苏省房改领导小组批复，市房改领导小组印发《苏州市市区1997年度房改调整方案》。其中明确苏州市市区1997年度个人和单位的住房公积金缴存比例分别从5%提高到6%，计缴基数按职工本人上年度月平均工资核定，从当年7月1日起执行。

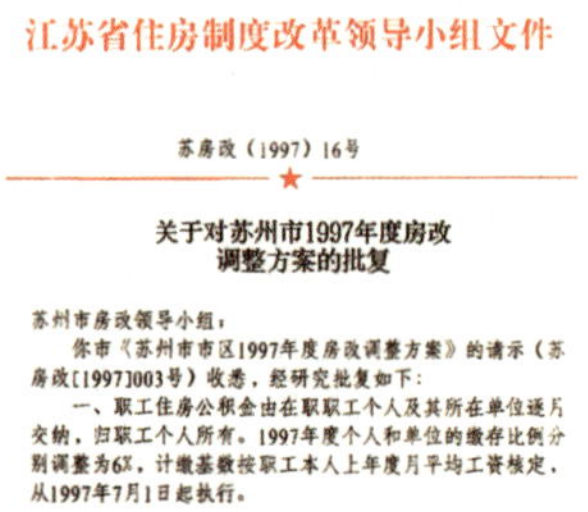
江苏省住房制度改革领导小组文件

苏房改（1997）16号

关于对苏州市1997年度房改调整方案的批复

苏州市房改领导小组：

你市《苏州市市区1997年度房改调整方案》的请示（苏房改[1997]003号）收悉，经研究批复如下：

一、职工住房公积金由在职职工个人及其所在单位逐月交纳，归职工个人所有。1997年度个人和单位的缴存比例分别调整为6%，计缴基数按职工本人上年度月平均工资核定，从1997年7月1日起执行。

1997年6月18日，苏州市机构编制委员会就配备区房改办人员编制问题，正式下发（苏编发〔1997〕15号）文件，同意平江区、沧浪区、金阊区、郊区和苏州新区房改办各配备全民事业编制2名，作为市住房基金管理中心专职人员，协助开展辖区内的住房公积金催建催缴工作。业务经费由市住房基金管理中心按期核拨。

1997年上半年，苏州市住房基金管理中心在常熟市举办“职工低息贷款业务培训班”，参加培训的有全市住房公积金贷款业务经办人员，还有与住房公积金贷款业务相关的银行、保险等承办单位人员参加。

1997年8月7日，苏州市政府房改办印发《苏州市市区1997年度房改调整方案实施细则》及有关缴存住房公积金计算口径的解释等附件。关于住房公积金的调整首次提出上封顶、下保底、分档定额缴存的办法。

1997年8月8日，经江苏省房改办批准，《张家港市职工购建住房政策性贷款暂行办法》出台实施。

1997年8月15日，江苏省第100次常务会议同意，苏州市住房基金管理中心在受托银行直接开设个人公积金账户，实行专户管理。

1997年9月，中央电视台经济频道专题报道苏州市职工住房公积金个人贷款的做法与社会效应。

1997年9月12日至13日，苏州市住房基金管理中心在太仓市举办住房公积金业务培训班，参训人员共30人，培训内容为公积金的管理以及职工低息贷款的操作程序和方法等。培训期间，观摩了太仓市住房公积金个人专户在归集、使用、查询、统计、维护等方面的模拟示范操作。

1997年10月，江苏省房改办举办“全省住房公积金制度知识竞赛”，苏州市及所属张家港市、太仓市获得优胜奖；吴县市获得组织奖。

1997年11月1日至3日，江苏省住房基金管理中心对苏州市住房基金管理情况进行了检查。检查组肯定了苏州市的住房基金严格按照“中心负责、银行办理、财政监督、税务支持、领导小组决策”的原则，规范住房基金管理体制，内部规章制度健全，资金使用审批程序严格。会计基础工作及统计工作规范，积极开办相应的个人贷款业务，成效显著。住房公积金归集率等项指标在全省领先。住房基金管理电算化程度较高。未发现挤占挪用住房基金现象。

1997年12月25日，国务院副秘书长张左己在部分省、市房改工作座谈会上的讲话中，讲到住房公积金在支持个人购房和住房建设方面的作用越来越明显，并肯定了苏州市个人购房抵押贷款的做法：“苏州市个人购房抵押贷款余额已占住房公积金贷款余额的60%以上。”

1997年12月底，苏州市市区当年归集住房公积金2.52亿元，归集率达99%以上，住房公积金归集余额6.16亿元。当年发放职工个人贷款4 011户、1.74亿元，占各类住房贷款余额的53%，累计发放职工个人贷款8 929户、2.90亿元。

1997年，苏州市住房基金管理中心加大档案硬件设施的投入，落实专门档案库房，配备档案管理员和开展档案建章立制工作。将1993年度以来包括6万多套售房资料在内的各类资料分门别类装订成卷，使档案工作步入正轨。

1998 年

谢家瑾(左4)在新城花园小区检查工作时,与苏州市有关部门领导合影

1998 年 2 月,建设部房地产业司司长谢家瑾到苏州检查工作时,对苏州市国家安居工程新城花园一期建设给予高度评价。

1998 年 3 月 23 日,苏州市住房基金管理中心下发《关于对所属市开展住房基金管理达标活动情况进行检查的通知》。3 月 30 日至 4 月 3 日,市住房基金管理中心对所属各市贯彻执行江苏省政府办公厅《关于加强国有住房出售收入和住房公积金管理若干问题的规定》及江苏省房改办《关于开展住房基金管理达标活动》规定情况进行了检查。

1998 年,苏州市所辖各市相继出台实施"职工购、建住房低息抵押贷款办法",昆山市颁布了《昆山市全面推行住房公积金制度实施细则》,并将住房公积金制度扩大至三资企业。继太仓市住房公积金实现个人账户电算化管理后,张家港市也建立了住房基金信息管理系统,为开展达标活动奠定了坚实的基础。

1998 年 6 月 3 日,苏州市住房公积金管委会召开全体成员会议,会议由市委常委、副市长、住房公积金管委会主任委员沈长全主持。会议审议通过了市住房基金管理中心关于向社会公布市区住房公积金制度执行情况公报的请示。会议还讨论了所辖市住房公积金管理的有关事宜。会后向社会首次公布了住房公积金归集、使用情况。

1998 年 6 月,苏州市住房基金管理中心对市区房改以来的住房公积金贷款等审批资料进行收集整理、归类、立卷,共 240 册,并将数据、材料输入电脑,建立电子档案。年底前,市区档案室经市档案局评定为三级档案室,实现了零的突破。

1998 年 6 月 15 日至 17 日,"全国城镇住房制度改革和建设工作会议"在京召开,时任国务院副总理温家宝作了讲话,市委常委、副市长沈长全就苏州市发展住房公积金个人贷款的做法在会上作了交流发言。会上苏州市被建设部、国家计委、人行、财政部授予“国家安居工程实施先进城市”荣誉称号。

1998年7月7日，经苏州市人民政府同意，市房改领导小组印发《关于调整苏州市市区1998年度住房公积金计缴基数的通知》（苏房改〔1998〕1号）文件。决定自1998年7月1日起，对市区职工住房公积金计缴基数进行调整，实行定额调整办法，即在上年度月缴存额基础上每人每月统一增加10元，其中职工缴纳和单位资助各5元。

1998年8月15日起，停止办理苏州市市区职工购、建住房低息贷款综合保险业务，房屋财产保险仍可继续办理。

1998年9月17日，苏州市住房基金管理中心下发《关于进一步加强市区住房公积金支取管理的通知》，强调各银行房地产信贷部结算处在办理公积金支取手续时，必须严格执行市区自1992年建立公积金制度以来的有关政策规定，坚持支取必备条件，支取凭证资料保存期两年。建立公积金支取管理的抽查制度，市住房基金管理中心会同各银行房地产信贷部将不定期地进行抽查、考核，并把市区住房公积金支取纳入规范化管理轨道。该《通知》还附了《市区住房公积金支取条件与凭证资料对应表》。

1998年11月6日，经苏州市政府房改领导小组同意，市住房基金管理中心下发通知，对《苏州市市区职工购、建住房低息贷款试行办法》有关条款做补充规定：(1) 贷款申请时效。职工购、建住房申请低息贷款应在规定期限内办理，逾期一律不予办理。(2) 贷款限额。购买新建住房贷款最高额度为6万元；购买拆迁安置房以借款人实付差价款的50%为可贷额度，最高额度为3万元；自建住房贷款最高额度为3万元。如借款人夫妇双方仅一人符合贷款条件或无配偶的，按上述标准的50%计算。满足不了需求的，可申请组合贷款。(3) 贷款年限。贷款年限加借款人年龄不得超过法定的退休年龄。(4) 以购买的产权住房作抵押的，借款人必须向委托贷款银行提交由售房单位提供的有关证明。此规定自当月9日起执行。

1998年11月9日，经苏州市政府同意，市住房基金管理中心印发《关于加强苏州市市区住房公积金规范化管理的意见》，主要内容：

苏州市人民政府文件

苏府〔1998〕65号

批转市房改办和住房基金管理中心
《关于加强苏州市市区住房公积金
规范化管理的意见》的通知

各区人民政府，苏州工业园区、苏州新区管委会；市各委办局（公司），市各直属单位：

经市政府第十一次常务会议讨论通过，现将市房改办、住房基金管理中心《关于加强苏州市市区住房公积金规范化管理的意见》批转给你们，请认真贯彻执行。

(1) 单位汇缴住房公积金时，一律将苏州市住房基金管理中心作为收款人，并统一使用市住房基金管理中心印制的有关凭证。(2) 委托市工商银行、农业银行、建设银行分别参与承办住房公积金金融业务。(3) 职工申请住房公积金贷款经市住房基金管理中心资格审核后，再由承办银行办理贷款发放手续。《意见》标志着苏州市通过不断创新，实现了住房公积金从由记账到缴存单位的管理模式向中心建立个人明细账管理模式的历史性跨越，此举后被国务院制定《住房公积金管理条例》所采纳。

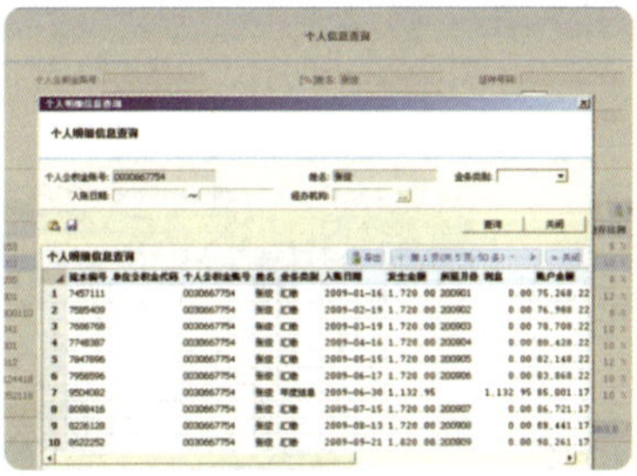

1998 年，苏州市住房基金管理中心积极调整住房公积金的贷款方向，把贷款重点从过去投向住房生产转向住房消费。大力发展职工住房公积金贷款，仅 1998 年，就发放贷款 6 483 户、3.31 亿元，贷款额度超过了前 5 年发放的总和。

1998 年，苏州市住房基金管理中心指导所属张家港市、常熟市建立住房公积金个人明细账和住房基金电算化管理工作，当年两市继太仓市之后实现与承办银行的计算机联网。

1999 年

1999 年 1 月 18 日，苏州市政府印发《苏州市市区进一步深化住房制度改革的实施方案》，主要内容：(1) 市区 1998 年 12 月 1 日停止住房实物分配，逐步实行住房分配货币化。(2) 完善住房公积金制度，建立健全职工个人住房公积金明细账。(3) 1998 年 12 月 1 日以后参加工作的职工，按工资比例逐月计发购房补贴。1998 年度月补贴比例为本人工资的 13%（不含住房公积金）。购房补贴发放后，不再另发住房租金补贴。发放的购房补贴进入职工个人住房专项资金账户，按照住

建设部副部长刘志峰(左6)等领导在张家港市房改办(市住房基金管理中心)合影,陪同人员有:江苏省房改办常务副主任张先铭(左5)、苏州市政府房改办副主任黄济群(右4)等。

房公积金原则进行管理和使用。

1999年4月9日至10日,建设部副部长刘志峰一行来苏调研房改工作。刘志峰听取了工作汇报,召开了座谈会,对苏州市的工作表示满意,尤其是对建立住房公积金职工个人明细账、调整住房公积金投资方向、大力开展职工住房贷款等做法给予了充分肯定。

1999年4月上旬至5月底,根据《住房公积金管理条例》“每个职工只能有一个住房公积金账户”的规定,在1998年底初步建立住房公积金职工个人明细账的基础上,苏州市住房基金管理中心共清理合并了市区近400个单位的重复代码、近12.6万个重复职工个人账户,基本做到一人一账户,进一步规范了住房公积金管理。

苏州市住房基金管理中心
公　告

为加强市区住房公积金职工个人明细账的管理，方便住房公积金的缴交与支取，按照“一个职工一个账号”的原则，决定对重复的住房公积金单位汇缴代码和职工个人账号进行清理合并，现将有关事项公告如下：

一、凡有两个以上的单位汇缴代码的缴交住房公积金单位，应于1999年4月15日前，到规定的住房公积金承办银行及其所属结算网点领取《住房公积金重复个人账户合并申请表》，申请办理并户手续。

二、住房公积金承办银行根据单位的申请，打印《单位合并重复职工个人户清单》，送申请单位确认后，正式办理并户手续。

三、并户工作从即日起至1999年5月底结束，逾期不办的，将影响其职工住房公积金贷款。

四、咨询电话

苏州市住房基金管理中心：5215286　5232445

中国工商银行苏州分行：8623323

中国建设银行苏州分行：5237787

中国农业银行苏州分行：5114000　5112113

特此公告。

1999年5月10日,苏州市住房公积金管委会召开全体成员会议,讨论并同意市住房基金管理中心提出的关于宣传和贯彻国务院《住房公积金管理条例》(国务院令第262号)计划,并作出相应的部署和安排。

1999年5月中旬,昆山市住房基金管理中心发出《关于及时办理住房公积金缴存的通知》,加大催缴、督促力度,继续扩大“三资”企业覆盖面,全年归集额达6 232.57万元,比上年增长14%,余额达1.82亿元;将职工住房公积金贷款范围扩大至商品住房,当年发放个人贷款471户、1 828.5万元。

1999年6月7日,苏州市住房基金管理中心依据中国人民银行《个人住房贷款管理办法》(银发〔1998〕190号),在市区停止实行职工住房公积金房产抵押加综合保险的办法,采取经国家行业主管部门批准的房产抵押加“个人住房贷款房屋保险”和“安居定期人寿保险”的办法代替。

1999 年 6 月 16 日起，根据中国保监会关于全面停办个人购房贷款定期人寿保险的紧急通知精神，苏州市对职工住房公积金贷款停止办理房产抵押加保险的方式，保留银行有价证券质押担保方式。

1999 年 6 月，苏州市市区职工住房公积金个人贷款业务软件系统开始试运行，标志着市住房基金管理中心开始切实履行作为住房公积金债权主体的权利与义务。

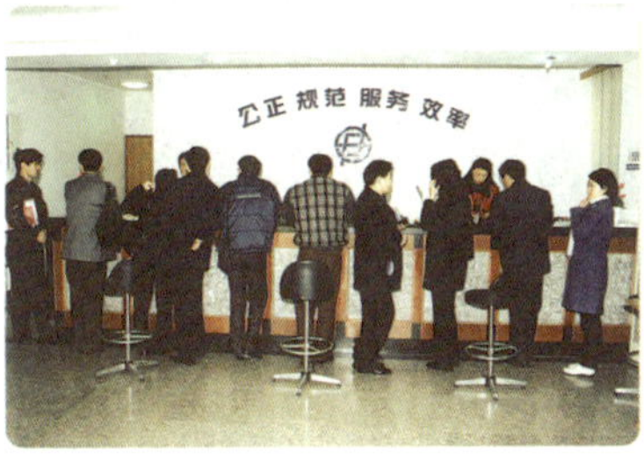

苏州市住房基金管理中心办理公积金个人贷款审批等业务的初始大厅

1999 年 7 月起，苏州市住房基金管理中心在抓扩大职工个人住房公积金贷款工作的同时，注重从源头上防范住房公积金个人贷款风险，对房地产开发企业实行现房销售必须具备房屋所有权登记证明；期房销售必须具备预售许可证等规定。同时，开展集中清理抵押贷款他项权利证办理不及时的问题，加大力度做好恶意拖欠贷款的催收工作。

1999 年 7 月，苏州全市包括市区和所属 6 个县级市的住房基金管理中心均建立住房公积金职工个人明细账户，统一各承办银行软件系统，并与“中心”联网，全面实行住房公积金规范化、电算化管理。

1999 年 7 月 13 日，为切实解决无房和住房困难职工的住房问题，苏州市住房基金管理中心对购买国家安居工程住房公积金贷款的最高额度每笔由 6 万元放宽至 8 万元。此前，已于 1998 年 11 月 9 日在相关文件中明确，在资金有限的情况下，公积金贷款优先向住房困难且购买经济适用住房（国家安居工程）的借款人发放。

1999 年 8 月 25 日，苏州市政府印发《苏州市市区房改房上市交易试行办法》。当月，市政府房改办（市住房基金管理中心）经市住房公积金管委会同意，相继出台《苏州市市区职工购买上市房改房公积金贷款的规定》等3个配套文件。

1999年9月起，为提高住房公积金管理透明度、加强社会监督，苏州市住房基金管理中心开通了住房公积金电话语言查询系统。

1999年9月26日，太仓市房改办创意建立全省首家链接因特网的房改网站，网站可及时查询公积金单位、个人账户。

1999年10月28日，为确保各级住房基金管理中心计算机系统的正常运行和数据的安全、准确，加强对计算机系统的规范化管理和维护，苏州市住房基金管理中心制定并实施《苏州市住房基金计算机系统管理制度（试行）》，对计算机主机房、系统日常运行、银行前台机操作和维护以及监督和检查作出明确规定，并将该制度列入年度考核内容，标志着苏州市计算机系统的操作与维修管理逐步走上规范化、制度化的轨道。

1999年11月，苏州市住房基金管理中心完善计算机主机功能，设置主机“防火墙”；完成住房基金会计核算软件开发，开始了住房公积金会计电算化试运行。

1999年12月底，苏州市区住房公积金归集余额9.77亿元，其中当年归集3.32亿元，归集率为99%。当年发放职工住房公积金贷款4 163户、1.68亿元，累计19 575户、7.91亿元。

1999年，张家港市住房基金实现电脑信息化管理，基金管理中心终端到银行，银行统一使用中心的软件，形成了银行和中心的“前后台”关系，中心记账到职工个人，统一核算，所有住房资金专户管理、专款专用，向职工发放储金卡，住房公积金实行“三家缴存、一家支取”和“市内转移不带资金”的办法。

1999年，常熟市给全市8.9万名职工发放了印有个人账户条形码和住房公积金账户信息的储金卡、对账单；率先试行职工住房公积金用于偿还住房贷款本息和支付房租；新辟“二手房”贷款业务，扩大贷款受益面。

2000 年

黄济群在全国房改与房地产工作座谈会上作交流发言

2000 年 1 月 11 日至 13 日，建设部在南京市召开全国房改与房地产工作座谈会，苏州市政府房改办（市住房基金管理中心）副主任黄济群在会议上作了《积极探索 大胆实践 推进住房分配货币化》的交流发言。

2000 年 2 月 29 日，苏州市市区住房公积金归集余额首次突破 10 亿元，为推行住房制度改革作出了积极贡献。据统计，市区自 1992 年建立住房公积金制度以来，已连续 8 年归集率保持在 99% 以上，超过省指标 5 个百分点；共有 30 多万名职工缴存住房公积金，职工人均账户积累 4 000 ~ 6 000 元。

2000 年 4 月 1 日起，苏州市区试行职工住房公积金贷款质押三种担保办法。分别是：(1) 借款人以有价证券的质押。用于质押的有价证券可以是借款人及第三方自愿提供的可用于质押的国库券、银行债券、发放住房公积金贷款银行的本、外币定期储蓄存单。(2) 借款人及第三方自愿提供的住房公积金存款的质押。(3) 借款人以其所在单位住房基金的质押。（《苏州日报》2000 年 4 月 1 日，02 版）

2000 年 7 月 20 日，苏州市政府办公室下发《关于转发市住房制度改革领导小组苏州市市区 2000 年度房改调整方案的通知》文件，从 2000 年 7 月 1 日起职工个人和所在单位的住房公积金缴存比例由各 6% 调整为各 7%，有条件的单位可以提高到各 8%，计缴基数按职工本人 1999 年度月平均工资核定。调整后，月应缴额比上年增加 1 320 万元，增幅达 56%，职工人均月缴存额提高到 146.72 元，增长 57%。

2000 年 9 月，苏州市住房基金管理中心统一全市住房公积金计算机管理系统软件版本，并明确由市中心统一负责全市住房公积金软件的维护、升级、修改；同时依据财政部下发的住房公积金管理中心财务管理和会计核算办法，试运行“苏州市住房公积金财务核算系统软件”。

2000年9月30日,常熟市房改办档案室经苏州市档案局批准定级为市一级先进档案室。

2000年10月26日,苏州市政府办公室同意并转发市政府房改办(市住房基金管理中心)《关于市区职工住房公积金贷款增加担保方式的意见》。决定成立苏州市住房置业担保有限公司,作为借款人办理职工住房公积金贷款及其他个人住房贷款,提供专业担保、收取担保服务费用的法人企业。

2000年11月7日,苏州市住房基金管理中心出台并实施对市区职工住房公积金托管户管理办法。规定凡所在单位发生撤销、解散、破产或与单位终止劳动关系且暂不符合支取住房公积金条件的职工,其所在单位应到市住房基金管理中心提出申请,并办理该职工住房公积金委托管理手续。

2000年12月18日,苏州市住房置业担保有限公司成立,市区住房公积金个人贷款在原有的质押担保方式上又增加了保证担保方式,供借款人自主选择,受到购房者、开发商和贷款银行的普遍欢迎,职工住房公积金贷款量逐步上升。

2000年12月27日,苏州市政府房改办被建设部表彰为“全国房改先进单位”。

2000年12月底,苏州市市区当年归集住房公积金3.90亿元,净增2.21亿元,归集率达98%以上,保持了连续八年的好成绩。累计归集住房公积金17.51亿元,住房公积金归集余额11.98亿元。当年发放职工住房公积金贷款1 962户、0.84亿元;累计发放2.16万户、8.73亿元,贷款余额5.81亿元,占归集余额的48.50%。

2001年

2001年1月，经苏州市财政局等部门审查验收合格后，《苏州市住房基金综合管理系统财务核算子系统》正式启用，标志着苏州市住房基金财务会计核算管理从手工记账步入电算化管理。

2001年1月9日至11日，建设部在安徽省马鞍山市召开全国房改及房地产工作座谈会。建设部领导俞正声、刘志峰、宋春华等出席。苏州市房改办（市住房基金管理中心）副主任黄济群参加会议。会上宣读了建设部表彰决定，苏州市房改办被授予"全国房改工作先进单位"称号。

2001年2月16日，经苏州市政府领导批示，同意市政府房改办（市住房基金管理中心）《关于对市区街坊改造住房公积金逾期贷款以房抵债具体操作问题的请示》（苏房改办〔2001〕8号）。对各区提供的面积较小的抵债住房由市住房基金管理中心移交给市房产管理局作为政府廉租住房。当年6月、12月分两次，将所积累的廉租住房补充资金以实物向市房产管理局提供廉租住房共61套、面积4 541平方米，价值近650万元。

2001年3月1日，为加大住房公积金对职工购房支持的力度，苏州市市区调整职工住房公积金贷款最高限额和最长期限：(1) 提高贷款最高限额。职工购买新建住房的，贷款最高限额从原来的6万元提高到12万元，其中，中低收入家庭职工购买国家安居工程住房的，贷款最高限额从原来的8万元提高到14万元，但自付款仍不得低于所购住房实际成交价的30%。职工购买上市房改房或其他私有成套住房的，贷款最高限额从原来的3万元提高到8万元，但自付款不得低于实际成交价的40%（原为50%）。(2) 延长贷款最长期限。职工购买新建住房的，贷款最长期限从原来的15年延长到20年。政策的放宽，加上新增的住房置业担保方式，职工个人住房公积金贷款量增长迅猛，全年发放贷款4 710户、3.49亿元，分别是上一年的2.4倍和4.15倍，职工受益面达19%左右。

2001年3月22日，苏州市政府同意中国银行苏州分行参与承办市区住房公积金金融业务，由此苏州市市区承办银行增加到4家。

2001 年 4 月初，苏州市住房基金管理中心结合开展行风评议、百日竞赛、政务公开等活动，本着“便民、服务、效率”的宗旨，制定业务操作流程，建立健全服务制度，设置办事指示牌，在“窗口”设置电话记录本和群众意见本，公布服务监督和投诉电话，公开社会服务承诺，对主要业务推行限时办理制，将个人住房公积金贷款审核时间由原来的 3 个工作日缩短到 1 个工作日。

2001 年 4 月 10 日起，经苏州市政府同意，市住房基金管理中心陆续向市区职工发放住房公积金卡，同时将职工身份证号码一并录入系统，进一步提升了公积金规范化管理水平。至当年 9 月底，共发放 35 万多本，占应发总数的 90% 以上，在此基础上，对因下岗、失业或与原单位解除劳动关系等原因而未领到卡的职工，设立专门的办事部门现场办卡。

2001 年 6 月 13 日，苏州市住房公积金管委会召开会议。会议要求，街坊改造贷款今年要制订还款计划，其他建设项目投资贷款要提前收回。

2001 年 6 月 19 日，中共苏州市委、市政府印发《苏州市市级党政机关机构改革实施意见》，其中明确：撤销市政府住房制度改革办公室，其职能并入市房产管理局。

2001 年 10 月 1 日，苏州市区正式启用住房公积金卡，实行凭卡办事制度，原住房公积金记录卡同时作废。

姑苏晚报　二〇〇一年九月二十八日　星期五

请关注　以下资讯可能给您的生活

我市办理公积金手续实行凭卡制

2001 年 10 月 25 日，苏州市经济体制改革办公室下发文件，同意苏州市经济适用住房发展中心整体改制为苏州市经济适用住房发展有限公司。12 月底，完成改制和组建股份制企业工作，并与市住房基金管理中心脱钩。

2001 年 12 月 28 日，苏州市住房基金管理中心分别与中国工商银行苏州分行、中国农业银行苏州分行、中国银行苏州分行、中国建设银行苏州分行首次签订统一版本的《苏州市市区委托承办住房公积金（含新职工住房补贴）金融业务协议》。

2002 年

2002 年 1 月至 3 月，根据苏州市政府机构改革方案，与市住房基金管理中心合署办公的原市政府房改办撤销，其职能并入市房产管理局。所辖五个县级市在机构改革时，太仓市、昆山市住房基金管理中心隶属当地建设局，常熟市挂靠当地财政局，张家港市、吴江市为当地政府直属单位，合计定编 89 人，实际在编 78 人。

2002 年 5 月，苏州市住房基金管理中心和苏州电信公司合作开通 168 公积金系统语音查询热线，为市区职工新增查询住房公积金便捷通道。

2002 年 7 月 2 日，苏州市政府由市长杨卫泽主持召开第 100 次常务会议。会议围绕贯彻国务院经修改后颁布的《住房公积金管理条例》（国务院令第 350 号）和国务院《关于进一步加强住房公积金管理的通知》（国发〔2002〕12 号）文件精神，就苏州市的住房公积金管理机构调整工作作出部署和安排。

2002 年 7 月 15 日，苏州市政府召开全市住房公积金工作会议，贯彻落实国务院重新修订颁布的《住房公积金条例》《国务院关于进一步加强住房公积金管理的通知》以及全国、全省住房公积金工作会议精神，研究部署苏州市进一步加强住房公积金管理等各项工作。会议根据市政府的决定，建立由财政、审计、人民银行、建设、房管、编办、监察、管理中心等部门和单位参加的联席会议制度，负责和协调全市管理机构撤并调整工作的组织实施。

2002年7月18日，苏州市编委（苏编发〔2002〕18号）根据市政府常务会议决定，正式批复苏州市住房基金管理中心更名为苏州市住房公积金管理中心（简称市公积金中心，下同），主要职能是：编制、执行住房公积金归集、使用计划；负责记载职工住房公积金的缴存、提取、使用等情况；负责住房公积金的核算；审批住房公积金的提取、使用；负责住房公积金的保值和归还；编制住房公积金归集、使用计划执行情况的报告；承办市住房公积金管理委员会决定的其他事项等。核定领导职数为：主任1名、副主任2名；内设机构正、副科长各6名。重新核定市公积金中心人员编制30名，内设六个科：秘书科、资金管理一科、资金管理二科、计划财务科、信息技术科、资产保全科，均为正科级建制。

2002年8月20日起，苏州市进一步放宽住房公积金个人贷款政策，主要是：(1) 取消贷款次数限制的规定，凡未借贷或已还清住房公积金贷款的职工均可申请办理。(2) 取消户籍限制的规定，凡及时足额缴存公积金的职工均可申请办理。(3) 取消贷款最高限额的规定，购买普通住房、存量住房可贷额度最高比例分别可达住房总价的80%、70%。(4) 延长贷款期限，购买新建住房、存量住房期限最长分别延长到30年、20年。(5) 放宽借款人贷款年限的规定，可在法定退休年龄上加10年作为最长贷款年限。(6) 自（翻）建成套住房贷款在原有质押担保方式的基础上，增加抵押担保方式供选择。(7) 增加直系亲属关系的共同共有产权住房共同申请贷款的规定。(8) 放宽可贷额度计算范围，包括提高借款人还款能力的标准，购买带阁楼的住房阁楼价款可合并计算可贷额度，新职工住房补贴可合并计算贷款额度。(9) 住房置业担保机构降低贷款担保费率。(10) 还款方式在原有等额本息方式基础上，增加等额本金方式。

2002年8月26日，苏州市政府发文，任命黄济群为苏州市住房公积金管理中心主任。

2002 年 8 月，国家财政部、建设部、监察部及人民银行联合检查苏州市单位住房基金的管理和使用情况，并予以充分肯定。认为，苏州市的房改房维修基金和单位出售公房回收款建立的住房基金监管到位，“出口”严格，资金使用合理，为苏州市顺利推行住房货币化制度奠定了基础。9 月，随着机构调整和房改职能的转移，房改房维修基金本金 2.51 亿元、利息 2 050.87 万元和明细账，以及对单位住房基金的监管工作，全部向市房产管理局作了移交。

2002 年 9 月下旬，苏州市住房公积金管理中心会同市编办对各县级市、吴中区、相城区以及张家港港务局原公积金管理机构人员编制状况、业务范围、工作量、岗位设置等情况进行调研，拟订全市管理机构调整实施方案，经市政府审定后上报省政府。

2002 年 11 月起，苏州市住房公积金管理中心加大对职工个人住房贷款逾期催收的力度，建立逾期户台账和个人档案，逐一分析归类，制订催收方案，通过电话联系、上门走访、请单位协助、发律师函等方式组织催收，对其中 10 户恶意拖欠者，委托律师向法院起诉。通过努力，年初逾期户 281 户，逾期本息额 131.70 万元，年末降到 169 户，逾期本息 83.73 万元，分别比年初减少了 39.86% 和 36.42%，贷款逾期率为 0.64‰，维持在较低水平。

2002 年 12 月 18 日，为实行全市住房公积金统一核算，加强住房公积金的财务管理和会计核算，苏州市财政局印发《苏州市住房公积金统一财务管理和会计核算暂行办法》，从主要任务、预决算管理、分中心住房公积金内部核算、住房公积金业务收支核算和增值收益分配、管理费用核算、财务报告和财务分析等方面进行了规范。明确从 2003 年 1 月 1 日起试行。

2002 年，市区全年归集公积金 6.49 亿元，支取 3.53 亿元，净增 2.96 亿元，其中新职工住房补贴 1 753.47 万元，新增人数 2 693 人。

2003年

2003年1月3日，江苏省政府批准苏州市住房公积金管理机构调整实施方案。

2003年1月6日，经苏州市政府同意，交通银行苏州分行参与承办市区住房公积金委托贷款业务。

2003年2月中旬，苏州市所辖县级市（区）住房公积金管理机构调整工作开始启动。

2003年2月25日，苏州市政府下发《关于调整苏州市住房公积金管理委员会的通知》（苏府〔2003〕30号）文件，按照国务院《住房公积金管理条例》“三个三分之一”的要求，明确市公积金管委会委员名额暂定20名，首批聘任13名，主要充实人大代表、政协委员、专家学者、工会和企业职工代表，任期为5年，委员会设主任委员1名，副主任委员3名，由委员会会议选举产生，委员会下设办公室，主要负责管委会的日常工作和具体事务。

2003年4月2日，苏州市编办批准《苏州市住房公积金管理中心职能内设机构和人员编制规定》，即“三定”方案。苏州市住房公积金管理中心参照国家公务员制度管理，为市政府直属财政全额预算的事业单位，副处级建制。主要职责有：（一）编制、执行全市住房公积金归集、使用计划，编报计划执行情况的报告等11项职能。（二）机构设置：(1) 内设6个职能科，为正科级建制。(2) 分支机构：撤销五个县级市和吴中、相城两个区以及张家港港务局原管理机构，县级市各设立分中心，正科级建制，区各设立管理部，副科级建制，原张家港港务局住房基金管理分中心的业务和职责并入张家港分中心。（三）核定编制总人数为106名。

2003年4月底，苏州市市区住房公积金服务大厅正式启用对外开展业务。800多平方米的大厅由市公积金中心、市住房置业担保有限公司和各承办银行等七家单位进驻，对住房公积金缴存、提取、贷款、开户、公积金卡等主要业务，实行“一站式”服务，服务大厅还

设置了自主开发的电子触摸屏，公开政策，方便查询，在个人贷款业务上，借款人只要资料齐全，进一个门，花一小时就能办好一笔贷款。同年6月中旬，建设部领导来苏检查工作，高度评价苏州市公积金贷款“手续之简，时间之短，堪称全国之最”。

2003年5月20日，为配合做好“非典”防范工作，苏州市住房公积金管理中心对市区住房公积金还贷提取由原每年两次（6月、12月）定期办理改为每年两次任一月份均可办理，有效地避免了人员聚集病毒传播，同时，也方便了职工。

2003年5月23日，苏州市住房公积金管理中心对市区部分企业缴存住房公积金规定作出调整：从5月1日到9月30日间，对受“非典”影响较大的旅游、餐饮等7个行业的困难企业，申请缓缴住房公积金的，市住房公积金管理中心审核后，可准予缓缴。

2003年5月29日，苏州市政府召开市住房公积金工作联席（扩大）会议，各县级市及吴中区、相城区政府分管市（区）长等有关领导参加了会议。会议听取了市住房公积金管理中心关于苏州市住房公积金管理机构调整工作进展情况的汇报。会议充分肯定了住房公积金管理机构调整工作取得的初步成绩，特别是在全省率先完成了项目贷款的清理和回收工作，原则同意市住房公积金管理中心提出的《对管理机构调整中有关问题的处理意见》，并要求进一步加快所辖各市、区住房公积金管理机构的调整工作，按照“成熟一个、实施一个”的原则，妥善处理有关问题，包括资产审计中尚未整改纠正的问题，做好人事、资金、财产的移交接收工作。

2003年6月起，苏州市住房公积金管理中心在市、县级市（区）两级人事、财政、编制等部门的支持配合下，五市二区原管理机构陆续向苏州市中心办理人财物划交手续。共接收编制人员53人，资产包括房屋、交通工具、办公设备等价值（原价）1 500多万元和住房公积金各类

苏州市住房公积金管理中心
常熟分中心挂牌成立

资金及债权债务等。为实行苏州住房公积金“统一决策、统一制度、统一管理、统一核算”奠定基础。9月3日，常熟分中心首家举行挂牌成立仪式后，其他分支(办事)机构以不同形式陆续挂牌，全市机构调整工作于11月底基本完成。

苏州市住房公积金管理中心太仓分中心成立仪式

苏州市住房公积金管理中心昆山分中心揭牌成立

2003年6月，苏州市住房公积金管理中心印发《苏州市市区个人住房公积金贷款逾期户管理工作考核试行办法》，对各承办银行清理个人逾期贷款工作，明确指标，按季度进行量化考核，并将其完成情况与逾期贷款业务量挂钩。

2003年9月1日起，苏州市住房公积金管理中心在市区增加个人住房公积金贷款等额本金还款方式。

2003年9月18日，苏州市住房公积金管理中心印发《关于苏州市市区2003年度调整住房公积金有关事项的通知》(苏房金〔2003〕39号)文件，规定：市区机关、事业单位和个人住房公积金缴存比例分别调整为各10%，企业(含按企业化管理的自收自支事业单位)根据承受能力和条件，可在8%～12%幅度内确定，住房公积金缴存基数按职工本人上年度月平均收入工资核定。对1998年12月1日以后参加工作的职工逐月发放的住房补贴比例调整为15%，补贴基数同住房公积金缴存基数。

2003年10月1日，“中国苏州”政务网站正式开通“住房公积金查询”便民服务项目。

2003年10月，苏州市住房公积金两级机构计算机管理信息系统联网工作，采用市中心至各分支机构两条2M数字电路专线传送数据互为备份，有效预防因网络故障而影响公积金业务的正常运转，先行在吴江分中心、吴中管理部试点，并完成网络线路的联通。

2003年11月1日，苏州市住房公积金管理中心对市区公积金贷款、提取有关规定作出调整，主要内容为：共同共有产借款人申请公积金贷款，取消需具有市区城镇常住户口的规定，改为不受户籍所在地限制。

2003年12月初，全市住房公积金数据库合并工作全面启动，新职工住房补贴并入本人公积金账户的软件升级改造工作也同时启动。

2003年12月底，全市当年归集住房公积金18.94亿元，比上年度增长近4成，归集率达98%以上，其中市区归集8.99亿元，同比增长38.52%，年末全市累计归集81.99亿元，住房公积金归集余额47.90亿元，资金规模居全省第二。全市当年发放职工个人贷款1.25万户、19.48亿元，年末全市累计发放51.55亿元，支持6.65万户职工家庭购买住房，职工受益面近四分之一，贷款余额32.69亿元，个贷比率达68.25%，比上年提高17个百分点。

2004年

2004年1月1日起，苏州住房公积金系统率先在全省实行住房公积金统一核算，建立了由市中心负责住房公积金总账核算和增值收益明细核算、分中心管理部负责公积金明细核算制度；并在核算办法及凭证、签订委托协议及支付承办银行手续费标准、编制报批年度归集使用计划与财务收支计划和经费预算及使用管理等方面进行统一、规范。同时，苏州市住房公积金管理中心加强业务管理的建章立制，制（修）订了财务核算、经费使用，公积金缴存、提取、贷款、发卡及使用、信息系统管理等方面的业务管理规程达10余件。

2004年1月6日，苏州市市级机关党工委举办“三优三满意”创建文明机关活动成果展示会，苏州市住房公积金管理中心参展。时任苏州市委书记王珉、市长杨卫泽等领导出席。

成果展示会开幕仪式

王珉(前左3)、杨卫泽(右1)等领导在展位前了解住房公积金工作

2004 年 2 月 20 日,苏州市住房公积金管委会召开会议,这是管委会成员调整和管理机构调整后的首次会议。会议推举了主任委员、副主任委员,并向委员颁发了聘书。会议通过了《苏州市住房公积金管理委员会章程》《苏州市住房公积金管理委员会委员守则》。会议审议批准了《苏州市 2003 年度住房公积金归集使用计划执行情况的报告》,并于 3 月下旬向社会公布。

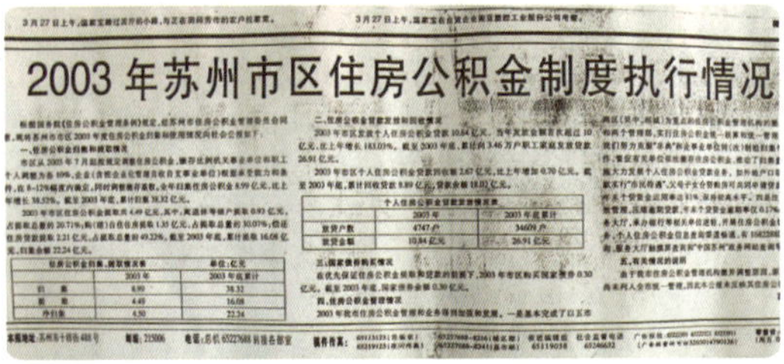

2003 年苏州市区住房公积金制度执行情况

住房公积金归集、提取情况表		单位:亿元
	2003 年	2003 年底累计
归集	8.99	38.32
提取	4.49	16.08
净归集	4.50	22.24

个人住房公积金贷款发放情况表		
	2003 年	2003 年底累计
放贷户数	4747 户	34609 户
放贷金额	10.84 亿元	26.91 亿元

2004 年 4 月 9 日,为落实苏州市政府关于实行公有住房使用权有偿受让的惠民举措,苏州市住房公积金管理中心出台实施了职工(受让人)购买公有住房使用权提取公积金的政策及具体操作办法。同时,对个人账户封存满半年以上的低保对象和女满 40 周岁、男满 50 周岁下岗失业人员,作出可以提取本人公积金账户余额的规定。

2004 年 6 月 23 日,苏州市政府办公室转发市体改办、市住房公积金管理中心等部门《关于做好我市非公企业住房公积金催建催缴工作的意见》(苏府办〔2004〕93 号)。明确建立和巩固非公企业住房公积金制度,是健全苏州市社会保障体系、实现"两个率先"的重要组成部分。要求各市、区人民政府应对此予以高度重视,支持住房公积金管理机构开展工作,市各有关部门要按照各自职责,积极配合做好非公企业的催建催缴工作。当年,全市共新开户单位 2 225 个,新增缴存职工人数 14.47 万人，其中 70% 以上为非公企业职工。

苏州市人民政府办公室文件

苏府办[2004]93号

转发关于做好我市非公企业住房公积金
催建催缴工作的意见的通知

各市、区人民政府，苏州工业园区、苏州高新区管委会；市各委办局（公司），各直属单位：

现将市经济体制改革办公室等部门制定的《关于做好我市非公企业住房公积金催建催缴工作的意见》转发给你们，请结合实际，认真贯彻执行。

昆山分中心工作人员为非公企业上门服务

2004 年 7 月起，按照国务院《住房公积金管理条例》“四统一”的要求，苏州市住房公积金管理中心对所辖五市二区发放统一印制的住房公积金卡，至当年末，实际发放 42.71 万人，占应发人数的 82.4%，并从当年 11 月 1 日起，在大市范围内全面实行凭卡办事制度。

2004 年 7 月 21 日起，经江苏省建设厅同意，苏州市商业银行参与承办住房公积金贷款业务。

2004 年 7 月 28 日，苏州市住房公积金管理中心开展调整市区 2004 年度住房公积金缴存基数工作，主要内容为：住房公积金（含新职工住房补贴）缴存基数的调整按职工本人 2003 年度月平均工资收入（工资总额）核定。月平均工资收入低于 620 元的，按 620 元计缴，月平均工资收入 5 000 元的封顶基数和缴存比例仍维持不变。企业及职工个人原缴存比例在各 8% ~12% 幅度内未达上限的，本次可继续调整，从当年 7 月份起执行。调整后，全市月应缴额达 2.34 亿元，增幅达 34.48%，全市职工人均月缴存额由 340 元提高到 384 元。

2004 年 8 月 18 日，苏州市住房公积金管委会召开会议。会议由市委常委、副市长周伟强主持。会议听取了市住房公积金管理中心有关情况的汇报，针对个人贷款资金需求量和公积金提取量的大幅增长，造成资金一定压力的实际，同意市住房公积金管理中心的意见和建议，对市区个人贷款额度进行调整：（1）新建普通住房每笔贷款最高不超过 50 万元，存量成套住房每笔贷款最高不超过 35 万元。（2）建立贷款最高限额动态调整制度。（3）自 8 月 23 日起执行。

2004 年 9 月 1 日，苏州市住房公积金管理中心建立并开通市住房公积金网站，设有政策法规、组织机构、最新动态、办事指南、业务网点、知识问答、下载中心及咨询建议等 8 个栏目，网站还提供定期更新的公积金个人信息查询。

苏州市住房公积金网站首页

2004 年 9 月，江苏省建设厅召开“全省建设系统推进作风建设大会”。苏州市住房公积金管理中心在会上作了题为“方便群众、服务社会、不断提高我市住房公积金管理水平”的发言，其中“打造良好的‘窗口’服务形象、推行‘首问负责制’”等为民、利民、便民的举措得到省建设厅领导的充分肯定。

2004 年 10 月，苏州市住房公积金管理中心下属的张家港分中心、常熟分中心档案管理工作经省、市档案管理部门评定，分别达到省一级和二级档案管理标准。

2004 年 11 月 1 日，苏州市住房公积金管理中心推出简化职工提取公积金手续的新规定，由原来的提取时须本人填写《住房公积金提取申请书》，改为由公积金管理机构或承办银行经办网点直接打印提取凭证，经职工本人签名后即可提取。同日，新推“职工支付房租超出家庭收入规定比例提取住房公积金”政策。

2004 年，苏州公积金全市年末应缴人数 60.94 万人，覆盖率达 83.27%，全年归集公积金 26.84 亿元，比上年增加 10.66 亿元。归集率达 98% 以上，年末归集余额 62.33 亿元，全年发放个人贷款 13 917 户、27.26 亿元。当年个贷比率达 101.69%，个贷余额占归集余额的 82.13%，其中苏州所辖五市二区全部超过省定的公积金个贷比率、当年公积金个贷发放率考核标准指标值。

2005年

2005年1月15日，苏州市政府阎立市长在市人大十三届三次会议上作政府报告，首次提出“以非公有制企业为重点，努力扩大住房公积金覆盖面”的工作要求。会后，苏州市住房公积金管理中心把扩大公积金覆盖面作为全年工作的“重中之重”来抓。所属常熟、张家港、太仓市均将公积金的催建催缴列入当地政府的年度工作目标任务；昆山分中心积极争取财政、税务、台协等部门的支持。全市公积金系统联合新闻媒体，开展多种形式的宣传活动，营造政府支持、单位自觉、职工维权的浓厚氛围。通过深度调研，找准工作重点和难点，明晰拓展方向和方法；采取调条块结合，健全网络，实行多渠道推进。当年新开户职工人数达20.08万人，比上年净增11.57万人，全面扭转了应缴人数连年下滑的局面。

2005年1月24日，中共苏州市委决定，陈鼎昌任苏州市住房公积金管理中心主任。2月3日，市政府发文任命。

2005年2月6日，苏州市住房公积金管委会全体会议由市委常委、副市长周伟强主持召开，会议听取了市住房公积金管理中心《关于调整市区职工住房公积金还贷提取规定的请示》等有关情况的汇报。会议决定，为缓解资金紧张状况，采取以下措施：(1) 职工购、建住房还贷提取公积金的，其个人账户留存保底数由原来的1 000元提高到本人当前10个月的缴存额，超过保底数部分方可提取。保底金额可用于最后一次还贷，同时，除贷款共有人外，其他直系亲属不再参与还贷提取。(2) 新建商品住房由原来的每笔50万元下调至32万元，存量成套住房由原来的每笔35万元下调至22万元。(3) 于当月16日起执行。

2005年3月7日，苏州市住房公积金管理中心发文进一步明确所属各分中心管理部内设部门，其中常熟分中心内部设立综合科、业务一科、业务二科、财务科，张家港、昆山、太仓、吴江分中心内部各设立综合科、业务科、财务科，吴中、相城管理部内部各设立业务科。

2005年3月至5月，苏州市住房公积金管理中心昆山分中心辖区内富士康和仁宝两大台资集团公司相继建立住房公积金制度，标志着苏州市以台企为重点的非公企业公积金催建催缴工作在昆山市取得实质性的突破。

2005年4月4日，苏州市住房公积金管理中心被省建设厅评为“全省住房公积金管理工作优秀单位”，同时，贷款业务、归集业务、财务管理三项被省建设厅评为“全省住房公积金管理单项业务示范单位”，张家港、常熟、昆山三个分中心被省建设厅评为“全省住房公积金管理工作优秀分中心”，苏州市黄济群等5名同志被评为“全省住房公积金管理工作先进个人”。

2005年4月，苏州市住房公积金管理中心常熟分中心公积金累计归集余额超10亿元，成为全省第一个公积金归集余额突破10亿元的分中心。

2005年5月17日，针对前期出现的个人贷款发放量持续高涨，以及购房和还贷等提取量大幅增加的情况，为保证资金的有序供应，确保个人贷款业务可持续运行，苏州市住房公积金管理中心建立全市公积金个贷预测、预警工作机制，要求所属各分支机构严格控制个贷资金使用比率，根据个贷比率的变化，采取相应的措施，并要求积极与当地政府沟通，做好群众的宣传、解释工作。

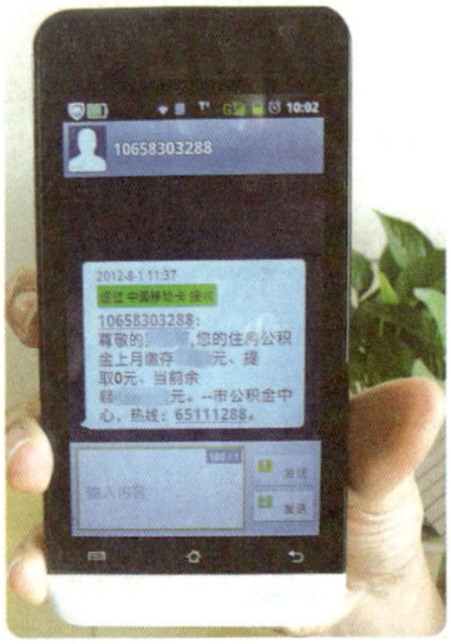

2005年6月27日，苏州市住房公积金管理中心在已有多种公积金查询渠道的基础上，增设了公共信息亭和手机短信查询等业务。

2005年7月，苏州市住房公积金管理中心联合统计部门在市区开展住房公积金专项调查。本项调查真实地反映了市区企业住房公积金缴存，以及公积金制度建立和实行过程中的意见、建议和面临的问题等情况，明晰了公积金扩面工作的目标思路，有力地促进了住房公积金制度

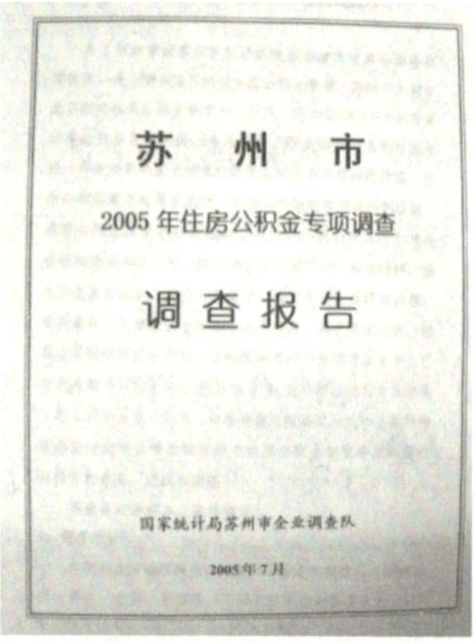
苏州市

2005年住房公积金专项调查

调查报告

国家统计局苏州市企业调查队

2005年7月

覆盖面的持续扩大。

2005 年 7 月 17 日，苏州市住房公积金管理中心召开“开展保持共产党员先进性教育活动”动员大会，陈鼎昌主任在会上作了动员，市住房公积金管理中心全体工作人员参加了会议。前后经过 4 个月，到 11 月 19 日基本结束。在全体职工（含服务对象代表）和办事群众满意度测评中，满意率均达 100%。

2005 年 8 月 25 日，苏州市住房公积金管理中心所属太仓分中心公积金服务大厅正式启用。至此，全市全部建立了便民、利民的“一站式”服务场所，推行“一条龙”服务模式。

2005 年 10 月 26 日，苏州市住房公积金管理中心会同市财政局、中国人民银行苏州中心支行联合下发《关于调整苏州市 2005 年度住房公积金缴存基数的通知》（苏房金〔2005〕71 号），主要内容为：(1) 按职工本人上年度月平均工资收入（工资总额）核定。(2) 月工资基数的核定最低不得低于苏州市劳动和社会保障局公布的最低月工资标准；最高不超过 6 900 元。(3) 缴存比例，企业未到各 8%，应调至各 8%，在各 8% ~12% 幅度内未达上限的，可继续上调至 12%。调整从 2005 年 7 月 1 日起执行。

2005 年 10 月 28 日，苏州市公积金中心利用门户网站公布涉及住房公积金缴存、提取、贷款、还贷委托提取等业务办理流程图、受理网点、所需资料及有关事项，方便职工查询，接受社会监督。这些公开政策阳光操作的举措，受到江苏省建设厅的肯定，国家建设部网站上登载了这一经验做法。

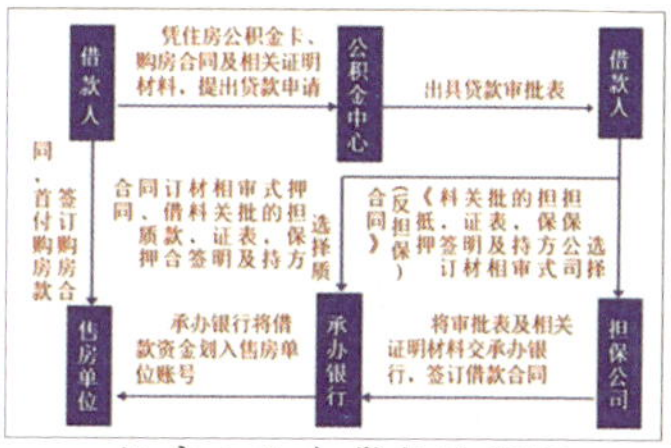

住房公积金贷款流程图

（2005 - 10 - 28）

2005 年 11 月 23 日，苏州市住房公积金管理中心为进一步发挥公积金对职工购买中低收入住房的支持作用，进一步放宽职工购买中低收入家庭住房提取公积金政策：(1) 已付首期购房款的，凭首付款收据即可提取。(2) 购房贷款的,在还贷期间凭还贷证明,每年可提取两次,且不留存个人账户的保底余额。(3) 购房不贷款的,自购房之日起,三年内可每年提取两次。

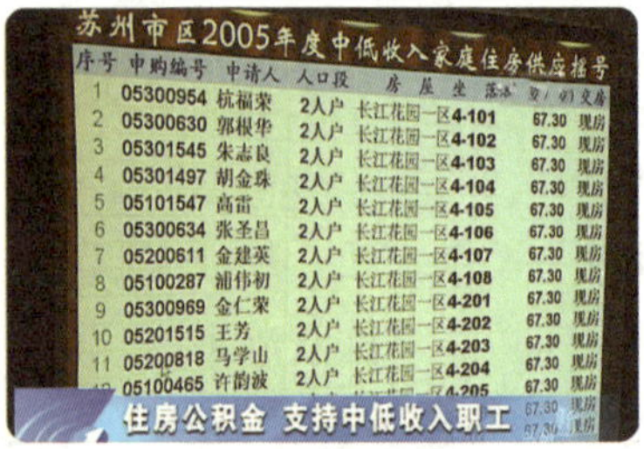

2005 年 12 月起,经苏州市政府批准,中国光大银行苏州分行参与承办住房公积金个人贷款金融业务。

2005 年 12 月 28 日,苏州市纠正行业不正之风领导小组办公室根据当年 8 月至 11 月在全市范围纳税人对市公积金中心评议政风行风、社会测评进行问卷调查,苏州市住房公积金管理中心政风行风社会测评的满意率为 98. 30% ,综合满意率为 98. 56% 。

2005 年,苏州市住房公积金管理中心狠抓惩治和预防腐败体系重点项目建设,修订完善并全面实行《苏州市个人住房公积金贷款审批管理规范》,使权限控制更具流程化和刚性化,以制度管权、制度管事、制度管人,使权力运行规范有序,被市纪委列为政府规范用钱的有效举措之一。

2006 年

2006 年 3 月 13 日,苏州市编办批准市住房公积金管理中心增设综合服务科,为正科级建制内设机构,负责审核和办理公积金个人贷款、提取、缴存登记、变更、注销、封存、托管、转移等业务;负责服务大厅的日常管理,为职工提供全方位的便民服务。

2006 年 3 月 16 日,苏州市政府召开全市住房公积金工作会议,近 300 人参加。大会由市政府副秘书长韩天伦主持,副市长、市住房公积金管委会主任委员朱建胜出席会议并作重要讲话。苏州市住房公积

朱建胜(中)、韩天伦(右)、陈鼎昌(左)在主席台上

金管理中心主任陈鼎昌作了题为“攻坚克难，再创佳绩，推动我市住房公积金制度上新台阶”的工作报告。会上，市住房公积金管委会首次对中国高岭土公司等23家缴存住房公积金先进企业进行了表彰。

2006年3月20日，苏州市住房公积金管理中心出台实施公积金提取新规定：(1) 降低租房提取公积金门槛，用公积金支付房租不受家庭收入占比限制，深受外来务工人员的欢迎。(2) 低保、低保边缘、特困职工和残疾职工可凭有关证明提取公积金账户余额，不受封存时间的限制。

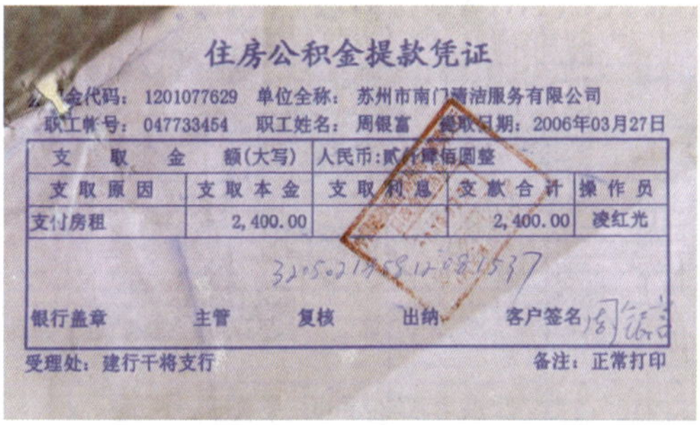
住房公积金提款凭证

金代码：1201077629　单位全称：苏州市南门清洁服务有限公司
职工帐号：047733454　职工姓名：周银富　提取日期：2006年03月27日

支取金额(大写)	人民币：贰仟肆佰圆整			
支取原因	支取本金	支取利息	支款合计	操作员
支付房租	2,400.00		2,400.00	凌红光

银行盖章　主管　复核　出纳　客户签名
受理处：建行干将支行　备注：正常打印

苏州市降低租房提取公积金门槛后，首笔职工提款凭证

LIFE 百姓百事
B01
房租能全用公积金付了
住房公积金提取政策昨起调整，对外来人员及低收入职工提取降低门槛

《苏州日报》报道“用公积金支付房租”

2006年3月22日，苏州市住房公积金管理中心出台实施全市范围内职工夫妇及直系亲属异地缴存合并计算贷款额度办法，提高了这部分职工的受益度。

2006年3月底，苏州市住房公积金管理中心会同苏州科技学院房地产研究所组成课题组，完成《苏州市住房公积金对住房保障贡献率实证研究》的报告。该报告对苏州市市区2001—2005年公积金贷款、提取的数据进行分类、筛选、判断、运算和论证，建立应用数学模型，以量化形式表述苏州市住房公积金制度对住房保障的贡献率。该课题实证研究项目在全国尚无先例的情况下，迈出了第一步。

2006年5月，苏州市住房公积金管理中心服务大厅被市总工会、市精神文明委办公室授予苏州市第三届“五一文明岗”称号。

苏州日報
SUZHOU DAILY
苏州市2005年度住房公积金审计结果公告
2006年第3号（总第15号）

2006年6月7日，《苏州日报》刊登由苏州市住房公积金管委会、苏州市审计局联合发布的“苏州市2005年度住房公积金审计结果”公告。

2006年6月26日，苏州市住房公积金管理中心党支部被市委市级机关党工委、市人事局联合表彰为“2003—2005年度市级机关先进基层党组织”。

2006年6月，苏州市住房公积金管理中心首次联合市劳动和社会保障部门，对市区3 000家单位开展社保金和公积金专项审计和稽核工作，共形成稽核结果认定书2 900余份，针对部分企业未建缴和未满员缴存的情况，及时发出公积金催建催缴通知书500余份，年内共有1 442个单位办理了缴存和补缴手续。同时，引入律师参与催建催缴工作等，多措并举、多管齐下，打开制度扩面的新局面。当年新增缴存人数26万人，净增14.5万人，名列全省第一。

开展社保金和住房公积金专项审计与稽核工作场景

2006年6月22日，建设部司长姚运德到苏州市住房公积金管理中心常熟分中心视察指导工作。

2006年7月6日，苏州市住房公积金管理中心被市政府确定为市级行政执法主体（法定授权组织）。

2006年7月22日至23日，国家建设部在苏州召开“全国住房公积金经验交流会”，全国各省、直辖市、自治区建设厅领导和近百个设区城市公积金中心主任等200多人参加会议，建设部副部长刘志峰出席会议并作了工作报告，苏州市住房公积金管理中心主任陈鼎昌作了

《在探索创新中推动制度发展》的专题经验介绍。刘志峰对苏州加强非公有制经济组织制度扩面和将职工参加住房公积金制度列入劳动合同文本条款等做法予以充分肯定和高度评价。与会代表还参观考察了苏州市公积金中心及所属常熟分中心。

陈鼎昌在全国住房公积金经验交流会议上作专题经验介绍

2006 年 8 月 15 日，苏州市住房公积金管理中心出台实施统一全市公积金贷款政策的有关规定，主要内容为：(1) 贷款最长年限：新建普通住房最长不超过 30 年，二手房、自(翻)建住房最长不超过 20 年。(2) 贷款最高限额：新建普通住房每笔最高不超过 32 万元，二手房、自(翻)建住房每笔最高不超过 22 万元。(3) 按照还款能力，确定贷款额度。对借款人及其他共有人中仅一人符合贷款条件，或单身职工按上浮 20% 适当调整贷款最高限额，新建普通住房每笔最高不超过 20 万元，二手房、自(翻)建住房每笔最高不超过 15 万元。

2006 年 9 月 14 日，苏州市住房公积金管理中心、市财政局联合下发《关于调整苏州市 2006 年度住房公积金缴存基数的通知》(苏房金〔2006〕67 号)，主要包括按职工本人 2005 年度月平均工资收入(工资总额)核定缴存基数等内容。

2006 年 9 月，中国苏州政府网站公众监督评价系统开通，苏州市住房公积金管理中心开展网上答复业务，并坚持做到回复不过夜，答复量、满意率均保持在市级机关首位。

2006 年 9 月 28 日，苏州市住房公积金管理中心的住房公积金财务管理和会计核算通过了 ISO9001 - 2000 质量管理体系认证。11 月 1 日，中国质量论证中心颁发《质量管理体系论证证书》。标志着苏州市住房公积金管理中心在进一步理清管理职责、规范工作流程、提高办事效率，实现由“结果控制”向“过程控制”的转化，使权力运行控制更具流程化和刚性化。

苏州市住房公积金财务管理和会计核算 ISO9001 质量管理体系认证培训会场景

苏州市人民政府令

第 93 号

《苏州市住房公积金管理办法》已经 2006 年 9 月 19 日市政府第 63 次常务会议讨论通过，现予发布。

市长 阎立

二〇〇六年九月三十日

2006 年 9 月 30 日，《苏州市住房公积金管理办法》（市政府令第 93 号）发布，并自当年 12 月 1 日起施行。这是苏州市住房公积金管理工作的首部政府规章，标志着苏州市公积金制度在法制化、科学化、规范化道路上跨上了一个新台阶，对优化苏州市公积金工作环境产生了深刻影响。

2006 年 10 月 11 日，苏州市住房公积金管理中心召开全系统围绕“住房公积金在住房保障体系中的地位和作用”和“非公企业住房公积金催建催缴的难点和对策”两大主题的论文交流会，当年共征集论文 22 篇，经评审有 10 篇论文获奖，其中 2 篇在省级刊物上刊登。由此，市公积金中心每年围绕中心的重点任务开展论文征集和评审工作，形成全系统上下勤奋思考，勇于探索，善于总结，不断提高理论素养和良好文化的氛围。

2006 年 10 月 23 日，苏州市住房公积金管理中心住房公积金归集余额首次突破 100 亿元。

2006年10月，苏州市住房公积金管理中心在《苏州市住房公积金管理办法》发布后，策划、组织了全系统的宣传月活动，共向市民发送《职工住房公积金手册》1万本，登载知识竞赛题的报纸30万份，各类媒体新闻报道50余篇，推动了公积金知识的普及，增强了全社会对公积金的知晓度和参与意识。

常熟分中心组织工作人员走上街头宣传公积金政策

太仓分中心召开宣传月座谈会

张家港分中心工作人员开展政策咨询

2006年12月11日，江苏省建设厅授予苏州市住房公积金管理中心“全省建设系统2005—2006年度精神文明建设先进单位”。

2006年12月20日，苏州市台湾事务办公室召开苏州市台资企业公积金政策说明会。市台办、市住房公积金管理中心的有关人员和台资企业人事主管50余人参加会议。苏州市住房公积金管理中心在会上介绍了公积金的法规、规章和政策。昆山分中心对台资企业依法缴存公积金的成功做法作了经验介绍。市住房公积金管理中心主任陈鼎昌讲话时，强调了维护职工合法权益的重要性。苏州市台办副主任沈荣在会上作了《在达成共识基础上全面推进台企扩大公积金覆盖面》的讲话。

2006年，苏州市住房公积金管理中心进一步扩大了职工群众的受益度和公积金制度的惠及面，公积金贷款成为职工购房融资的首选。全年发放贷款1.7万户家庭、30.99亿元，65%的购房资金通过公积金贷款与提取所取得，受益户数比上年度增长24.16%，政策性低息贷款给这些家庭带来了最直接的实惠；公积金贷款贡献率提高，当年贷款发放比上年增加6.2亿元，增幅达24.83%。在自付款、公积金贷款和商业性住房组合贷款等购房款总额的构成中，公积金贷款的贡献率仍力拔头筹，占39.21%。再加上以购房提取补充支付房款和还贷提取补充还贷资金两个方面，公积金为职工购房提供融资保障的贡献率达65.08%，比“十五”期间的平均贡献率提高了17.95个百分点。苏州市住房公积金管理中心所属的五个分支机构和两个办事机构中，有六个机构当年均实现了个人贷款零逾期，所属的八个服务大厅均实现了零投诉。苏州市住房公积金管理中心在苏州市2006年纳税人评议政风行风活动中，综合满意率达99.41%，比上年提高0.85个百分点。

2007年

2007年1月9日，为加强住房公积金服务大厅的管理，苏州市住房公积金管理中心制定实施《苏州市住房公积金服务大厅服务管理规定》《苏州市住房公积金服务大厅服务标准》，提出坚持“以客户为中心”的原则，贯彻“以人为本”的服务理念，为职工群众提供周到、便捷、高效的服务，努力把服务大厅建设成为客户满意的服务窗口。

阎立市长在苏州市人大会上

《苏州市住房公积金管理办法》和所辖市(区)各级政府扩面文件

2007年1月20日，苏州市人大十三届五次会议召开。会议审议通过的政府工作报告首次将“扩大住房公积金覆盖面，新增缴存住房公积金职工人数的指标”列入市政府实事项目之中，强化全市各级政府行政引导，对苏州市扩面增人起到了强有力的推动作用。

2007年2月7日，苏州市住房公积金管理中心对江苏沙钢集团有限公司等28个缴存住房公积金先进单位给予表彰。

2007年2月12日，苏州市住房公积金管理中心被苏州市委、市政府表彰为“2006年度苏州市市级机关作风建设先进单位”。

2007年3月29日，苏州市住房公积金管理中心被江苏省建设厅、省财政厅表彰为“2006年度全省住房公积金管理先进单位”。4月24日，苏州市住房公积金管理中心所属张家港分中心、昆山分中心被江苏省建设厅表彰为“2006年度全省住房公积金管理先进分中心”。

2007年4月1日起，为适应苏州城市化进程，方便职工异地购房贷款，苏州市住房公积金管理中心在大市范围内，开办异地购房的住房公积金贷款业务，更进一步发挥了住房公积金的保障作用。

2007年4月2日，江苏省住房保障工作会议在常州召开。苏州市政府副市长朱建胜、苏州市住房公积金管理中心主任陈鼎昌参加。会上朱建胜作了题为《充分发挥住房公积金在住房保障方面的重要作用》的经验交流发言。

2007年4月16日，为依法推进住房公积金制度、维护职工的合法权益、规范住房公积金缴存检查工作，苏州市住房公积金管理中心制定实施《苏州市住房公积金缴存检查工作规定》，明确了检查机构及其职责、检查范围和内容、检查程序等内容，并规范了检查通知书、稽核结果认定表、分类督促台账、催建催缴通知书的格式。

2007年4月27日起，苏州市住房公积金管理中心网站全面改版，充实网上查询功能，主页增加测算公积金可贷款额、月应还款额，查询还贷明细和了解个人账户情况，方便职工群众知情和办事。

王荣(前左1)在市住房公积金管理中心服务大厅视察指导工作

2007年5月14日,中共江苏省委常委、苏州市委书记王荣,市委副书记杜国玲,市委常委、常务副市长曹福龙等领导到苏州市公积金中心服务大厅进行现场视察指导,充分肯定了中心大厅便民服务取得的成效。

2007年5月17日,苏州市住房公积金管理中心团支部被市级机关团工委表彰为“2005—2006年度苏州市市级机关先进团组织”。5月18日,市中心机关工会被市级机关工会工作委员会表彰为“2005—2006年度市级机关工会工作先进集体”。当月,市中心机关工会被市级机关工会工委会评为“先进基层工会(先进职工之家)”。

2007年7月1日,苏州市住房公积金管理中心根据此前联合市财政局印发的《关于调整苏州市2007年度住房公积金缴存基数的通知》(苏房金〔2007〕53号),在全市(不含相城区)范围内开展2007年度住房公积金缴存基数调整工作,规定各地缴存基数最低不得低于苏州市劳动和社会保障局公布的最低月工资标准;最高不得超过苏州市统计局公布的当地上年度职工月平均工资的3倍。月缴存基数最高限额:市区为7 900元、张家港市为6 600元、常熟市为6 400元、昆山市为6 500元、吴江市为6 500元、太仓市为6 400元、吴中区为7 200元。至2007年年底,全市月应缴额由调整前的4.3亿元增至5亿元。

2007年6月27日,苏州市住房公积金管理中心服务大厅被市委市级机关党工委、团市委联合命名为“2006年度市级青年文明号”。7月18日,又被市创建青年文明号活动组织委员会命名为“2006年度苏州市十佳青年文明号”。

2007年7月25日,苏州市审计局召开“2006年度住房公积金审计结果新闻发布会”,首次以新闻发布会的形式向社会公布公积金审计结果。此次审计,在全省率先采用信息化手段进行联网审计,由事后审计变为事中审计,实现了对公积金运行的实时跟踪。审计结果表明,苏州市住房公积金运行安全，管理规范，没有发生挤占挪用和违规操作等问题。

2007 年 9 月 1 日，苏州市住房公积金管理中心市中心服务大厅开始每周六正常对外办理公积金有关业务。

2007 年 11 月 1 日起，为完善偿还住房贷款提取住房公积金管理，减轻借款职工的还贷压力，苏州市住房公积金管理中心在全市全面开展偿还住房贷款委托按月提取住房公积金业务，即缴存职工委托所在地公积金管理机构和银行，在其按月偿还住房贷款后，依据其偿还贷款情况提取公积金（含新职工补贴），并直接划入其指定扣款还贷账户。

2007 年 12 月 10 日，中共苏州十届市委第二十七次常委会研究决定，苏州市住房公积金管理中心升格为正处级建制，领导职数 1 正 4 副，建立中共苏州市住房公积金管理中心党组，市纪委派驻纪检组。12 月 29 日，市委常委会研究决定，陈鼎昌同志任市住房公积金管理中心主任。2008 年 1 月 31 日，市政府发文任命。

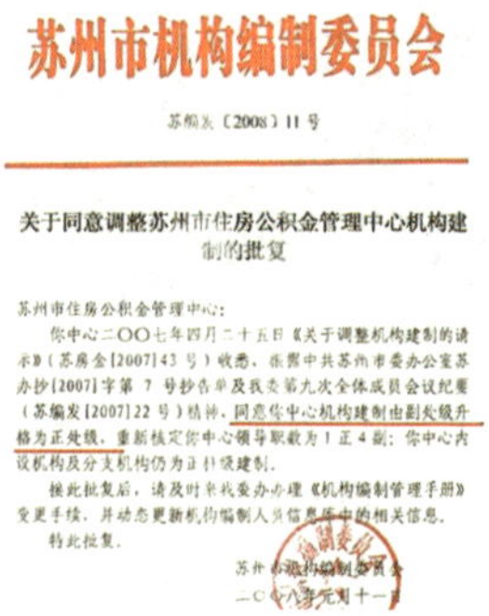
苏州市机构编制委员会

苏编发〔2008〕11 号

关于同意调整苏州市住房公积金管理中心机构建制的批复

苏州市住房公积金管理中心：

你中心二〇〇七年四月二十五日《关于调整机构建制的请示》（苏房金[2007]43 号）收悉。根据中共苏州市委办公室苏办抄[2007]字第 7 号抄告单及我委第九次全体成员会议纪要（苏编发[2007]22 号）精神，同意你中心机构建制由副处级升格为正处级，重新核定你中心领导职数为 1 正 4 副；你中心内设机构及分支机构仍为正科级建制。

接此批复后，请及时来我委办办理《机构编制管理手册》变更手续，并动态更新机构编制人员信息库中的相关信息。

特此批复。

苏州市机构编制委员会

二〇〇八年元月十一日

2008 年

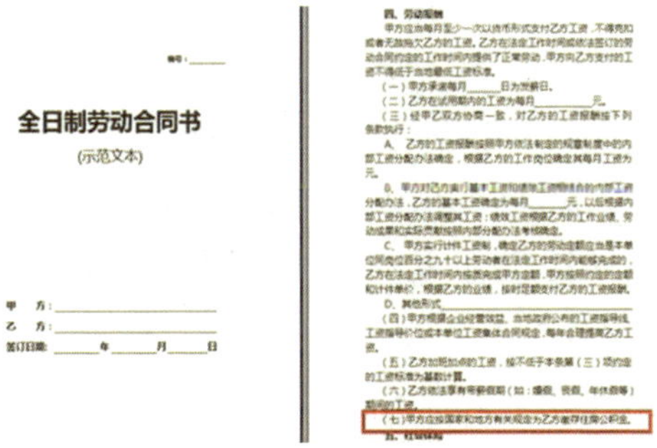
编号：____

全日制劳动合同书

（示范文本）

甲　方：____

乙　方：____

签订日期：____年____月____日

四、劳动报酬

甲方应当每月至少一次以货币形式支付乙方工资，不得克扣或者无故拖欠乙方的工资。乙方在法定工作时间或依法签订的劳动合同约定的工作时间内提供了正常劳动，甲方向乙方支付的工资不得低于当地最低工资标准。

（一）甲方承诺每月____日为发薪日。

（二）乙方在试用期内的工资为每月________元。

（三）经甲乙双方协商一致，对乙方的工资报酬按下列条款执行：

A、乙方的工资报酬按照甲方依法制定的规章制度中的内部工资分配办法确定，根据乙方的工作岗位确定其每月工资为____元。

B、甲方对乙方实行基本工资和绩效工资相结合的内部工资分配办法，乙方的基本工资确定为每月____元，以后根据内部工资分配办法调整其工资；绩效工资根据乙方的工作业绩、劳动成果和实际贡献按照内部分配办法考核确定。

C、甲方实行计件工资制，确定乙方的劳动定额应当是本单位同岗位百分之九十以上劳动者在法定工作时间内能够完成的。乙方在法定工作时间内按质完成甲方定额，甲方按照约定的定额和计件单价，根据乙方的业绩，按时足额支付乙方的工资报酬。

D、其他形式________

（四）甲方根据企业经营效益、当地政府公布的工资指导线、工资指导价位或本单位工资集体合同规定，每年合理提高乙方工资。

（五）乙方加班加点的工资，按不低于本条第（三）项约定的工资标准为基数计算。

（六）乙方依法享有带薪假期（如：婚假、丧假、年休假等）期间的工资。

（七）甲方应按国家和地方有关规定为乙方缴存住房公积金。

五、社会保险

2008 年 1 月 1 日，用人单位为劳动者缴存住房公积金被列入苏州市新全日制劳动合同示范文本，缴存义务更具刚性。

2008 年 1 月 1 日起，苏州市住房公积金管理中心调整贷款政策，对市区购、建住房的借款申请人申请第二(含)次以上住房公积金贷款暂停办理;首付比例等相关规定也作出相应调整;对购买“中低收入家庭住房”的职工继续实行扶持政策,在购买“中低收入家庭住房”再次申请住房公积金贷款的,可比照首次住房公积金贷款政策执行。

2008 年 1 月起,苏州市住房公积金管理中心正式启用自主开发的内审软件,对贷款审批、贷后管理、公积金提取、公积金汇缴等业务进行计算辅助审计,提高内部审计的技术监控手段。

2008 年 1 月 15 日,苏州市住房公积金管理中心对苏州松下系统科技有限公司等 26 家缴存住房公积金先进单位给予表彰。

2008 年 1 月 18 日,苏州市住房公积金管理中心网站被市信息化办公室评为无在线办事的“优秀部门网站”。

2008 年 1 月 18 日,苏州市住房公积金管理中心许屹被共青团江苏省委、省劳动和社会保障厅授予“2007 年度江苏省青年岗位能手”荣誉称号。

2008 年 2 月 28 日,苏州市住房公积金管理中心服务大厅被江苏省总工会授予“江苏省五一巾帼标兵岗”荣誉称号。

2008 年 3 月 31 日,为加强住房公积金管理的规范化、科学化和精细化,进一步明确各项业务的职责和岗位分工,统一规范各项业务的操作程序,苏州市住房公积金管理中心印发《关于执行〈苏州市住房公积金业务操作与控制手册〉的通知》(苏房金〔2008〕32 号),首批发布缴存登记、住房公积金卡、汇(补)缴、提取审核、个人账户转移与合并、贷款审批、贷前与贷后管理、信息系统日常管理、信息系统权限管理、内审与检查、资产管理等 11 项操作手册。

2008 年 4 月 14 日,为加强和规范住房公积金信息化管理,提高行政执法能力,根据国家、省有关部门的要求,苏州市住房公积金管理中心联合江苏省苏州质量技术监督局下发《关于在住房公积金管理中使用组织机构代码的通知》。以组织机构代码作为单位的唯一识别码。质量技术监督局与市住房公积金管理中心定期对比组织机构代码信息,排列未建立制度的单位,督促其为职工缴存住房公积金,有效促进了缴存工作,维护职工合法权益。

2008 年 4 月 30 日,苏州市住房公积金管理中心综合服务科被市“巾帼建功”活动领导小组授予“2007 年度苏州市巾帼文明岗”荣誉称号。

2008 年 5 月 9 日,苏州市住房公积金管理中心被江苏省建设厅、省财政厅联合表彰为 2007 年度“全省住房公积金管理先进单位”和“住房公积金管理综合考核‘优秀’等级单位”。

2008 年 5 月 15 日,为支持“5・12”汶川大地震灾区户籍的在苏职工帮助家乡亲人克服困难、重建家园,苏州市住房公积金管理中心在全国率先出台实施此类职工提取公积金政策。此举被新华社推荐在中央政府门户网站上宣传报道。

5 月 13 日,苏州市住房公积金管理中心领导研究支持灾区重建的公积金政策

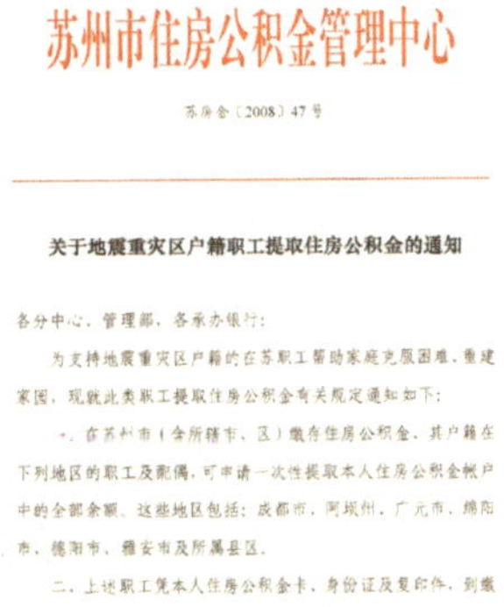

苏州市住房公积金管理中心

苏房金〔2008〕47 号

关于地震重灾区户籍职工提取住房公积金的通知

各分中心、管理部、各承办银行:

为支持地震重灾区户籍的在苏职工帮助家庭克服困难、重建家园,现就此类职工提取住房公积金有关规定通知如下:

一、在苏州市(含所辖市、区)缴存住房公积金,其户籍在下列地区的职工及配偶,可申请一次性提取本人住房公积金帐户中的全部余额。这些地区包括:成都市、阿坝州、广元市、绵阳市、德阳市、雅安市及所属县区。

二、上述职工凭本人住房公积金卡、身份证及复印件,到缴

中央政府门户网站宣传报道了这一重大举措

2008年5月20日，苏州市住房公积金管理中心张家港分中心服务大厅、常熟分中心服务大厅、昆山分中心服务大厅、吴中管理部服务大厅被市委市级机关工委和团市委联合命名为“2007年度市级机关市级青年文明号”；苏州市住房公积金管理中心服务大厅被重新确认为“2007年度市级机关市级青年文明号”。

2008年6月11日，苏州市住房公积金管理中心与市财政局联合印发《关于开展苏州市2008年度住房公积金缴存基数调整和缴存单位年检的通知》(苏房金规〔2008〕56号)，在大市范围内开展2008年度住房公积金缴存基数调整，规定各地缴存基数最低不得低于苏州市人力资源和社会保障局公布的最低月工资标准850元；最高不得超过苏州市统计局公布的当地2007年度职工月平均工资的3倍。月缴存基数最高限额：市区为8 600元、张家港市为7 300元、常熟市为7 200元、昆山市为7 500元、吴江市为7 700元、太仓市为7 600元、吴中区为8 000元、相城区为8 100元。为保证住房公积金缴存信息的正确和完整，首次结合基数调整，开展缴存单位年检工作，至9月30日结束，共掌握了12 885家缴存单位应缴和实缴情况，为扩面工作和规范缴存管理夯实了基础。

2008年6月19日，苏州市住房公积金管理中心综合服务科副科长陶颖被市委市级机关工作委员会表彰为“市级机关第三届十佳优秀共产党员”；市中心党支部被表彰为“2006—2007年度市级机关先进基层党组织”；市住房公积金管理中心获“第三届市级机关双‘十佳’评选活动优秀组织奖”。

2008年6月30日，苏州市住房公积金管理中心联合建行苏州分行，推出建设银行客户自助终端机职工龙卡个人公积金查询服务。

2008年8月28日，苏州市住房公积金管委会召开二届一次全体会议，向新任公积金管委会15名委员颁发聘书。经全体委员推举，市政府副市长朱建胜为主任委员，市政府副秘书长徐刚、市财政局副

局长陆文华、市住房公积金管理中心主任陈鼎昌为副主任委员。

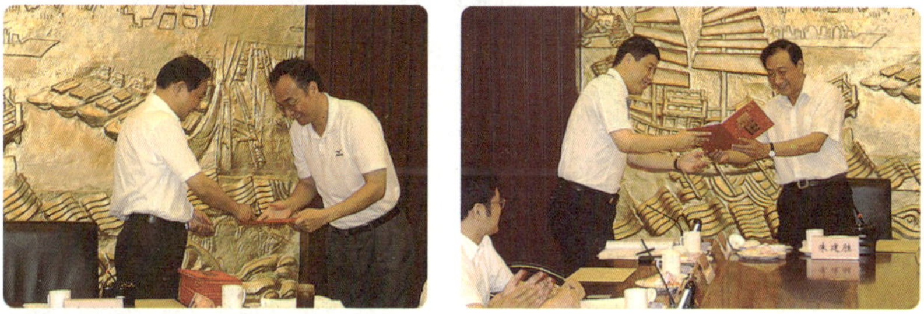

朱建胜向新任住房公积金管委会委员颁发聘书

2008 年 9 月 19 日，苏州市住房公积金管理中心印发《苏州市住房公积金准备金管理制度》（苏房金〔2008〕87 号），标志着苏州市在全省率先建立了覆盖全市范围的住房公积金资金统筹调度机制，增强了全系统资金调控应急能力和风险防控能力。

2008 年 10 月 27 日，为贯彻落实市政府关于促进房地产市场健康稳定发展的精神，充分发挥住房公积金在增强职工购房支付能力中的作用，苏州市住房公积金管理中心调整市区住房公积金贷款政策：(1) 调高最高限额。新建普通住房每笔贷款最高限额从 32 万元调至 50 万元，二手房、自（翻）建住房每笔贷款最高限额从 22 万元调至 35 万元；一人符合贷款条件，新建普通住房每笔贷款最高限额从 20 万元调至 30 万元，二手房、自（翻）建住房每笔贷款最高限额从 15 万元调至 21 万元。(2) 降低贷款首付款比例。新建普通住房首付款比例由住房总价的 30% 调至 20%，二手房首付款比例由住房总价的 40% 调至 30%。此举减轻了职工的购房负担，促进了房地产市场的稳定发展。

2008 年 11 月 1 日，苏州市住房公积金管理中心举行《行政处罚法》和《行政诉讼法》法律讲座，邀请市政府法制办有关负责人授课，市住房公积金管理中心全体干部职工和各分中心、管理部的中层以上干部 70 人参加讲座，进一步强化依法行政，规范全系统开展公积金缴存执法检查活动。

2008 年 11 月 9 日，苏州市住房公积金管理中心工会组织全体干部职工开展拓展活动，增强了团队荣誉感和协作力。

2008 年 12 月 3 日，苏州市住房公积金管理中心太仓分中心档案工作通过省一级考评。

2008 年 12 月 14 日，苏州市住房公积金管理中心邀请银行金融专家开设金融讲座，市中心全体干部职工和分中心、管理部的中层以上干部 68 人参加了讲座，增加了个人的金融知识。

2009 年

2009 年 1 月 1 日，为加强住房公积金业务档案科学化和规范化管理，有效保护利用业务档案，苏州市住房公积金管理中心印发并实施《住房公积金业务档案归档整理办法（试行）》，对住房公积金业务档案分类、归档范围、保管期限、案卷分类与整理、编目方法进行规范统一。

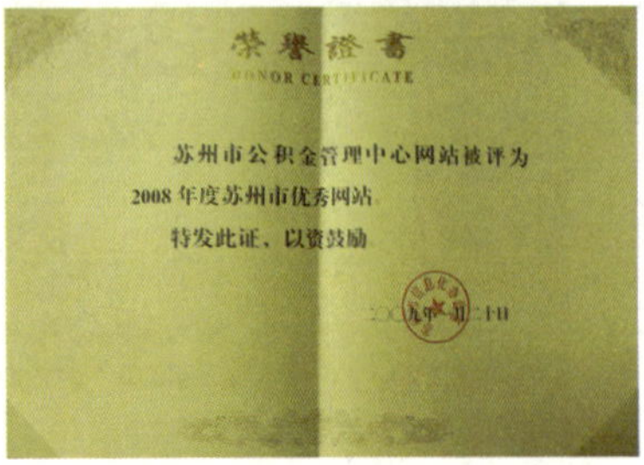

2009 年 1 月 20 日，苏州市住房公积金管理中心网站被苏州市信息化办公室

评为“2008年度苏州市无在线办事的优秀网站”。

2009年1月24日，为进一步发挥住房公积金的保障作用，更好地支持职工解决住房问题，苏州市住房公积金管理中心调整住房公积金贷款政策。(1) 提高住房公积金贷款最高比例。借款人申请购买新建普通住房的贷款最高比例由住房总价的70%提高到80%；二手房贷款最高比例由住房总价的60%提高到70%。(2) 开放对联排别墅(屋)和酒店式公寓的住房公积金贷款。(3) 放宽借款申请人的借款年限。可在法定退休年龄上延长5年。

2009年2月6日，苏州市住房公积金管理中心对江苏港城汽车运输集团有限公司等30家缴存住房公积金先进单位给予表彰。

2009年3月1日，为提高个人住房公积金账户资金运用率，减轻职工还贷压力，苏州市住房公积金管理中心调整市区还贷委托提取留存额。对选择委托提取方式还贷的职工，其个人账户规定留存额由10个月调整为1个月。

2009年3月1日，苏州市住房公积金管理中心综合服务科被江苏省妇女联合会和省城镇妇女“巾帼建功”活动领导小组联合授予“2007—2008年度江苏省巾帼文明岗”荣誉称号。

2009年3月4日，为支持中低收入职工解决住房问题，推进住房公积金制度进一步向中低收入职工倾斜，苏州市住房公积金管理中心制定实施《关于进一步做好对中低收入家庭住房公积金服务的工作意见》(苏房金〔2009〕34号)，以政策优惠和服务优化为主要内容，从住房公积金缴存、提取、贷款、服务等全方位构建中低收入家庭住房公积金服务体系，以封闭式、个性化服务管理为主要形式，充分体现住房公积金政策的保障优势。主要举措有：(1) 建立“中低收入家庭数据集中查询库”，对月缴存额低于最低标准的职工，有针对性地开展催缴增缴工作。(2) 中低收入家庭职工申请住房公积金贷款，给予担保服务费全免优惠。(3) 中低收入家庭职工办理购房提取、还贷提取可以全额提取，不需留存额。(4) 对中低收入家庭职工建立

中低收入职工住房公积金办理现场

绿色优先通道，实施办理业务专人引导专柜服务，电话咨询专线服务，指导合理用款还款服务，通过短信、网络和信函等方式保持联系、实行动态跟踪服务等。

2009年3月5日，经苏州市编办批准，苏州市住房公积金管理中心设立监察室。其主要职责：负责开展纪检监察、反腐倡廉宣传教育和落实党风廉政责任制、效能监察等工作。

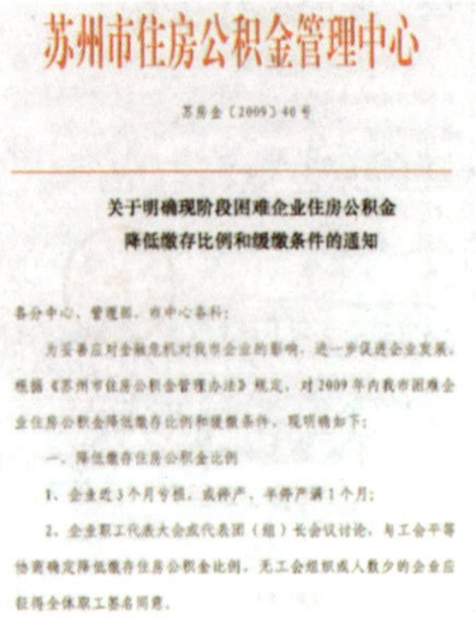
苏州市住房公积金管理中心

苏房金〔2009〕40号

关于明确现阶段困难企业住房公积金降低缴存比例和缓缴条件的通知

各分中心、管理部、市中心各科：

为妥善应对金融危机对我市企业的影响，进一步促进企业发展，根据《苏州市住房公积金管理办法》规定，对2009年内我市困难企业住房公积金降低缴存比例和缓缴条件，现明确如下：

一、降低缴存住房公积金比例

1、企业近3个月亏损、或停产、半停产满1个月；

2、企业职工代表大会或代表团（组）长会议讨论，与工会平等协商确定降低缴存住房公积金比例，无工会组织或人数少的企业应征得全体职工签名同意。

2009年3月9日，苏州市住房公积金管理中心出台实施《关于明确现阶段困难企业住房公积金降低缴存比例和缓缴条件的通知》（苏房金〔2009〕40号），明确2009年内苏州市困难企业住房公积金降低缴存比例和缓缴条件。同时，确定182家重点企业作为联系点，送政策上门。

2009年3月17日，为提高服务质量，树立良好的社会形象，苏州市住房公积金管理中心印发《关于对承办住房公积金业务银行服务质量考评的通知》（苏房金〔2009〕41号），实施对各承办银行的考评实行情况进行通报和问题限期纠正等制度。

2009年3月19日，苏州市住房公积金管理中心召开深入学习实践科学发展观活动动员会，市中心全体干部职工和各分中心、管理部科级以上党员干部共69人参加。3月26日，市住房公积金管理中心主任陈鼎昌作学习实践活动专题报告，要求全体党员干部自觉实践科学发展观，充分发挥公积金政策和服务优势，增强公积金保障功能。

2009年4月1日，苏州市住房公积金管理中心发布缓缴和降低比例审批、年度调整和年检、职工账户托管及启封存、缴存行政执法、骗提和骗贷行政执法、部门网站管理、档案管理、信访处理等8项操作手册。

2009年4月22日，苏州市住房公积金管理中心从“服务质量、服务态度、服务标准、劳动纪律和环境卫生”五个方面对服务大厅工作人员实行百分考核制度。

2009年4月22日，苏州市住房公积金管理中心调整职工购买存量住房提取住房公积金有关规定，取消须凭付清房款的全额发票或契税完税发票方能提取住房公积金的规定，将办理“存量房购房提取”的时段放宽到交易资金托管之后，托管的交易资金为房屋成交价格的30%时即可提取。

2009年4月27日，苏州市住房公积金管理中心被江苏省建设厅表彰为“江苏省建设系统教育培训工作先进集体”。

2009年4月27日，苏州市住房公积金管理中心共青团支部被共青团苏州市市级机关工作委员会表彰为“2007—2008年度苏州市市级机关先进团组织”。

2009年4月28日，苏州市公积金中心综合服务科副科长陶颖被市政府授予“苏州市劳动模范”荣誉称号。

2009年5月6日，苏州市住房公积金管理中心吴江、太仓分中心和相城管理部服务大厅被中共苏州市委市级机关工作委员会和共青团苏州市委联合命名为“2008年度市级机关市级青年文明号”，市住房公积金管理中心、张家港分中心、常熟分中心、昆山分中心和吴中管理部被重新确认为“2008年度市级机关市级青年文明号”。至此，全系统8个服务大厅全部获此命名。8月25日，苏州市公积金管理中心服务大厅被共青团江苏省委命名为“省级青年文明号”。

2009年5月8日，为确保住房公积金资金安全运行和防范队伍的廉政风险，苏州市住房公积金管理中心建立全系统纪检监察网络组织，由市中心纪检组长、监察室主任，各分中心、管理部的分管领导组成。其主要职责和工作任务有开展反腐倡廉教育、加强防控制度建设、运用网络系统监察、保持与当地职能部门联系和提升队伍素质等内容。

2009年5月20日，江苏省苏州市中级人民法院、苏州市住房公积金管理中心联合发文《关于规范人民法院查询、冻结和扣划职工住房公积金账户内存储余额的会谈纪要》(苏中法〔2009〕137号),规定“在被执行人其他可供执行的财产不足清偿其债务的情况下,人民法院可以执行其职工住房公积金账户内存储余额”。

2009年7月13日,苏州市住房公积金管理中心与市财政局联合印发《关于开展苏州市2009年度住房公积金缴存基数调整和缴存单位年检的通知》(苏房金规字〔2009〕1号),在大市范围内开展2009年度住房公积金缴存基数调整和缴存单位年检工作,规定各地缴存基数最低不得低于苏州市人力资源和社会保障局公布的最低月工资标准850元;最高不得超过苏州市统计局公布的当地2008年度职工月平均工资的3倍。月缴存基数最高限额:市区为10 100元、张家港市为8 400元、常熟市为8 400元、昆山市为8 500元、吴江市为8 900元、太仓市为8 700元、吴中区为8 900元、相城区为8 900元。至2009年年底,全市调整基数单位116 399家、年检单位16 438家。

2009年8月1日,苏州市住房公积金管理中心“65111288”热线服务电话正式运行。为规范热线电话服务管理,提高服务水平,市中心先后制定实施热线电话服务制度、热线电话服务语言制度、热线电话服务回访制度和网上咨询服务制度,为广大职工和单位提供快捷、优质、规范的服务。

2009年8月5日,经苏州市住房公积金管委会批准,中信银行苏州分行、兴业银行苏州分行参与承办住房公积金贷款业务。

2009年8月22日,苏州市住房公积金管理中心研编和组织实施的《住房公积金业务操作与控制手册》专家论证会在苏州举行。住建部住房公积金监管司司长张其光,房地产政策与房地产市场研究所研究员、中国房地产及住宅研究会副会长顾云昌,中国社会科学院经济研究所城市政策研究员汪利娜等国内管理、金融、房地产方面的著名专家、学者参加,市政府副秘书长徐刚、市住房公积金管理中心主任陈鼎昌等领导出席。与会专家一致认为,苏州市住房公积金管理中心推出涵盖住房公积金业务和服务标准化、系统化、规范化19项《职工住房公积金手册》的做法，充分表明苏州走在了全国的最前列，首创“苏州标准版《职工住房公积金手册》”具有在全国推广应用和借鉴的价值。张其光对苏州市住房公积金管理中心研发《职工住房公积金手册》的首创精神和取得的阶段性成果给予高度评价：“苏州标准版《职工住房公积金手册》对全国公积金系统建立统一的业务标准和流程，真正用标准化、系统化和规范化的制度管人办事，对提高管理效率、资金安全和服务水平都具有直接的参考、借鉴和推广作用。”

《职工住房公积金手册》专家论证会现场

2009年8月26日起，苏州市住房公积金管理中心在市级机关大院内增设住房公积金服务网点。

2009年9月20日，为进一步优化服务流程，方便职工群众办理公积金提取和贷款，苏州市住房公积金管理中心在实行与各商业银行系统联网、信息共享的基础上，实行住房公积金通兑提取、在苏州大市范围内取消还贷提取需要提供《住房商业贷款还贷证明》的规定。同日，对职工办理住房公积金贷款的借款申请人，放宽至“可选择符合住房公积金贷款条件的任何一人”；在大市范围内异地缴存住房公积金申请贷款的，可选择其中一方的缴存地办理。

2009年10月19日，根据苏州市惩治腐败廉政建设领导小组办公室《关于印发〈关于构建苏州特色反腐倡廉框架的实施细则〉的通知》（苏廉办〔2009〕2号）文件精神，为加强和规范住房公积金缴存检查的执法工作，苏州市住房公积金管理中心印发并实施《单位拒绝住房公积金缴存情况检查的执法业务规程》（苏房金〔2009〕72号），建立执法机制，明确工作职责，限定了执法范围。

2009年11月6日，住房和城乡建设部副部长陈大卫、住房公积金监管司司长张其光等领导到苏州市住房公积金管理中心调研公积金运行情况，听取了我市住房公积金管理中心主任陈鼎昌的工作汇报后，陈大卫充分肯定了苏州住房公积金管理中心在制度扩面、资金效用、规范管理和为民服务等方面的特色做法，指出苏州通过政府推动，将外地来苏职工纳入公积金扩面和保障范围的做法值得总结推广。

2009年11月24日，苏州市住房公积金管理中心召开党总支部委员会成立暨党总支委员选举大会。大会选举产生于澄等5名党总支委员，组成第一届党总支委员会。

2009年11月27日，苏州市住房公积金管理中心本级和吴中、相城管理部档案工作以97.5的综合高分通过了省“三星”级标准测评。至此，市中心和各分支机构8个综合档案室的档案工作已全部实现省“三星”级管理标准。

2009年11月30日，苏州市政协副主席陈振刚带领部分政协委员到苏州市住房公积金管理中心考察调研。对苏州市住房公积金管理中心充分发挥制度保障作用，努力帮助中低收入家庭等困难群体改善居住条件，实行公积金规范化、科学化、精细化管理，确保资金安全运行等方面给予了充分肯定。

市政协副主席陈振刚与部分政协委员一行在市住房公积金管理中心考察调研

2009 年 12 月 25 日，苏州市住房公积金管理中心被江苏省建设厅表彰为“全省建设系统 2007—2008 年度精神文明建设先进单位”。

2010 年

2010 年 1 月 4 日，苏州市住房公积金管理中心制定出台《苏州市住房公积金管理中心工作差错问责暂行办法》（苏房金〔2010〕1 号），在增强工作人员责任意识，减少工作差错，提高管理、服务工作质量和促进单位作风效能建设等方面，发挥了积极作用。

2010 年 1 月 5 日，苏州市住房公积金管理中心向 324 户有公积金贷款的中低收入职工家庭寄发新年贺卡，增强了社会困难群体对公积金制度的感受度。

2010 年 1 月 9 日，苏州市住房公积金管理中心针对 450 户购买保障性住房的中低收入职工家庭举办住房公积金服务咨询会，提供政策讲解、办理贷款和提取业务等优质便捷服务，受到职工群众的好评。

2010 年 2 月 1 日，苏州市住房公积金管理中心对中国国际技术智力合作公司苏州分公司等 32 家缴存住房公积金先进单位给予表彰。

2010 年 2 月 21 日起，苏州市住房公积金管理中心印发《关于跨区转移和提取住房公积金资金清算的通知》（苏房金〔2010〕16 号），明确了在大市范围内开通跨区转移、跨区提取住房公积金业务后，管理机构之间的资金清算办法。

2010 年 2 月 26 日，苏州市住房公积金管理中心网站被市发改委评为“2009 年度全市无在线办事类优秀部门网站”。

2010 年 3 月 1 日，苏州市公积金计算机综合业务信息系统正式上线运行。新系统将原先独立运行的公积金归集、提取、贷款、财务核算、内审稽核等业务系统融为一体，并新增研发了电子监察、客户管理、决策分析、行政执法、外部应用接口平台等业务模块及外网并行预留拓展模块，真正实现业务处理、规范管理和监督控制一体化。苏州市公积金业务操作、财务核算、内部控制等在更高层面上有效开展，系统架构和运行效率居全国前列。

2010年3月6日，住房和城乡建设部赴美国住房金融制度考察报告研讨会在苏州召开，住建部住房公积金监管司司长张其光，财政部、国务院法制办、中国人民银行有关部门领导，江苏省建设厅住房公积金监管处处长刘向东，苏州市住房公积金管理中心主任陈鼎昌及全国14个省、市住房公积金管理中心领导参加了会议。研讨会就美国住房金融制度体系，住房金融监管机制，次贷危机的形成、处置、经验和教训，对我国住房公积金制度的影响和启示及未来发展方向，进行了深入的交流和探讨。

2010年3月15日，苏州市住房公积金管理中心被苏州市妇女联合会和苏州市人力资源和社会保障局联合评为市级“三八”红旗集体。

2010年3月26日，苏州市住房公积金管理中心印发《关于公益性岗位合同制职工用工管理办法的通知》(苏房金〔2010〕24号)，规范全系统公益性岗位合同制职工的用工管理。

2010年3月31日，苏州市住房公积金管理中心组织召开“在职党员进社区”活动的动员部署大会，向全体在职党员发放《苏州市在职党员进社区活动纪实手册》和为民服务标识，并对苏州市党员志愿者信息平台操作使用进行了详细讲解。

2010年4月1日，经中国人民银行南京分行征信管理处批准，苏州市住房公积金管理中心接入人民银行个人信用信息基础数据系统，共享信息资源。

2010年4月1日，苏州市住房公积金管理中心首家镇级业务网点——张家港锦丰网点正式启用，至2011年度苏州大市范围内基本实现中心镇网点全覆盖。

2010年4月20日，苏州市住房公积金管委会召开会议。会议由市政府副秘书长徐刚主持，副市长、市住房公积金管委会主任委员朱建胜作了讲话。会议审议并批准了市住房公积金管理中心主任陈鼎昌作的《关于苏州市2009年住房公积金归集使用计划执行情况和2010年住房公积金归集使用计划草案的报告》《关于苏州市2009年住房公积金财务收支计划执行情况和2010年住房公积金财务收支计划草案的报告》，以及提请审议的有关事项。同意研究出台针对高层次人才在住房公积金缴存、提取、贷款、服务等方面的优惠政策。鉴于苏州实体经济普遍企稳向好，同意停止执行企业降低缴存比例政策、对困难企业的缓缴住房公积金政策，其有效期延续至2010年年底。

2010年4月26日，苏州市纪委等9部门联合发文，评定市住房公积金管理中心为第四批苏州市廉洁文化建设示范点。

2010年5月25日，苏州市住房公积金管理中心印发《关于印发〈2010年度市区受托银行承办住房公积金业务考核办法（无归集业务银行）〉的通知》（苏房金〔2010〕53号）和《关于印发〈2010年度市区受托银行承办住房公积金业务考核办法（有归集业务银行）〉的通知》（苏房金〔2010〕54号），在对承办银行的考核上进行了细化，迈出了精细化管理新步伐。

2010年5月31日，苏州市住房公积金管理中心印发《苏州市住房公积金管理中心“百窗争优，百佳争先”作风效能争先创优活动实施计划》的通知（苏房金〔2010〕55号）。6月9日，苏州市住房公积金管理中心在市区服务大厅举行“争创住房公

积金服务优胜窗口”活动启动仪式，苏州市委市级机关党工委副书记朱永飞、苏州市住房公积金管理中心领导和工、农、中、建承办银行分管行长参加。启动仪式上，苏州市住房公积金管理中心联合各公积金业务承办银行，向全市35个服务窗口近200名工作人员发出“争创住房公积金服务优胜窗口”倡议。

2010年6月1日，苏州市住房公积金管理中心正式施行统一的《个人住房公积金（组合）借款及保证担保合同》《个人住房公积金（组合）借款及抵押担保合同》和《个人住房公积金（组合）借款及质押担保合同》文本，职工需填份数由最多11份减少到5份，从而简化了手续。

2010年6月28日，苏州市创先争优活动领导小组下发《关于表彰苏州市先进基层党组织和优秀共产党员的决定》（苏创组发〔2010〕1号），市住房公积金管理中心综合服务科副科长陶颖同志被评为“苏州市优秀共产党员”。

2010年7月1日，苏州市住房公积金管理中心正式启用住房公积金财务核算新系统。

2010年7月7日，经苏州市机构编制委员会办公室批准，苏州市住房公积金管理中心原内设机构秘书科、资金管理一科、资金管理二科、计划财务科、信息技术科、资产保全科、综合服务科整体改为办公室、资金管理一处、资金管理二处、计划财务处、信息技术处、资产保全处、综合服务处。

2010年7月9日，苏州市住房公积金管理中心举行了住房公积金高新区服务部开业暨公积金系统行风监督员聘请仪式。设立高新区服务部是市区本部以外第一个综合业务网点，切实方便了高新区职工和企业就近办理住房公积金业务。苏州市政府副市长、住房公积金管委会主任委员朱建胜为服务部开业揭牌。来自企业、机关、院校和中低收入家庭缴存住房公积金职工的7名代表，受聘担任住房公积金行风监督员。市委市级机关党工委书记陆震宇、市监察局副局长吴亮、高新区管委会副主任陈明和建设银行苏州分行领导等出席了仪式。

朱建胜为服务部揭牌

陈鼎昌在仪式上致辞

2010 年 7 月 12 日，苏州市住房公积金管理中心根据市委、市政府有关高层次人才工作意见，出台实施了高层次人才住房公积金政策优惠，实施九大特优政策和四项便捷服务，最大限度地满足和方便高层次人才落户安居。

2010 年 7 月 13 日，苏州市住房公积金管理中心与市财政局联合印发《关于开展苏州市 2010 年度住房公积金缴存基数调整和缴存单位年检的通知》（苏房金规〔2010〕3 号），在大市范围内开展 2010 年度住房公积金缴存基数调整和缴存单位年检工作，规定各地缴存基数最低不得低于苏州市人力资源和社会保障局公布的最低月工资标准 960 元；最高不得超过苏州市统计局公布的当地 2009 年度职工月平均工资的 3 倍。月缴存基数最高限额：市区为 11 500 元、张家港市为 9 200 元、常熟市为 9 300 元、昆山市为 9 400 元、吴江市为 10 100 元、太仓市为 9 700 元、吴中区为 9 900 元、相城区为 10 000 元。至 2010 年年底，全市调整基数单位 13 969 家、年检单位 18 238 家，职工人均月缴存额同比增加 8. 03%，职工受益度进一步提高。

2010 年 8 月 1 日，苏州市住房公积金管理中心通过人民银行小额支付系统，开始办理住房公积金缴存委托收款业务，此举方便了单位办理住房公积金缴存业务，提高了服务效率。

2010 年 8 月 3 日，经苏州市机构编制委员会办公室批准，苏州市住房公积金管理中心吴中管理部、相城管理部均由副科级建制调整为正科级建制。

2010 年 9 月 3 日，苏州市住房公积金管理中心被江苏省住房和城乡建设厅表彰为“江苏省住房城乡建设系统依法行政示范单位”。

2010 年 9 月 26 日，苏州市住房公积金管理中心在市级机关中率先建立“服务满意度评价”工作机制。

工作人员提示办事职工对服务作出评价

2010 年 9 月 29 日，苏州市住房公积金管理中心在服务大厅举行“住房公积金对账单首发仪式”。在苏州市邮政局和工商银行苏州分行的大力协助下，于当日开始在市区范围内向缴存职工免费邮寄对账单。

苏州市2010年度职工住房公积金个人账户对账单

职工姓名		身份证号码		
住房公积金帐号	0848059607	单位和个人缴存比例		
2010年7月初余额	+本年度增加	+本年度利息	-本年度减少	截止2011年6月底余额
0	2384	4.98	0	2388.98

2010 年 9 月 29 日，苏州市公积金中心在参加市级机关第五届运动会中，被组委会和市委市级机关工委联合评为“运动员入场式优胜奖”。

2010 年 10 月 20 日，苏州市住房公积金管理中心调整了住房公积金贷款的有关政策，规定住房共同买受人包括买受人的配偶、买受人的父母（含公、婆或岳父、母）和买受人的子女（含配偶），但共同借款人仅为借款申请人的配偶、子女（含配偶）和父母（含公、婆或岳父、母）。同时规定精装修金额在购房合同中载明并计入住房总价款，在额度计算中“购房款”金额不需要再扣减精装修金额。

2010 年 10 月 22 日，苏州市住房公积金管理中心在省内率先实施集宿楼提取公积金业务，扩大职工公积金账户资金使用渠道。此举得到职工一致好评。

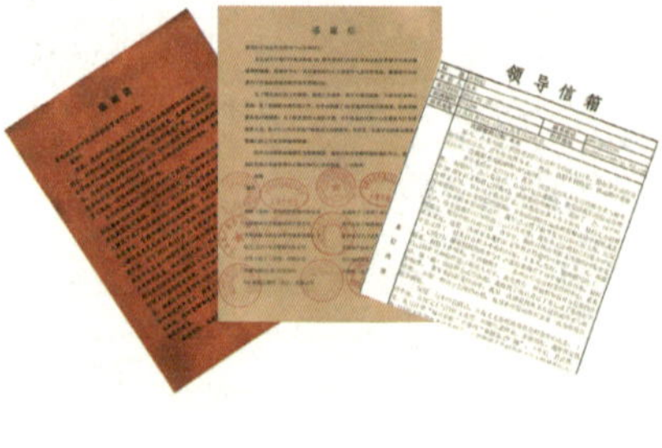

2010 年 10 月 31 日，苏州市公积金系统召开“争创住房公积金服务优胜窗口先进事迹报告会”，共有 180 余人参加。江苏省住建厅公积金监管处处长刘向东、苏州市委市级机关党工委书记陆震宇、苏州市纪委常委曹萍等领导出席。

2010 年 11 月 9 日，苏州市住房公积金管理中心对住房公积金贷款的相关政策作了调整：(1) 借款申请人购买新建普通住房，套型建筑面积 90 平方米以上的，首付款比例不低于住房总价的 30%，贷款最高比例不超过住房总价的 70%。(2) 购买新建普通住房且套型建筑面积 90 平方米以内(含 90 平方米)和保障性住房的，首付款比例保持不变。体现了住房公积金满足职工基本住房需求的保障作用。

2010 年 12 月 8 日，苏州市委常委、市纪委书记沈文祖到市住房公积金中心视察廉政勤政工作。沈文祖在市住房公积金管理中心主任陈鼎昌陪同下，观看了市住房公积金管理中心廉政勤政成果展，视察了服务大厅、热线中心和信息中心，听取了市住房公积金管理中心的工作汇报，对市住房公积金管理中心在开展保障服务、确保资金安全和提高队伍素质等方面取得的显著成绩，给予了充分肯定和高度评价。要求全市公积金工作应主动融入苏州“三区三城”建设大局，密切党群关系。

沈文祖(右)到市住房公积金管理中心视察工作

2011 年

2011 年 1 月 4 日起，苏州市住房公积金管理中心开通住房公积金网上单位业务系统（以下简称网上单位业务），方便大市（除苏州工业园区）范围单位足不出户远程办理公积金缴存业务，2011 年年底实现网上办理缴存单位 7 967 家，覆盖 80% 的缴存职工。

2011 年 1 月 17 日，苏州市住房公积金管理中心调整住房公积金贷款政策，办理第二套住房公积金个人住房贷款，首付款比例不低于住房总价的 50%，贷款利率按同期首套住房公积金个人住房贷款利率的 1.1 倍计算。同时停止向购买第三套及以上住房的借款申请人（含共同借款申请人）办理住房公积金个人住房贷款。

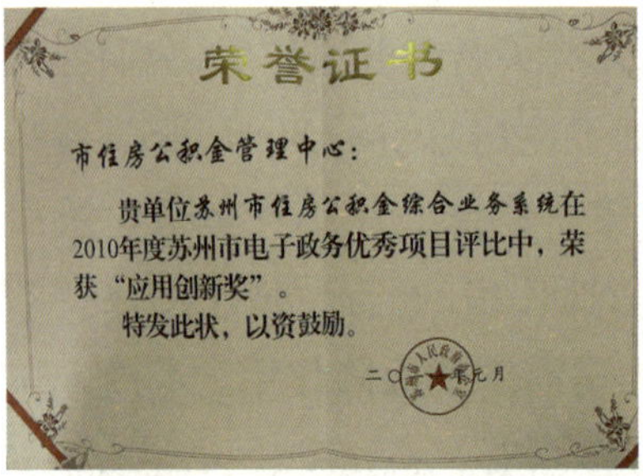

2011 年 1 月 25 日，苏州市住房公积金管理中心网站被苏州市政府办表彰为“优秀无在线办事政府部门网站”，公积金综合业务系统获“应用创新奖”。

2011 年 1 月 30 日，苏州市住房公积金管理中心被苏州市委、苏州市政府授予 2010 年度“苏州作风效能建设优胜单位”荣誉称号。

2011 年 2 月 10 日，苏州市住房公积金管理中心对佳能（苏州）有限公司等 38 家缴存住房公积金先进单位给予表彰。

2011 年 2 月 11 日，苏州市住房公积金管理中心服务大厅被江苏省住建厅表彰为“全省住房建设系统窗口单位‘优质服务提升年’竞赛活动先进集体”，市中心获竞赛活动“优秀组织奖”。

2011 年 3 月 1 日，苏州市住房公积金管理中心昆山分中心服务大厅被江苏省妇女联合会、江苏省城镇妇女“巾帼建功”活动领导小组联合授予“巾帼文明岗”荣誉称号。

2011年3月20日起，根据苏州市住房公积金管理中心印发的《关于住房公积金服务品牌名称和标识使用的通知》（苏房金〔2011〕11号），全系统统一启用“公积金·惠万家”住房公积金服务品牌名称和标识。

2011年3月28日，苏州市住房公积金管理中心调整住房公积金贷款还款方式，由原规定住房公积金贷款部分与商业贷款部分的还款方式必须一致，调整为借款人可以根据自己的意愿分别选择还款方式，在借款合同履行期限内，允许借款人变更一次还款方式。

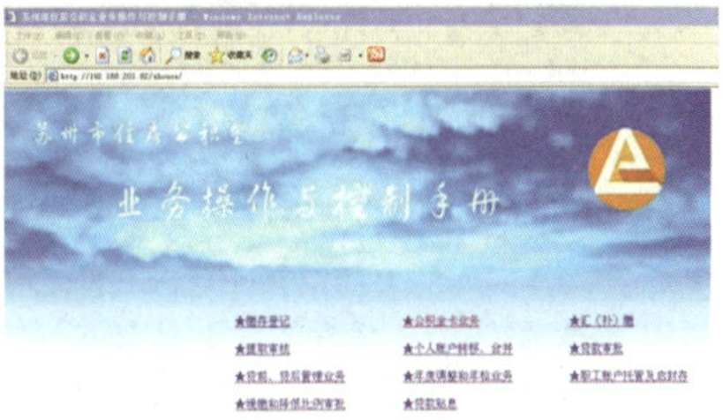

2011年4月1日，苏州市住房公积金管理中心编制完成20项电子版《住房公积金业务操作与控制手册》，并嵌入业务信息系统，大大提升了业务规范管理的时效性、操作性和约束力。

梅正荣（后排左1）到市住房公积金管理中心视察工作

2011年4月6日，苏州市政府副市长梅正荣到苏州市住房公积金管理中心视察工作。梅正荣听取了工作汇报，视察了市区服务大厅、热线中心和信息中心，充分肯定了苏州市住房公积金管理中心在发挥保障作用、加强资金监管、便民利企服务等方面取得的成绩。

2011年4月9日，苏州市住房公积金管理中心成功组织首次信息系统应用级容灾实战演练，通过对各类业务数据进行实时同步备份，在中心系统发生故障后，第一时间即可切换至容灾系统运行，保证业务数据不丢、系统应用不停、对外服务不断，确保信息系统始终处于安全平衡运行状态。

2011年4月14日，苏州市编办下发《关于同意调整苏州市住房公积金管理中心机构编制的批复》(苏编办〔2011〕49 号),同意增设苏州市住房公积金管理中心市区管理部,为市中心正科级建制的派出机构,主要职责是:作为市区设立的网点,承办辖区内住房公积金管理的具体业务。

2011 年 4 月 16 日,苏州市住房公积金管理中心组织全系统 58 名干部职工,到苏州监狱进行廉洁警示教育,从服刑人员贪污腐败蜕变的沉痛教训中接受教育,进一步增强了个人廉洁从政意识,提高拒腐防变能力。

A02 要闻·贴士

缴存住房公积金 是单位和职工法定的义务

佳能每年花两千多万缴公积金

企业发展更和谐　员工工作更安心

2011 年 4 月 18 日起,《苏州日报》每月定期开设“公积金,惠万家——缴存住房公积金是单位和职工法定的义务”宣传报道专栏。

2011 年 4 月 18 日,苏州市住房公积金管理中心印发《苏州市住房公积金管理中心副科职职位竞争上岗实施方案》(苏房金〔2011〕48 号),首次在全系统实行副科职职位竞争上岗,全系统共有 23 名同志参与了 5 个副科职职位的竞争。

2011 年 4 月 25 日,苏州市住房公积金管理中心综合服务处副处长陶颖被江苏省政府授予“先进工作者”荣誉称号。

2011 年 4 月 28 日,苏州市住房公积金管理中心张家港分中心建立公积金法律咨询服务中心。

2011 年 5 月 4 日,苏州市住房公积金管理中心团支部被共青团苏州市委员会表彰为 2010 年度“苏州市五四红旗团支部”。

2011 年 5 月 6 日,苏州市住房公积金管理中心被江苏省住建厅表彰为“2010 年度江苏省住房城乡建设统计先进单位”。

2011 年 5 月 13 日,苏州市住房公积金管理中心制定实施《苏州市住房公积金管理中心市中心服务大厅应急工作预案》(苏房金〔2011〕62 号),针对市区服务大厅和高新区服务大厅可能出现的突发性事件，建立统一、规范、高效的防范和处置机制，有效提升应急工作能力。

集中培训和现场辅导场景

2011 年 6 月，苏州市住房公积金管理中心组织全系统 9 个服务大厅、150 多名窗口工作人员，集中开展公积金“服务贯标”活动，通过开展“2 +5”服务贯标集中培训和现场辅导工作，实现“仪容仪表统一化、文明用语标准化、便民服务人性化、工作流程规范化”的“四化”新标准。

2011 年 6 月 20 日，苏州市住房公积金管理中心纪检组长于澄被江苏省委、省政府表彰为“全省纪检监察先进工作者”。

2011 年 6 月 22 日，苏州市住房公积金管理中心与苏州市财政局联合印发《关于开展苏州市 2011 年度住房公积金缴存基数调整和缴存单位年检的通知》（苏房金规〔2011〕4 号），在大市范围内开展 2011 年度住房公积金缴存基数调整和缴存单位年检工作，规定各地缴存基数最低不得低于苏州市人力资源和社会保障局公布的最低月工资标准 1140 元；最高不得超过苏州市统计局公布的当地 2010 年度职工月平均工资的 3 倍。月缴存基数最高限额：市区为 12 900 元、张家港市为 10 700 元、常熟市为 10 500 元、昆山市为 10 500 元、吴江市为 11 100 元、太仓市为 11 300 元、吴中区为 11 200 元、相城区为 11 100 元。至 2011 年年底，全市调整基数单位 18 611 家、年检单位 22 325 家，职工均月缴存额同比增加 6.06%，职工受益度进一步提高。

2011 年 7 月 1 日起，苏州市住房公积金管理中心出台实施南环新村危旧房解危改造等实事工程居民安置提取住房公积金政策，减轻居民在安置过程中的经济负担，推动政府实事工程的顺利进行。

2011年7月3日，苏州市住房公积金管理中心举行服务提升“我转我行”展示活动，通过服务礼仪、每日晨会、现场手语和“四个一”讲学等精彩项目——展示了落地培训成果，体现出服务贯标后大厅工作人员焕然一新的精神风貌。苏州市作风效能办、欧顾得培训顾问公司和全市公积金系统、担保公司、承办银行相关领导观看了服务展示。市住房公积金管理中心主任陈鼎昌讲话指出，全系统上下要把缴存职工和办事群众摆在心中最高位置，通过“服务贯标”活动的开展，进一步打响“公积金·惠万家”品牌，为职工提供高品质服务。

2011年7月5日，苏州市住房公积金管理中心党总支被中共苏州市委市级机关工委表彰为“2008—2010年度苏州市市级机关先进基层党组织”。

2011年7月14日，江苏省住建厅纪检组长张宁视察苏州市住房公积金管理中心太仓分中心。

2011年7月，苏州市住房公积金管理中心利用中心门户网站开设“网上个人业务”，方便职工实时查询个人账户信息，测算贷款额度，预约办理贷款、提取业务，职工办事更加快捷便利。

2011年7月起，苏州市住房公积金管理中心吴江分中心建立公积金QQ群互动平台，以网上实时解答、远程数据操作和在线政策讲解等形式，直观、快捷地为各缴存企业提供全方位的服务，得到了缴存单位及职工的认可与好评。

2011年8月10日，江苏省住建厅副厅长刘大威来苏州市住房公积金管理中心调研工作。刘大威听取了工作汇报，视察了服务大厅、热线中心和信息中心，对苏州市公积金工作在维护职工权益、发挥保障作用、加强科学管理、便民利企服务等方面取得的成效给予充分肯定，认为苏州市公积金工作坚持以人为本的理念，勇于探索创新，以实际行动增强了社会对公积金的感受度、满意度和信任度。刘大威等还赴昆山分中心深入调研分支机构的工作情况。

刘大威（前排左3）在苏州市住房公积金管理中心调研工作

2011年8月15日，苏州市住房公积金管理中心高新区服务部、昆山分中心服务大厅分别被苏州市创建文明号活动组织委员会命名为“2010年度苏州市级青年文明号”和“2010年度苏州市级十佳青年文明号”。

2011年9月8日，苏州市政府批转《苏州市住房公积金事业“十二五”发展规划》，这是苏州市政府首次批转并实施的住房公积金事业发展规划，对于推进住房公积金制度的普遍建立，加强住房公积金管理和运行，充分发挥住房公积金制度在住房保障体系中的重要作用，切实保障和改善民生，促进住房公积金事业持续健康发展，具有重大深远意义。

2011年9月21日，苏州市政府副市长徐惠民到苏州市住房公积金管理中心视察工作。徐惠民充分肯定了苏州市的公积金工作，并要求全市公积金系统发扬成绩、继续努力，在公积金制度创新发展和加快保障房建设方面发挥重要作用。

副市长徐惠民（后右1）到市住房公积金管理中心视察工作

2011年10月1日，苏州市住房公积金管理中心出台实施关于职工患重病提取住房公积金政策。规定职工本人、配偶或其直系亲属因患有癌症、白血病、尿毒症、再生障碍性贫血以及器官移植五种重大疾病的，在患病治疗期间，家庭成员可以提取本人住房公积金账户中的全部金额，每年可以提取两次。

张家港分中心工作人员看望患病职工陈东平

中央电视台及时报道了苏州的这一新举措

2011年10月11日，苏州市住房公积金管理中心被江苏省审计厅和江苏省内部审计协会联合表彰为“2008—2010年度全省内部审计先进集体”。

2011年11月1日，苏州市住房公积金管理中心发布《合同管理操作手册》。

2011年11月18日，苏州市住房公积金管理中心党总支被苏州市委组织部、宣传部、市级机关工委联合表彰为“苏州市‘在职党员进社区’活动先进集体”。

2011年11月27日，苏州市住房公积金管理中心联合苏州广电总台在金阊区市民活动中心举办苏州市“公积金，惠万家”服务技能总决赛。这是继前期全系统“服务贯标”活动和业务技能岗位练兵后的一次大检验、大比拼，经过激烈角逐，昆山分中心代表队获一等奖，张家港、市中心代表队获二等奖，常熟、吴江和吴中代表队获三等奖。苏州市政府副市长徐惠民、副秘书长徐刚、市纪委副书记缪红梅、市委市级机关工委书记明亮等领导出席了活动。最后，苏州市住房公积金管理中心主任陈鼎昌发表了热情洋溢的讲话，要求全市公积金系统工作人员，要适应社会公众日益增长的需求，秉承“以客户为中心”的服务理念，把广大群众的需求作为一切工作的导向，竭诚竭力地为人民群众提供更多更广的优质服务。

2011 年 12 月 7 日，苏州市住房公积金管理中心被江苏省机关事务管理局评为“十一五”公共机构节能先进单位。

2011 年年末，苏州市住房公积金管理中心昆山分中心公积金缴存人数达 43.1 万人，公积金缴存余额达 43.9 亿元，资金规模列全省县级市公积金管理机构之首。

2012 年

2012 年 1 月 1 日，苏州市住房公积金管理中心此前印发的《苏州市中等偏低收入住房困难家庭住房公积金贷款贴息实施办法（试行）》正式实施，至 2012 年 6 月 30 日止，全市共为 1 666 户中低收入职工家庭办理贷款贴息，贴息金额达 272 万元，贴息额度在 50% 左右。

2012 年 1 月 4 日，苏州市住房公积金管理中心市区管理部挂牌成立，各项公积金业务平稳、顺利交接。标志着中心管理模式实现了“管办分离”，更好地适应了公积金管理规模和提升服务的需求。

2012 年 1 月 4 日，为增强住房公积金重大政策和制度的公信力、执行力，使重大政策和制度的实施不断适应住房公积金事业和社会经济发展的需要，苏州市公积金中心印发并实施《重大政策和制度后评估办法（试行）》。

2012 年 1 月 11 日，苏州市住房公积金管理中心网站被苏州市政府办公室表彰为“优秀无在线办事政府部门网站”，公积金综合业务系统获“为民服务奖”。

2012 年 1 月 20 日，苏州市住房公积金管理中心被苏州市委、市政府授予“2011 年作风效能建设优胜单位”荣誉称号，并列“承担部分公共服务职能的企事业单位组”首位。

2012 年 2 月 4 日，苏州市住房公积金管理中心对苏州市对外服务中心等 44 家缴存住房公积金先进单位给予表彰。

2012 年 2 月 10 日至 11 日，住房和城乡建设部公积金监管司司长张其光、江苏省住建厅副厅长刘大威等，来苏州考察危旧房解危工程项目建设，苏州市副市长徐惠民、副秘书长徐刚、住房公积金管理中心主任陈鼎昌等陪同考察。张其光等领导实地察看了第一批危旧房解危工程项目——南环新村改造施工现场和第二批危旧房解危工程 3 个项目规划地段。

张其光（中）等领导调研危旧房解危工程

江苏省委常委、苏州市委书记蒋宏坤等四套班子领导出席市区第二批危旧房改造工程启动仪式

2012 年 2 月 15 日，苏州市人民政府常务会议决定，拟利用住房公积金结余资金 20 亿元贷款支持市区第二批危旧房解危改造工程。

2012 年 2 月 20 日，为满足职工在还贷期间的实际需求，苏州市住房公积金管理中心出台实施借款人可每年一次自主决定调整公积金贷款月还款额度的政策。

2012 年 3 月 19 日，国务院发展研究中心、住建部公积金监管司等相关领导一行，到苏州市住房公积金管理中心专题调研流动人口缴存住房公积金工作。调研组听取了苏州市住房公积金管理中心“外来务工人员建立住房公积金制度情况”专题汇报，充分肯定了苏州市主动维护职工合法权益、推进为民服务建设等工作，认为苏州经验对制定流动人口缴存住房公积金政策措施具有推广和借鉴价值。

2012 年 4 月至 6 月，为纪念苏州市住房公积金制度建立 20 周年，苏州市住房公积金管理中心联合相关媒体，举办以“我与住房公积金”为主题的有奖征文活动，共收到省内外征文 134 篇，总计 16 万多字。经评选，最终评出获奖征文一等奖 2 篇、二等奖 5 篇、三等奖 10 篇、鼓励奖 20 篇。

2012 年 6 月 4 日，苏州市住房公积金管理中心市区、高新区服务大厅及所属 7 个市(县、区)公积金服务大厅均被中共苏州市委市级机关工作委员会和共青团苏州市委联合重新命名为“2010 年度市级机关市级青年文明号”。

2012 年 6 月 19 日，苏州市住房公积金管理中心吴江分中心在盛泽镇设立全省首家镇级公积金服务自办网点，并开始面向全镇缴存职工受理相关业务。此举适应了城乡一体化、建设服务型基层政府的需要，同时，也确保了公积金扩面工作深入后的后续服务及时到位。

2012 年 6 月 20 日，苏州市住房公积金管理中心与苏州市财政局联合印发《关于开展苏州市 2012 年度住房公积金缴存基数调整以及年检工作的通知》(苏房金规〔2012〕2 号)，在全市范围内开展 2012 年度住房公积金缴存基数调整，并同时办理缴存单位年检工作。此次调整规定各地缴存基数最低不得低于苏州市人力资源和社会保障局公布的最低月工资标准 1 370 元；最高不得超过苏州市 2011 年度职工月平均工资的 3 倍，即 13 600 元。

2012年6月22日，苏州市住房公积金管理中心市中心党总支、张家港分中心党支部同时被中共苏州市委授予“2010—2012年苏州市创新争优先进基层党组织”荣誉称号。当月，昆山分中心党支部、太仓分中心党支部也分别被昆山市委、太仓市委授予“2010—2012年创新争优先进基层党组织”荣誉称号。

周乃翔在苏州市人大会上

2012年6月26日，苏州市人大十五届一次会议召开，周乃翔市长所作的政府工作报告，连续第六年将扩大住房公积金制度覆盖面纳入政府实事项目。

2012年6月底，苏州市住房公积金综合信息业务系统与承办银行系统直连项目成功上线。首期推行住房公积金缴存采用电子方式委托收款汇缴和职工提取住房公积金实时转账至关联的银行卡两项业务，更大步伐地优化了业务办理流程和结算方式，实现了管理和服务的创新升级。

苏州发布·公积金

省力 快捷 安全 灵活

——公积金个人账户与银行借记卡关联

我在苏州安了家

2012年7月2日，经苏州市编办批准，苏州市住房公积金管理中心增设内设机构项目贷款管理处。其主要职责：负责项目贷款的贷前调查、贷中审查、贷后管理等全程封闭管理。

2012年7月11日至12日，住房和城乡建设部、财政部、中国人民银行等部门组成的调查组一行，对苏州市住房公积金贷款支持保障性住房建设试点工作进行抽查。调查组在苏期间，听取了苏州市住房公积金支持保障性住房建设工作汇报，并进行了实地调研。

2012年7月20日，为切实提高职工家庭解决刚性和基本住房需求的能力，苏州市住房公积金管理中心出台实施更具针对性的差别化贷款政策。其主要内容为:对购买首套中小套型住房的公积金贷款给予贷款最高额度可计算到住房总价的 80% 的支持;对购买存量成套住房的贷款政策优化为与新建普通住房的政策一致。

2012 年 7 月 31 日,苏州市住房公积金管理中心印发《苏州市住房公积金支持保障性住房建设项目贷款实施办法(试行)》(苏房金〔2012〕95 号),明确项目贷款专项用于经济适用房、列入保障性住房规划的城市棚户区改造项目安置用房、政府投资的公共租赁住房建设,提出规范住房公积金支持保障性住房建设项目贷款管理的办法意见。

2012 年 9 月 4 日,住房和城乡建设部、财政部、中国人民银行联合下发《关于做好扩大利用住房公积金贷款支持保障性住房建设试点范围工作的通知》(建金〔2012〕130 号),确定 64 个新增试点城市,苏州市政府第二批危旧房改造工程(3 个片区项目)作为棚户区改造安置用房类型列入其中,住房公积金贷款支持额度合计 20 亿元。

住房和城乡建设部
财　政　部
中国人民银行

建金〔2012〕130 号

住房城乡建设部　财政部　中国人民银行
关于做好扩大利用住房公积金贷款支持
保障性住房建设试点范围工作的通知

附件

试点城市和试点项目表

2012 年 11 月,党的十八大召开期间,在北京展览馆"科学发展　成就辉煌"大型图片展中,许多苏州元素,从经济发展到城市建设、民生、生态、文化等各个方面图片获展,其中包括住房公积金在解决职工住房问题方面发挥的积极作用。展示了(在"5·12"汶川地震后的第 3 天,编者注)苏州为在本地工作的四川灾区户籍职工出台优惠提取政策,帮助他们重建家园的图片。

二、收　获

探索、创新的步伐坚定有力，依然震撼着我们一路走来；惠及民生的政策导向是我们不变的底色，是我们践行的准星；数字业绩是我们在时代中奏响的美妙音符；荣誉是曾经用心血、智慧、汗水浇灌而成的丰硕果实。它激励着我们朝向更高更远的目标进发，取得更为骄人的成绩，使后来者也成为苏州市住房公积金事业再创辉煌的人。住房公积金的苏州经验、苏州模式将随同它走过的历程一并载入史册。

创新经验

苏州市经过20年的实践探索，逐步把推行、加强和完善住房公积金制度与苏州市实施住房保障工作紧密结合起来，努力秉承住房公积金“取之于民、用之于民、造福于民”的目标取向和服务理念。机构调整后，尤其是2005年以来，苏州住房公积金管理中心在全系统持续倡导、确立和实践“三度”、“三化”工作指导原则，即努力增强社会对公积金制度的“感受度、信任度、满意度”，不断加强公积金管理的“科学化、规范化、精细化”，通过探索、创新、进取，以“保新的领先、创新的一流”为标杆，努力推动公积金事业又好又快发展，取得了一系列令人可喜的成果。

狠抓公积金的归集　完善公积金的管理

——1995年12月苏州市政府副市长沈长全
在全国房改经验交流会上的发言

推行住房公积金(以下简称公积金)制度是住房制度改革的产物，是建立住房新体制的基础，是增加职工工资收入中住房消费含量的一种形式，是为实现房改目标服务的。公积金制度是政府制定行政法规建立起来的，具有政策性、社会性、保障性、互助性的社会住房保障基金。通过公积金的积累，可以筹措住房建设周转资金，促进住房建设，可以为建立政策性的住房信贷制度提供资金来源，可以增强职工购、建住房的经济能力。

公积金的归集是源头。公积金归集不起来，资金就积累不起来，也就发挥不出推行公积金制度的作用。运用是目的。运用要为房改服务，着眼于社会效益，专款专用于住房建设，公积金的大部分应投向经济适用住房、安居工程住房的建设和政策性贷款，特别是个人购、建住房低息贷款，不能单纯追求资金的经济效益，更不能挪作他用。只有这样，才能使职工看到公积金制度的作用，才能使公积金制度得到职工的支持。核算和管理是手段，是为提高归集率和正确运用资金，制定规章制度和措施来实现每个阶段的目标和任务。三年来，我们依据上述基本认识，始终把提高公积金的归集率列为首要任务，把正确运用资金作为重点来开展公积金管理工作。

一、推行住房公积金制度的进展情况

苏州市市区从1992年7月1日房改起步时，按照省、市政府的统一部署，在市房改领导小组的直接领导下，建立了公积金制度，起步时公积金的缴存额是以标准工资的10%缴存（个人和单位各5%）的，月应缴存总额为477万元。1993年7月起，依据标准工资的增长而相应调整了缴存额，月应缴总额提高到571万元。1995年7月起，按照国务院《关于深化城镇住房制度改革决定》的规定，随着《苏州市市区深化住房制度改革实施方案》的实施，将计算公积金缴存基数从标准工资调整为工资性收入的10%，调整后月应缴存额为1 651万元。

苏州市推行公积金制度经历了三个公积金年度（公积金年度为当年7月到下年6月）、两个阶段。两个阶段是：从1992年7月至1994年9月，实行的是个人缴存在单位，单位在市建行住房信贷部（以下简称住房信贷部）单位公积金存款户下职工个人户名内的办法。市住房基金管理中心（以下简称中心）虽然与房改起步同时成立和明确为公积金的主管部门，但只是行使制定政策规定和计划管理及监督检查的职能，公积金的归集、偿还、核算、资金等实际上是由住房信贷部负责的。所以在社会上产生了误解，认为公积金是单位的专项资金，是建行吸收的单位存款，从而对运用这笔资金建造住房还要付息有意见，成为各银行竞争办理公积金业务的根本起因。1994年10月起，按照省房改领导小组的要求，公积金管理进入了第二阶段，即实行中心专户管理办法。由住房信贷部每周将单位缴存的公积金上划到中心公积金存款户内，中心与住房信贷部签订委托办理公积金金融业务协议书，成为委托与被委托关系。公积金的归集、偿还、核算、资金调度、管理等职能和责任，全部由中心承担，银行协助配合。中心对公积金实行专户管理，是公积金管理工作走向规范化的关键一步，但还没有达到公积金属性所要求的——由政府通过指定部门直接管理的一项住房方面的社会保障基金。

三年来，共归集公积金 20 019 万元，偿还、支用 929 万元。1992 年、1993 年、1994 年三个年度的归集率分别为 99.8%、99.9%、99.9%，从而使苏州市公积金缴存额，在房改起步时位于南京、徐州、无锡三市之后的第四位，到 1995 年 6 月 30 日止，公积金归集余额上升到第二位，仅次于南京市。

三年中，累计发放各类贷款 22 072 万元，其中，职工个人购、建住房低息贷款占 9.26%，经济适用住房、解困房、国家安居工程住房贷款占 35.2%，单位购、建住房政策性贷款占 35.15%，其他住房建设贷款占 20.39%。这些贷款的发放，支持了职工和单位购买或建造住房约 30 万平方米，改善了 4 200 多户的居住条件。

到 1995 年 6 月 30 日止，公积金缴存单位为 3 018 个、34.58 万人，公积金缴存余额为 19 090 万元(包括三年利息转入)。各类贷款余额为 9 355 万元。其中，职工个人购、建住房低息贷款余额 1 715 万元，经济适用住房建设贷款 2 130 万元，建设国家安居工程住房贷款 800 万元，单位购、建住房政策性贷款 3 640 万元。以上四项贷款合计为 8 285 万元，占各类贷款余额的 88.56%，其余为其他住房建设贷款。此外，还购买国债 1 500 万元。在余额的 8 235 万元中，安排用于国家安居工程住房地方配套资金 5 700 万元。其余为备付金。

二、三年中，我们主要做了以下几项工作

推行公积金制度是一项新的工作，没有经验，我们本着不断探索，边学边干，抓住机遇，逐步完善和加强公积金的管理工作，三年中我们主要做了以下工作：

(一) 加强宣传，提高单位、职工对推行公积金制度意义、目的、作用的认识

我们认识到只有理解了公积金制度的目的、作用，才能使之顺利推行并使之巩固发展。我们的做法：一是 1992 年房改起步前，成立了以市委宣传部为组长单位，房改办、总工会、共青团、妇联及新闻单位参加的房改宣传工作小组，制订宣传工作计划，利用各种形式广泛开展宣传，以“房改问题”、“房改专栏”为专题，市建行还配合房改摄制了“访谈录”等，通过报纸、电台、电视台进行了大量的报道，为推行公积

金制度奠定了思想基础。二是充分发挥工会的作用。我市规定,凡属经营严重困难的单位,要缓、停缴公积金的,必须由行政和职代会(工会)联合申请,方可审批。同时,市总工会印发了要各级工会参与房改,维护职工利益的通知。这样,增强了工会在推行公积金制度中的地位和作用,起到了督促单位行政缴存公积金、维护职工权益、支持房改的作用,把好是否应缓、停交公积金第一关。三是及时宣传,推出单位和职工个人购、建住房低息贷款办法,我们于1992年11月和1993年4月先后实施了单位购、建住房低息贷款实施细则和职工购、建住房低息贷款试行办法,同时结合宣传公积金制度的作用,使单位和职工看到了建立公积金制度的好处,可以得到低息贷款资金来解决职工住房。总之,我们通过集中宣传和公布规定办法相结合的方法,提高了单位和职工的认识,使大部分单位意识到缴存不缴存公积金是涉及职工利益的问题,从而提高了缴存的自觉性,积极筹措资金按月缴存。

(二) 把提高公积金归集率作为推行公积金制度的首要任务

我们认识到,任何一项新制度的建立,都有一个源头问题,抓住了源头,就能推进全局。推行公积金制度的源头是如何提高归集率,所以,不论是在住房信贷部管理期间,还是中心实施专户管理以后,我们始终把提高归集率紧紧抓住不放。三年来,先后采取了以下措施:(1) 对四位外勤人员(负责催缴和管理贷款)做到了明确分工,指标到人,加强考核并与年度奖金挂钩。(2) 建立台账,平时抓大户的归集,我们以874个月缴存额1 000元以上的单位作为大户(874个单位月缴存额占总额的90%),不仅建立了发工资日、月缴存额、地址、电话、经办人台账,而且还掌握了哪些单位只会过日,不会脱月,哪些单位需要提醒,不要上门,哪些单位经济效益差,需要重点催缴等情况,做到了心中有数。(3) 形成了中心,各区、主管局和银行三个层次的催缴工作网络,密切联系,相互配合。中心负责大户,占市区单位数40%的区属单位,由区房改办设专人负责,承担本区公积金的归集工作。主管局房改办协助配合本系统的催缴工作。银行则对逾日单位以电话催缴。三个层次的作用不相同,配合起来后,效果很好,达到了提高归集率的目的。(4) 制定、实施单位、职工个人购、建住房低息贷款办法时,把可贷额度多少与该系统公积金有否欠缴,欠缴多少单位挂钩,这样提高了各主管局催缴公积金的积极性。职工个人能否得到贷款要与职工是否缴存和单位是否欠缴挂钩,这就提高了单位缴存的主动性。苏州市先后发生了两起因单位欠缴而使职工没有贷到款,这两个职工均与单位进行了交涉,虽然单位及时补缴,职工亦贷到了款,但影响较大,使单位认识到如不按月缴存,就会影响到职工享受低息贷款的权利。(5) 每年6月下旬,也就是公积金年度总结前10天,我们都组织人员直接深入到住房信贷部四个结算处,分工包干,与结算处同志一起进行年度催缴,对欠缴单位逐个上门,既找财务部门和行政领导,又找工会或党组织,一面宣传,一面催缴,集中一段时间催缴的效果甚佳,除了个别停产的或单位搬迁找不到地址(主要是区属小单位)以外,绝大多数单位都能缴存,不仅缴当月的,还补缴了以前月份的,最多的缴了6个月。同时,亦使单位领导重视这项工作,意识到一次缴几个月,资金筹措压力大,还是按月缴存好,提高了逐月缴存的自觉性。总之,要提高公积金的归集率,不能只发挥中心的积极性,而是要调动各个层次的积极性,不能只是发发文件,一般号召,而是要做艰苦细致的动员说服工作,并形成制度。只有这样,才能使归集率保持在较高的水平上。

(三) 适时制定、实施配套办法,使之有章可循,操作规范,逐步完善与加强公积金的管理工作

(1) 我们在推行公积金制度的同时,制定了公积金管理暂行办法,规定了公积金的缴存、支用、转移等条件和程序。实行公积金制度4个月后,制定实施了单位购、建住房低息贷款实施细则,规定了贷款条件、额度计算、归还手续等,使单位可以自我对照;9个月后,出台实施了职工个人购、建住房低息贷款试行办法,同样对贷款条件、额度计算、归还手续等作了规定。发放个人贷款,关键要处理好可贷额度和保证资金安全两个问题,可贷额度要与资金来源和职工每月还款能力相联系。根据苏州市实际情况,可贷额度控制在购房款的70%以内或夫妇两人月收入的30%以内。为了与社会主义市场经济体制和人才合理流动相适应,我们对职工个人贷款没有采用工作单位担保和发工资代扣还贷的方法,而是采用有价证券抵押或参加综合保险和个人按月直接到贷款银行还款的方法。同时,贷款合同要经过公证处公证,使之纳入法制轨道。两年多来,在发放2 000多笔个人贷款中,按期还款率在98%

以上,还没有发生用保险基金来偿还的情况。(2) 1993 年 5 月,我们自行设计了软件,对公积金的缴存、转移、支取和发放贷款情况进行了统计管理,并每月与信贷部对账保持一致,从而为外勤同志及时提供已缴未缴存的情况。(3) 1994 年 7 月,为了保护缴存者的权益,提高自我保护权益的意识,中心颁发了《苏州市市区职工缴存住房公积金记录卡》,人手一册。这样,不仅使缴存者手中有了缴存凭据,而且也使缴存者进一步了解公积金的作用和各项手续。同时,也为转移、支取、贷款、查询等加强了管理。(4) 1994 年 9 月,为了适应公积金专户管理的需要,我们又制定了公积金财务核算办法,既做到核算规范,又做到自我约束,保证运行增值全部用于住房建设。我们已制定的各项办法和规定,就目前的管理形式,基本适应了工作需要。

三、几点体会

(一) 苏州市委、市政府的领导和支持是推行公积金制度和做好管理工作的关键

苏州市委、市政府领导对建立公积金制度十分重视,坚决执行国家、省的各项规定,特别是在公积金的运用上把好关。1993 年 1 月,苏州市新中国建立以来最大的市政建设工程即将启动,负责该项工程的指挥部向市政府打了报告,提出要借用公积金 2 000 万元。当时,市住房基金管理中心明确提出住房公积金专款专用,不能挪用的处理意见报市政府分管市长审定,分管市长作了“暂不动用”的批示。该工程于 1994 年竣工,没有动用一分钱公积金。1995 年 4 月,市委常委讨论旧街坊改造工程时,三个区均提出要借用房改资金各 2 000 万元作为启动资金。会上,市委主要负责同志明确,启动资金在出售住房回收资金中解决。苏州市委、市政府领导执行政策规定的表率作用,是对我们工作极大的支持,也是对我们的鼓励和鞭策。所以,我们在公积金的运用上着眼于为房改服务,在保证政策性贷款需要的前提下,力求取得较好的增值。

(二) 依靠、发挥各区、主管局房改办的积极性,互相配合,是提高归集率,做好资金运用的基础

我们认识到,公积金归集工作面广量大。各单位分散在各条街巷,情况差别很大,单靠中心和银行的积极性,不仅难以提高归集率,也难

以完全了解真实情况。为此，在公积金制度起步时，根据单位数多而小，主管局统一建住房的特点，设定了由区、局统筹运用公积金归集余额一定比例建造住房的办法。同时，又明确了区、局要协助中心归集公积金，并规定了欠缴单位数的多少与可否贷款、额度多少相制约，这样，既做到了权利、义务的一致，也调动了区、局房改办的积极性。不论是平时归集，还是年度催缴，只要中心告知还有哪个单位未缴，他们都能积极去做工作，有的还帮助筹措资金。今年年度归集时，电子、机械等局房改办负责人坐镇办公室进行协调，所以，除个别产业局外，连续三年都取得了年度无欠缴单位的好成绩。在归集公积金工作中，区、局房改办起了很好的作用，因为他们与各单位是直接关系，情况比我们清楚。所以，我们把申请缓、停缴公积金，申请贷款，开销户等均先请区、局审核，提出意见，然后由中心按规定审批，这样，既可以防止偏差，又保持了中心与区、局的紧密关系，相互支持，共同做好推行、巩固公积金制度工作。

（三）推行公积金制度和做好日常管理工作，离不开财政、金融部门的支持和配合

推行公积金制度，涉及财政的增支减收、财务处理等问题，他们都按规定逐一解决。在我们制定核算管理办法时，他们给予指导和帮助，并加强了监督，特别是三年多来，从未提出过借用公积金，这些都是对顺利推进公积金制度的极大支持与配合。市建行为推行公积金制度作出了很大贡献，投入了大量的人力、物力、财力，完成了实施公积金制度前的全部准备工作；实施后，下达任务，实行指标考核，开展专题竞赛，改善服务态度，做到了为房改服务而不单纯计较经济效益。职工购、建住房低息贷款是一项时间长、成本高、手续繁的政策性信贷任务，经济效益低，但因是推行公积金制度的配套项目，他们运用市区所有网点，积极开展服务。三年多来，不论是建行管理期间，还是实行中心专户管理以后，市建行都能积极协助中心归集公积金，修改微机程序，基本满足了中心对资料、报表、凭证移交等要求。今年调整公积金缴存基数时，他们主动提出了单位只填报职工月平均工资额一项数据，其余由银行微机处理，然后再返回单位核对的办法。这一办法大大减轻了单位的工作量，又减少了差错，仅用了一个多月时间就完成了基数

调整工作，保证了7月1日按新额度办理缴存。三年来的实践，我们深深感到推行公积金制度取得的成绩，是与财政、金融部门的支持、辛勤劳动凝结在一起的。

（四）有一支能苦干、实干的工作人员队伍，是提高归集率、做好管理工作的保证

要完成任务，不仅要有与任务相适应的人数，更重要的是要有能苦干、实干、有主动性、责任心的工作人员队伍。中心是公积金的主管部门，应起主导作用，中心能否形成这样一支队伍，直接关系到任务的能否完成。为此，我们把加强自身建设，强化工作责任心列入了年度工作目标，付诸实施。随着工作量的增加，责任的加重，相应充实了力量，基金管理部门从6人增加到10人，其中，负责归集、贷款的同志从2人增加到4人，微机人员从1人增加到3人，并制定了内部规章制度和明确各自的职责。平时各司其职，各尽其责。年度集中催缴时，除留守1人外，不论是会计还是微机人员，从主任、科长到办事员，全部深入到各结算处，分工包干，集中催缴。每月6月下旬，正值"梅雨"季节，不是湿热就是下雨，不论是在郊区，还是城区，只要未缴的，都上门做工作，一次不成两次，直到缴了为止，年复一年的年度催缴，没有人叫苦，更没有退缩者。三年来，公积金的归集率所以能在省内11个省辖市中位于前列，是苦干、实干精神换来的。三年来的实践，说明我们已初步形成了这样一支队伍。

在推行、巩固公积金制度方面，我们虽然做了一些工作，取得了一定的成效，但从事业发展的角度来对照，尚需进一步改进和完善，工作人员的素质亦需进一步提高。此外，要巩固、发展公积金制度，有些问题应提到议事日程，进行研讨和解决，这些问题是：公积金的立法应加紧进行，对欠缴、不缴单位应采取何种制约措施，因为目前归集的难度正在增加；公积金的管理模式与银行之间的关系问题；公积金的运用增值是否应归政府所有；公积金的监督机制如何确立与规范；等等。这些问题如不及早研讨解决，将会影响到公积金制度的巩固与发展。

推行住房低息贷款 增强住房贷款风险保障

——1997年1月苏州市政府副秘书长韩天伦
在全国房改工作会议上的发言

苏州市1992年7月建立住房公积金制度,1993年4月开办了职工购、建住房低息贷款,在中国人民保险公司苏州分公司支持配合下开展了职工购、建住房低息贷款综合保险,降低了贷款的风险,保证了贷款的安全性。同时,可以转变职工的住房观念,引导信用消费,增强职工解决住房的支付能力。此举引起了国务院有关领导的重视。

一、制定职工住房低息贷款办法

苏州市人保公司大力支持房改工作,配合开展职工购、建住房低息贷款工作,制定了《苏州市市区职工购建住房低息贷款综合保险试行条款》,与苏州市住房基金管理中心等部门制定的《苏州市市区职工购建住房低息贷款试行办法》(以下简称《试行办法》)同时出台。综合保险责任包括三项内容:一是借款人抵押的房产;二是借款人因意外事故或疾病丧失部分或全部还款能力;三是借款人因其他原因无法归还贷款或故意赖账等造成的贷款本息损失。年保险费率为贷款额的5‰,由借款人在借款时一次性投保;保险期限为自取得贷款之日起至贷款全部还清之日止。在保险期限内,由于上述保险责任中的原因造成贷款本息损失的,由人保公司赔偿。

为了多开住房贷款风险保障的渠道,苏州市住房基金管理中心在《试行办法》中规定了职工贷款还可以用有价证券(仅指国家债券、专业银行代理发行的融资债券及承办贷款银行的定期储蓄存单)抵押,其金额应与贷款金额相等,可随着贷款本息的归还,定期取出与还款额相等的证券。以有价证券作抵押,可不再办理综合保险,两种风险保障方式供借款人自行选择。这样,不但单位从职工住房贷款的经济法律关系中解脱出来,而且增强了住房公积金投放于职工住房贷款的安全性。

二、职工住房贷款的主要规定

《试行办法》对职工住房贷款的条件、额度、利率及还款方式作了一些原则规定：一是贷款条件体现了缴交住房公积金职工权利与义务对等的原则，凡具有市区常住户口，夫妻双方及其所在单位按规定及时足额缴存住房公积金半年以上，持有购房合同，并已预付30%以上购房款，愿意以有价证券抵押或参加综合保险的，均可申请住房低息贷款。二是贷款额度，按以下两种计算方法中取较低的一种：一种为借款人及其配偶月缴交公积金工资基数之和×30%×12个月贷款年限；另一种为购房款的70%以内。三是贷款利率，实行贷款年限分档利率，即1～3年（含3年）月利率4.2‰；3～5年（含5年）月利率4.5‰；5～10年（含10年）月利率5.1‰；10～15年（含15年）月利率6‰。四是还款方式，采用先付息后还本，按月等额还款的方式。为了方便还款，借款人凭贷款银行发给的还款记录卡可在其任一储蓄网点还款。

按照规定，职工住房贷款需要办理保险、公证、房产抵押登记，涉及住房公积金管理机构、银行、保险、公证、房产等部门，各部门都有规定的手续程序。职工申请一笔贷款，需要跑五个单位，提供多种证明材料。为方便职工，简化程序，经过协商，有关部门授权委托市建行房贷部一家办理职工住房贷款审查、发放、保险、公证、房产抵押登记等手续，实行“一条龙”服务。同时，他们还向广大职工散发有关住房贷款等内容的宣传材料。贷款银行将贷款的有关规定及收费标准公布上墙，使借款人一目了然。这样，只要符合条件，手续齐全，借款人只要出入一个大门，在一个窗口就能办妥全部手续。

三、开展职工住房贷款所取得的良好效果

苏州市开展职工住房低息贷款及综合保险已有三年半，从实施的情况看，逐步显现出良好的效果。

（一）贷款风险度低，回收情况基本正常

综合保险虽然增加了借款人的经济负担，但由于保险费率较低，借款人尚能承受。贷款职工中，除42户以有价证券抵押外，90%以上的贷款户参加了综合保险。至1996年9月止，投保4 221户，累计收取保险费346.8万元，保险费收入占上年末职工住房贷款余额的2.2%，为抗拒风险奠定了基础。

职工还款意识较强。有许多人提前还清全部贷款，正常还款率为99.73%，未按期还款的借款人大多并非有意拖欠，一般在下月都能补回。到目前为止，由于意外事故等原因，保险公司已赔偿6笔、归还贷款5.42万元。这既减轻了被保证人的债务负担，又避免了住房公积金的损失，更重要的是取得了良好的社会效益，提高了人保公司的信誉，推动了其他保险业务的开展。如有一借款人因病死亡，其遗孀要抚养两个子女，但仍坚持每月按时还款。保险公司了解上述情况后，不仅代其全额还清了贷款，而且还将其多还的3个月贷款退回本人，当事人十分感动。

（二）住房贷款受到职工的广泛欢迎

由于职工住房贷款手续简单，利率低，加权平均月利率为4.73‰；期限长，最长可达15年，且可自由选择有价证券抵押或参加综合保险，提前还清贷款可退还多收的保险费以及不计收提前还款部分在提前期的利息等，因而受到广大职工的欢迎。苏州市实施的国家安居工程新升新苑小区一期住房竣工才3个月，就已销售74%，其中90%以上是个人直接购买，他们中的绝大多数是通过住房贷款解决购房资金的。11月上旬召开的苏州市第16届房屋交易大会，7天成交304套住房，其中个人直接购买230套，占成交套数的76%；在交易大会上，市住房基金管理中心、房改办设摊开展咨询服务，宣传公积金制度，介绍职工住房贷款办法，职工群众对住房贷款表现了极大的关注，广大职工看到了住房公积金制度及职工住房贷款制度给解决住房问题带来的希望。

（三）职工住房贷款与公积金的缴交挂钩，提高了住房公积金归集率

《试行办法》规定，凡欠缴、停缓缴公积金期间的职工不能享受住房贷款；缴存公积金满6个月以上的职工方可申请贷款，以防止个别人投机取巧。职工申请贷款与缴存公积金挂钩，不仅增强了职工保护自身权益的意识，也促使了单位按期缴交公积金，从而提高了缴存公积金的自觉性，提高了公积金归集率。苏州市住房公积金归集率连续4年达到99%以上，与广大职工的自觉参与和督促有着密切关系。

积极探索　大胆实践　推进住房分配货币化

——2000年1月苏州市政府房改办(市住房基金管理中心)副主任黄济群在全国房改及房地产工作座谈会上的交流发言

一

苏州是一座具有2 500多年历史的文化名城和风景旅游城市。改革开放20年以来,苏州市委、市政府加大对住房建设的投入,群众的住房条件有了明显改善,到1998年年底,人均使用面积14.6平方米,成套率达70%。特别是苏州市从1988年售房试点起步,到全面推开和进一步深化的房改,给住房建设、分配注入了新的活力。经过10余年的努力,苏州市初步形成了房改的基本框架,新的住房制度正在逐步建立。从1998年年底起,根据国务院、江苏省的有关文件精神,苏州市又把房改工作的重点转移到停止实物分房,逐步实现住房分配货币化上来。市政府于1999年年初出台并实施了以货币化为核心的房改新方案,及对1998年11月30日之前参加工作、无房或住房面积不到位的职工(下称老职工),有条件的单位在其购房时给予一次性购房补贴和工龄补贴,对1998年12月1日以后参加工作的职工(下称新职工),单位按其月工资总额的一定比例逐月发放购房补贴。

新方案实施一年来,取得了良好的效果。截至1999年12月底,苏州市老职工有2 674人享受购房补贴4 478万元,贴补面积15.03万平方米,职均补贴金额1.67万元,补贴面积56.21平方米,补贴单价每平方米297.95元,补贴额度最高9.24万元,最低300元;新职工共有104个单位859人拿到了按月发放的购房补贴,全年发放补贴28.86万元,月职均77.35元。房改和住房货币政策的推行,使个人逐步成为住房消费的主体。1999年,我市共销售商品住房72万平方米,其中约60万平方米为个人购房,占83%,金额为9亿元,而通过货币补贴职工直接购买住房的面积达23.75万平方米,总金额4.25亿元,分别占全市个人购房总量的39.6%和47.2%。购房补贴的发放,调动了职工购房的积极性,扩大了职工对住房的需求,也带动了相关产业的发展。按建设部的测算口径，苏州市货币补贴职工投入的购房资金，一次拉动建材、装饰、家具、电器等相关行业的消费 7.22 亿元，二次拉动交通运输、饮食服务等其他行业的消费 25.65 亿元。

二

苏州市住房分配货币化新方案之所以取得一定成效，主要利于以下几个方面：

（一）住房观念的转变是住房分配货币化得以顺利实施的思想基础和社会基础

住房分配从实物到货币的转变，并不是近一两年才在苏州市出现的新变化，它是一个渐进的过程。早在 1996 年，苏州市的房改政策中就有货币化分配的内容，虽然当时没有明确货币化的提法，但政策规定，职工购房国家安居工程住房和普通商品住房时，单位可给予一定比例的购房补贴，其实质与今天的住房货币政策并无二致。到 1998 年年底，经苏州市房改办批准而发放的住房补贴累计达 4 134 万元，享受补贴的职工有 1 321 人。企业的住房分配货币化可以追溯得更早，当时主要是一部分企业迫于自己财力所限，不可能采取实物分房的做法，只能根据单位的资金状况及职工的职级、工龄、住房困难程度等因素制定出一套补贴标准和办法，由职代会讨论通过并组织实施。自 1995 年开始，由于房改售房工作的全面推开，各单位都有回收的售房款，企业就将职工的购房补贴、拆迁补贴等从售房款中开支。一时间个人买房单位补贴成为时尚，为许多人所接受，原先在实物分配体制下形成的“等、靠、要”的思想失去了市场。可以说，当不少机关事业单位纷纷搭乘“末班车”、享受实物分房“最后晚餐”的时候，企业住房分配货币化已经迈出了实质性的一步。正因为如此，苏州市的住房分配货币政策一经推出，就理所当然地受到了企业职工的欢迎。从 1999 年的购房补贴情况看，全市 2 674 名补贴职工中，企业职工为 1 759 人，占总数的 65.7%。这充分证明，住房货币化政策拥有广泛而坚实的社会基础。

（二）合理的补贴标准和灵活的补贴方式是住房分配货币化顺利实施的关键所在

货币化政策是否可行，关键在于是否具有可操作性。首先从补贴标准来看，购房补贴发多了，财政和单位承受不了；发少了，不足以支持职工对住房的有效需求，因此要求测算详细准确，依据科学合理。根据国务院〔1998〕23号文件规定，超过房价收入比4倍以上的部分，可以给予补贴，苏州市1997年年底的职工人均收入为8 894元，经济适用住房平均价格为每平方米2 000元，双职工家庭购买一套60平方米左右的经济适用住房，每平方米建筑面积自己应承担的部分为8 894×2×4/60＝1 186元，单位补贴814元，所以苏州市对于老职工，按单方计算，每平方米补贴400元；考虑到1992年苏州市建立住房公积金制度以前职工工资收入住房消费含量不足，此前的工龄可以给予工龄补贴，按职工家庭负担价的0.6%计算，每年每平方米工龄补贴为1 168×0.6%＝7.12元。对于新职工，按其本人工资的13%逐月计发购房补贴（不包括单位和职工12%的住房公积金），据人事劳动部门提供的数据，上年度市新职工月均工资为550元，购房补贴约为72元；按此标准静态计算，35年的住房补贴额也达3万多元，与老职工一次性住房补贴额基本持平。其次，从补贴方式看，我们采取老人老办法、新人新制度，既是从推动当前经济增长来考虑，更注重于建立住房分配新机制。对老职工的一次性购房补贴办法比较灵活，因为老职工的住房情况比较复杂，有的有房、有的无房，有的达标、有的未达标，采取一次性补贴的办法，有利于单位根据自身条件灵活处理各种不同情况，逐步解决老职工的住房问题；另外，一次性购房补贴有利于老职工购房能力的形成，提高其对住房的有效需求，推动当前经济增长。对新职工按其工资的一定比例逐月发放购房补贴，可以提高其工资中的住房消费含量，使新职工直接进入住房分配货币化新体制，加快新老体制的转换进程。

（三）加强宣传，分类指导，为住房分配货币化顺利实施做好舆论和组织上的准备

年初，新方案出台后，我们采取了一系列宣传措施，通过印发文件、召开会议、业务培训、设摊咨询等形式和利用各种新闻媒介广泛宣传

新方案,同时组织工作人员深入基层单位了解情况,宣传政策,分类指导,推动面上工作的开展。由于货币化分配是一项新的工作,所以我们始终把宣传和指导贯穿于工作的全过程,采取"回头看"的办法,不断总结,及时研究、处理出现的问题。1999年8月,我们在统计购房补贴发放情况时发现,老职工购房补贴的发放比较顺利,新职工的购房补贴到位率却很低,实际缴存职工和缴存额仅占应交数的11%左右。我们通过调查研究查找原因,有针对性地加强了这方面的宣传,专门编印了新职工住房货币补贴的宣传资料,先后在大型房交会和'99世界住房日活动上散发。同时,在苏州市有关职能部门不能提供新职工正确数据的情况下,为了摸清底数,我们在10月份组织了专题调查,向市区各系统、各单位发通知,一方面要求他们将1998年12月1日以来,招收新职工的人数、实际交存购房补贴等情况进行统计汇总,及时报苏州市房改办;另一方面进一步宣传新职工货币补贴政策,要求各单位抓紧落实到位。通知发出后,取得了明显效果,许多原来对此项工作不重视或不了解的单位很快办理了新职工购房补贴的开户和汇补缴手续,新职工购房补贴人数直线上升,从8月到12月底,人数翻了近两番。在加强宣传的同时,我们还针对企业是房改重头戏以及企业情况千差万别的特点,对企业住房分配货币化工作进行分类指导。我们召开了有不同所有制、不同经营状况企业房改工作人员参加的座谈会,了解企业住房分配货币化的现状、难点和存在问题,并提出相应的处理意见。对"三资"企业和一部分经营状况较好、包袱较轻的民营企业,我们大力推广苏州迅达电梯有限公司等企业建立住房新制度的做法,把住房补贴列入工资,建立职工个人住房基金账户,实行专户管理。对国有企业,不搞"一刀切",经济效益较好的盈利企业,可执行新方案,即老职工一次性补贴,新职工逐月补贴的办法;对保本微利企业,老职工一次性补贴有困难,建议与新职工一样,按月发补贴,将来企业情况好转、有条件对老职工一次性补贴时,可抵扣已发的购房补贴;至于严重亏损的企业,住房分配货币化可暂缓实行;特困企业的无房或住房特困职工,可借助于政府实施的廉租房办法解决住房问题。

（四）政策配套，多管齐下，是住房分配货币化顺利实施的根本保证

推行住房分配货币化是一项系统工程，其实质是通过多种渠道筹集资金，提高职工购房的实际支付能力，所以，仅靠发放老职工的一次性购房补贴和新职工的按月补贴解决住房问题是不够的。苏州市人均购房补贴额为1.67万元，算上夫妇双方也不过3万元，对于购买一套90平方米左右的经济适用住房来说，依然显得单薄，还不能满足职工购房的资金需要。因此，我们一方面抓购房补贴，另一方面着力在配套政策上做文章，重点放在发展职工住房公积金贷款和加快建立住房二级市场两个环节上。苏州市（仅指市区，编者注）的职工住房公积金贷款工作启动较早，从1993年开始到1999年年底，累计发放职工住房公积金1.96万户、7.90亿元，其中1999年4 163户、1.69亿元。1999年，我们克服了资金紧张的矛盾，坚持优先保证职工的住房公积金贷款，最大限度地满足职工的需要，有力地支持了职工的住房消费。

职工的住房需求是不断增长的，没有住房的职工要购房，有了住房的职工要换房，因此需要有一个住房流通的政策环境，让职工能卖旧房，买新房，改善居住条件。通过出售旧房，获得购买新房的启动资金。所以，在1999年8月下旬，苏州市政府出台了市区房改房上市交易办法，苏州市的住房二级市场也正式启动。截至12月底，4个月共成交房改房747套，面积4.54万平方米，金额4 564万元，其中新购买住房的有549户，占总数的73.5%，平均每户增加面积34.23平方米，增加投资10.71万元。为了促进住房二级市场的发展，我们还出台了购买上市房改房职工住房公积金贷款办法及职工购房补贴办法等配套政策。我们认为，房改房的上市交易，不仅起到拉动经济增长的作用，而且关键是通过上面这些配套政策和措施，购房补贴、住房贷款、出售房改房的收入、个人账户内的住房公积金支用等加在一起，使职工的购房支付能力大大增强，从而加快住房商品化、市场化的进程。

三

苏州市的住房分配货币化改革虽然取得了一定成效，但是，作为一种新的住房分配制度，在运行初始，也不可避免地存在一些问题，在

实际工作中，我们也遇到一些难题和困惑，如何解决好这些问题，对这一新制度的健康发展具有积极意义。

实现住房分配货币化，有两点是至关重要的：一是良好的外部环境；二是稳定的资金来源。

货币化的实施，依赖于良好的外部环境，尤其是政策环境，即必须彻底停止实物分房。毋庸讳言，过渡阶段和双轨制从某种意义上讲，刺激了住房实物分配，从而给货币政策的实施带来负面影响，只要实物分配不从根本上废除，一部分人就存有幻想，货币化政策就很难长期推行下去。因此，货币化的实现必须建立在彻底停止实物分房的基础上。而要做到这一点，仅依靠房改部门把关远远不够，还要求住房建设、管理、产权、纪检诸多部门的通力合作，只有这样，才能为货币化营造良好的外部环境。

货币化的成败，还取决于有无稳定的住房资金来源。关于住房补贴资金的来源，从国务院文件到地方的方案都明确，从财政和单位原有住房建设资金渠道中统筹解决，并要求做好住房资金的预算（计划）、核算和划转工作，这种思路无疑是正确的，但问题是各单位包括财政原有的住房建设资金本身就具有不固定性、随意性和应急性，时多时少，渠道也不顺畅，笼统的提法和要求容易在操作上模棱两可、弹性很大，结果使真正的资金需求可能得不到落实，目前对老职工的购房补贴情况就证明了这种可能性。各单位都用售房款支付老职工的购房补贴，我们可以想象，一旦售房款用完、而又没有新的资金补充时，货币化政策将难以为继。对于新职工按月补贴的资金来源，最近江苏省政府已发文明确，按住房公积金列支渠道列支，即机关事业单位列入预算，企业列进成本，新职工购房补贴到位率低的问题有望得到解决。但老职工今后的购房补贴资金能否在企业成本中列支，至今尚未明确，为此，我们建议政府能给予税收政策方面的支持。

此外，货币化实施过程中还有许多具体问题，如有私房的职工购房时能不能给购房补贴，职工享受单位的购房补贴权利有没有时效，企业的货币化分配到底怎么搞等，解决这些问题，一方面需要国家政策的宏观指导，另一方面，我们从事房改工作的同志要不断探索，大胆实践，总结经验，推动住房分配货币化制度健康、顺利地向前发展。

在探索创新中推动制度发展

——2006年7月苏州市住房公积金管理中心主任陈鼎昌
在全国住房公积金经验交流会上的发言

苏州市于1992年建立住房公积金制度。2003年机构调整后，中心下设常熟、昆山、张家港、太仓、吴江五个分中心和吴中、相城两个管理部，现有在编人员102名。10多年来，特别是机构调整以来，我们紧贴苏州快速发展的经济社会形势，创新扩大制度覆盖面的新思路，实现制度覆盖面的新突破；创新“个贷”业务，实现功能效益新延伸；创新管理制度，实现运营质量新提升，较好地发挥了公积金制度在住房社会保障体系中的主渠道作用。截至2005年年末，全市公积金缴存人数72.51万人，比“九五”期末增加16.54万人；累计归集公积金138.89亿元，归集余额82.33亿元，资金规模在全省位列第二；累计发放个人住房贷款105.89亿元，贷款余额65.10亿元，期末贷款逾期率控制在0.06‰以下。

一份耕耘，一份收获。中心先后被省建设厅评为2004年度、2005年度“全省住房公积金管理工作优秀单位”和贷款、归集、财务示范单位；被苏州市委、市政府评为2004年度“市级机关作风建设先进单位”。常熟、昆山、张家港分中心被省建设厅评为“优秀分中心”。

一、以贯彻《条例》为基点，创新扩大制度覆盖面思路，不断夯实发展的基础

归集扩大制度覆盖面是公积金制度的生命所在。随着国有企事业单位大量转(改)制以及外向型经济和民营经济的迅猛发展，非公企业正在成为苏州市经济发展的主力军。为了更好地贯彻《条例》，切实维护职工的合法权益，我们把对非公企业公积金催建催缴作为工作的重中之重，积极争取政府和社会的支持，努力营造政府重视、部门配合、社会关心、职工维权的良好氛围，扩大制度覆盖面增量取得明显成效。2005年，全市新增缴存职工20.08万人，比上年净增11.57万人，占全省净增数的50%；当年归集额34.16亿元，比上年增加7.32亿元。

（一）强化行政推动，更加注重“争取、争优”

催建催缴工作涉及面广，需要各级政府的支持推动和优良的政策环境。针对非公企业建立公积金制度扩大制度覆盖面不理想的情况，2004 年，我们在充分调研的基础上，联合有关部门及时向政府呈报了《关于做好我市非公企业住房公积金催建催缴工作的意见》，市政府迅速向全市转发了该《意见》，为扩大制度覆盖面工作提供了强有力的政策支撑，对全省的扩大制度覆盖面工作起到了示范带动作用。为强化政策指导，苏州市及各级政府连续两年在政府工作报告中提出“以非公企业为重点，努力扩大住房公积金覆盖面”的工作目标。2005 年年底，苏州市委还将巩固和推进公积金制度列入了《国民经济和社会发展第十一个五年规划的建议》。中心上报的《苏州市住房公积金管理办法》立法建议，列入 2006 年政府规章的立法计划。张家港分中心积极争取人大将公积金执行情况列入年度执法监督检查内容；促成民主党派将公积金扩大制度覆盖面作为集体提案提交政协会议讨论，并以此为契机主动向政府提出落实扩大制度覆盖面工作的建议，为拓展开户工作取得实效奠定了基础。常熟市委书记对公积金工作专门作出批示，分管市长亲自召集有关部门统一认识。各级领导部门的重视和支持，为苏州市非公企业公积金扩面营造了有利的政策环境。

（二）强化政策宣传，更加注重“多元、多彩”

扩面工作离不开宣传，而创新载体和样式是深化政策宣传的有效途径。一是构筑社会宣传新渠道。充分运用新闻媒体，通过新闻报道、专访、知识问答、电视游动字幕等形式常年开展宣传活动，营造持久的舆论环境。昆山分中心针对当地台资企业密集的特点，在台协会创办的台商杂志上经常发表宣传文章，在台企中产生良好回应。二是拓展多元化宣传新平台。通过房交会、上街咨询、公交车体广告、公交车报站、网站等平台，全方位开展宣传工作。召开不同类型企业的公积金情况说明会、座谈会，深入乡镇和开发区作政策辅导，利用企业年报会联合宣讲，有针对性地强化宣传效应。三是探求政策性宣传新角度。发挥制度本身独特的政策优势，适时出台向外来务工人员和社会困难群体倾斜的保障措施，收到了事半功倍的效果。如取消租房提取公积金的收入占比限制；低保特困和因残终止劳动关系的无需封存时限即可提取个人账户余额等。这些“眼能看到”、“耳能听到”、“优惠措施能亲身感受到”的政策，极大地增强了制度的吸引力，赢得了社会对公积金制度的理解和支持。

（三）强化工作合力，更加注重“协作、协调”

随着企业所有制结构的多元化，单兵独进的方式已不能适应工作的需要。近年来，我们进一步加强了与社保、财政、工商、体改、总工会、工商联、台协等部门和组织的协调，建立联系制度，借助主管部门的职能优势开展扩面。体改等部门将公积金执行情况纳入企事业单位办理合并、分立和改制时的审核内容，明确责任主体和资产剥离时的补缴要求；社保部门将缴存公积金列入《劳动合同》规范文本，明确企业承担的义务；在财政部门的大力协助下，市区近3 000名“辅警”统一参加了公积金制度；工商部门将企业缴存情况纳入诚信信息平台。昆山分中心通过参与财税部门专项检查、降低进入门槛等措施，全力催建催缴，2005年净增缴存职工5.36万人，占全市净增职工人数的46%。

（四）强化发展意识，更加注重“思考、思变”

开展制度扩面工作，关键还在于干部职工发扬精神、攻坚克难，努力把工作抓实抓细。一是内部挖潜组建小组，划片包干，改变过去仅靠职能科室扩面、坐等单位开户的做法。中心由分管主任挂帅，抽调人员按分工区域上门走访企业，定期交流情况，落实拓展责任。各分中心管理部克服人员少、工作量大的困难，发扬当年苏南地区创办乡镇企业的“四千四万”精神，从主任到司机“全员发动”，呈现出“人人身上有任务，个个背上添压力”的生动局面。常熟分中心多次向当地领导汇报情况，促成市委书记亲自到大型民营企业做督促工作，起到了突破一家、带动一片的效果。张家港分中心领导在扩面中“以情促建”，专赴上海探望患病住院的企业负责人，用真心、真情打开了工作局面。二是条块结合健全网络，筛选整理未缴单位落实到业务承办银行，明确公积金金融业务“谁拓展、谁承办”。在业务考核上，变考核归集额改为重点考核净增人数，以调动各方面因素共抓拓展。三是坚持抓大不放小，对规模大、效益好的重点企业积极动员、重点突破；对职工投诉的企业，无论大小，有诉必应，锲而不舍，务求为职工讨个说法。

二、以扩大效用为重点，创新“个贷”业务，不断释放发展的活力

公积金制度的活力在于运用。苏州市早在1993年4月就率先探索开展了公积金个人住房贷款业务。随着苏州市社会经济的快速发展，房价节节攀升，而广大中低收入职工对住房消费的需求也越来越大。对此，我们审时度势，进一步发挥公积金的保障互助作用，不断扩大使用效果，努力使更多职工得到公积金的扶持。全市累计已有近三分之一的职工、9.62万户家庭享受了公积金低息贷款的优惠；累计有84.22万人次按规定提取了个人账户的住房公积金，提取总额56.56亿元，有效提高了广大职工购、建住房资金支付能力。2005年，全市公积金运用率达77.87%，其中市区达84.38%。

一是突出政策创新，为职工购建房“雪中送炭”。明确购买商品现房、期房、经济适用房、二手房等各类普通住房均可申请公积金贷款；取消借款人必须具有苏州市常住户口的限制，实行外地户籍职工“市民待遇”；建立灵活的贷款最高限额调整机制，根据资金使用状况和房市走向，适应变化，及时调整，最高限额由原来的几万元，逐步调整到了目前的32万元，期间曾放宽到上不封顶；贷款期限最高可达到30年，接近退休年龄的借款人实际贷款年限可在法定退休年龄的基础上适当延长；限额资金仍有缺口的还可按规定申请组合贷款；与父母或子女（含配偶）共同出资购买住房的，可增加其中一对符合条件的夫妇作为共同借款人，以提高借款人可贷额度。在提取上，不论是公积金贷款还是商业贷款均可提取公积金偿还，且一年可以提取2次，具体时间由职工本人选择。与此同时，我们还进一步加大了对中低收入职工购房的支持力度。2005年，苏州市政府出台向中低收入家庭特供1 000套低价住房的政策。为帮助这批特定对象尽快筹措到购房资金，我中心急其所难、率先呼应，迅速出台特殊扶持措施。在提取上，扩大家庭成员提取范围；还贷期间可全额提取，不留保底数；购房未贷款的职工也可连续三年提取账户余额。在贷款上，针对购房家庭因商业贷款受阻而产生的顾虑，通过媒体向社会告知，凡符合公积金贷款条件的，一视同仁，并开设“绿色通道”，提供更加快捷便利的服务。从11月份售房开始到12月底，短短一个月，先后有500多名职工提取公积金536万元，近200户家庭公积金贷款1 665万元，受到上级和社会各界的一致好评。统计表明,“十五”期间,市区有35%的购房家庭享受了公积金贷款,其中近50%的购房款来源于公积金。

二是突出机制创新,为职工购建房“釜底加薪”。服务效率,尤其是贷款办理效率,是影响个贷发展的重要因素。多年来。我们始终把便民、高效作为服务工作的出发点和落脚点,坚持做到“三个不断”。不断突破传统:改变传统方式,事先主动会同担保公司把复杂繁琐的房源审核工作做在贷前,提前实地踏勘,查验书证,保证房源合格,待项目主体结构封顶后,将符合条件的房源信息输入房源信息库,为贷款业务做好前期准备。不断简化手续:组织担保公司和各承办银行等8家单位进驻公积金服务大厅,实行“一条龙”、“一站式”服务。贷款由中心自主审批,中心柜面每个工作人员均可直接审核借款人提交的相关资料,同时进行微机系统处理,核对可贷房源,经自动验证申贷要件后打印申请审批表,借款职工签字确认即可,无需职工填表。在审批流程上,采取微机程序化控制设置审批权限,实现了大厅工作人员初审、主管复核签发的两级审批制,提高了办事效率,加快了审批进度。不断优化流程:经中心审批后,承办银行在未取得房产证和他项权证的情况下即可放款。做法是,担保公司事前与可贷房源开发商建立合作关系,开发商承诺配合办理房产抵押手续并承担法律连带责任。办理贷款时,借款人向担保公司出具委托书,授权其办理抵押房屋的产证及他项权证。待取得产证后,担保公司可在抵押人不在场的情况下办理抵押登记手续。由此形成开发商、担保公司和借款人三方连动,相互关联又相互牵制,既确保了资金的安全又缩短了到位时间。如借款人材料齐全、手续完备的,只需进一个门、花一个小时,就能当场办结一笔贷款,解决了以往借款人往返奔波、耗时费力的问题。大厅服务成为政府窗口服务行业办事效率快捷的单位之一。

三、以安全规范为支点,创新管理制度,不断增强发展的稳健力

资金安全和队伍安全是做好一切工作的前提。我中心多年来牢固确立“两个安全”意识,始终把强化管理放在基础保障的重要位置来抓。

(一)严格内控制度,把狠抓“四个统一”作为规范管理的重要前提

一是在管理机构调整完成之初,中心就根据“四统一”的要求,及时制定了涉及公积金缴存、提取、个贷、财务、计算机系统、执法等九大类业务管理规程，使全系统上下在较短时期内完成了制度“对接”，实现了一体化管理。在此基础上，去年又制定了货币资金、贷款审批、提取审核、贷后管理等四项内控制度，使内控体系更趋完善。二是着力完善对重点业务的管理。针对我市个贷需求面广量大的特点，全系统统一实行了贷款全过程把关制，做到掌握房源动态信息、严格资料备案制，把好贷前审查关；在贷款发放中，针对简化手续后的审批流程，细化审批责任、分级复核和定期检查制度，把好贷款审批关；在贷后管理中，落实责任考核、控制逾期指标，把好贷后风险关，从而杜绝了违规贷款、人情贷款的发生。2005 年，全市公积金贷款期末逾期率控制在 0.056 6‰，远低于 1.5‰的省控标准。三是建立权限制衡机制，强化计算机信息化建设，对业务重点环节实行过程化控制，用刚性手段严格审批环节、分权制衡，达到了环环相扣、相互监督、相互制约，确保资金安全的目的。

（二）严格资金运用，把狠抓监督稽核作为规范管理的重要内容

一是设立内审工作组，监督内容在原有财务收支的基础上扩大到全系统所有业务管理事项。二是做到每年内部综合审计不少于三次，对发现的问题下达限期整改决定书。同时，主动联系审计机关开展专项审计，今年还将配合实施计算机联网审计，做到全系统各单位和各项业务始终处于经常性的监管之下。三是通过对个别地区出现的公积金巨额损失案例分析，及时组织对全市存量国债进行逐笔清理，消除风险隐患。机构调整后，全系统暂停国债购买，确保资金万无一失。目前仅存凭证式国债 500 万元。四是果断停止项目贷款，把归集的公积金全部用于支持职工住房消费。为及时收回项目贷款，中心采用回收货币资金与以房作价还贷并举的办法做好催收工作，成效显著。2004 年年初，我市项目贷款全部变现收回，成为江苏首家完成催收任务的城市。

（三）严格队伍建设，把狠抓廉政勤政作为规范管理的重要保证

一是健全制度建设，中心主要领导与分中心管理部及各部门负责人签订廉政责任书，党员干部递交个人廉洁自律承诺书，实行重大事项报告制和办公会议定期汇报制。二是注重措施落实，结合年度干部

考核，对各分中心管理部负责人任职情况进行专题述廉考察。中心党风廉政建设责任制执行情况，被市廉政建设领导小组评为 A 级。三是抓好惩防体系建设，公积金贷款审批程序因流程刚性、标准规范，被苏州市纪委列为政府规范用钱程序的举措之一。正在推行的资金管理 ISO9001 国际质量体系认证工作，被市廉政办列为苏州市惩防体系建设重点工程之一。

我中心虽然在工作中取得了一些初步成效，但在许多方面尚与兄弟城市存在着一定的差距。我们将借这次会议的机会，认真学习兄弟城市的先进经验，以人之长，补己之短，进一步顺应经济社会发展，不断完善公积金制度，努力为苏州的住房社会保障事业和构建和谐社会作出新的贡献。

苏州市住房公积金对住房保障贡献率的实证研究

——摘自《住房公积金研究》2007 年第 2 期

一、研究的目的和意义

公积金制度是社会保障制度的重要内容,更是城镇社会住房保障制度中不可缺少的重要组成部分。2005 年 9 月,国务院新闻办公室发布的《中国的社会保障状况政策》白皮书中阐明:“中国政府积极推进以住房公积金制度、经济适用住房制度、廉租住房制度为主要内容的城镇住房保障制度建设,不断改善城镇居民的住房条件,具有义务性、互助性和保障性特点。”十分明确地指出了公积金制度在城镇社会住房保障制度中的地位和作用。

在搜集整理并阅读国外住房保障制度与国内住房公积金的相关资料之后,经过本课题组成员的初步讨论,并征求了房地产业界的相关专家,得出以下初步结论:

(1) 自 1991 年上海率先试行住房公积金制度,到 1994 年住房公积金制度开始在全国范围内推广,15 年来,由于住房公积金制度对保障人们生活水平、改善住房条件的重要性,对该制度的相关探讨一直都没有停止。在党的十六届三中全会提出构建和谐社会、减少贫富差距的新的历史时期,住房公积金制度的重要性尤其突出。所以,加强对住房公积金制度的研究不但有现实意义,更面临新的难题。

(2) 国内关于住房公积金的研究主要集中在住房公积金制度的不足、完善以及规范管理方面,而关于住房公积金制度对保障人民生活水平、减轻购房压力的讨论上相对较少,特别是在数量指标上讨论更少。

(3) 苏州作为国内经济发展较为领先的城市,住房公积金的制度保障走在了国内的前列,更应在住房公积金的制度探索和制度研究上有新的突破和实践,在理论研究上也应有必要的成果支撑。

(4) 本文拟从数量关系上探讨“住房公积金对改善职工住房的贡献”,并拟建立科学的数学模型,从理论研究上来说是一项新的探索,在国内针对该课题的研究基本上还是空白,相信本课题将为我国住房公积金制度的理论研究探索出新的研究路径。

(5) 初步的理论分析结论是“住房公积金对改善职工住房保障的贡献”在数量上存在相关关系,建立的数学模型是可行的,同时建立的模型具有一定的应用价值和分析问题的价值。

(6) 在建立数学模型的基础上,本课题还拟研究国内的住房公积金制度,在借鉴国外先进的住房保障制度设计的基础上,梳理苏州市住房公积金制度体系,为苏州市住房公积金的发展提供策略性建议。

二、数据概况及指标意义

(一) 数据概况

数据样本来源于苏州市住房公积金管理中心。主要是苏州市市区的沧浪区、平江区、金阊区、新区的公积金贷款数据。

(1) 样本数据总量为 24 077 个。

(2) 样本数据跨越年度为 2001—2005 年度,各年度的样本数据量基本均匀。

(3) 样本数据包含了 23 种信息,主要内容有购房者以及房屋和贷款的基本情况。

本文由于研究住房公积金对购房者解决购房压力的贡献率,因此,选取的计算模型信息为:家庭月收入、房屋总价、已付房款、公积金贷款、商业贷款五项。其中家庭月收入根据本人月收入和配偶月收入加总取得。

(二) 数据的主要指标意义

(1) 户数的单位为“个”,面积的单位为“平方米”,总房价的单位为“元”,首付款的单位为“元”,住房公积金贷款的单位为“元”,商业贷款的单位为“元”,组合贷款的单位为“元”。

(2) 在按总价分档进行分析中,总房价的单位为“万元”。

(3) 组合贷款,即住房公积金贷款和商业贷款之和,其中商业贷款为组合贷款中所使用的商业贷款部分。

(4) 原数据中的“已付房款”,为符合习惯,在本报告叙述中改为“首付款”。

(5) “首付款/总房价”的比例表述为“首付款贡献率”;“公积金贷款/总房价”的比例表述为“公积金贷款贡献率”;“商业贷款/总房价”

的比例表述为“商业贷款贡献率”；“组合贷款/总房价”的比例表述为“组合贷款贡献率”。

三、课题研究的关键问题分析及技术实施路线

（一）关键问题分析

为了寻找住房公积金对社会各阶层住房保障所起的作用，主要划分以下几个方面：

（1）住房公积金主要表现为三大功能，即公积金购建住房贷款、提取和养老，但本文仅对公积金购房实施的情况进行分析。

（2）住房公积金的覆盖范围。主要是指获得公积金贷款的购房数量与苏州市购房总数的比例。

（3）研究住房公积金贷款在不同购房面积的人群之间的分布与差异及变化关系。

（4）研究住房公积金贷款数额占总房款的比例。

（5）研究住房公积金贷款数额在不同家庭月收入之间的分布与差异及变化关系。

（6）研究住房公积金贷款数额在不同房屋总价之间的分布与差异及变化关系。

（7）研究“住房公积金对改善职工住房的贡献”之间存在的数量相关关系，建立数学模型，并确定公积金对改善职工住房的贡献。

（二）数据处理的主要技术路线

（1）对所给的样本数据进行综合分析。

（2）将所给的样本数据按照年度进行分解，分为2001—2005年五个年度。

（3）以住房面积分档，将样本数据分为7个档次，然后对其作相关统计分析。

（4）以家庭月收入分档，将样本数据分为9个档次，然后对其作相关统计分析。考虑到2001—2005年间家庭月收入的大幅增加，在分析各类数据指标占年度百分比变化时，按照变动的分档方法；在分析各种付款方式贡献率和各数据指标的户均值时，考虑到统计分析的限制，则按固定的分档方法。

（5）依据房屋总价分档，将样本数据分为6个档次，然后对其进行

相关统计分析。考虑到2001—2005年之间房价的大幅增加，在分析各类数据指标占年度百分比变化时，按变动的分档方法；在分析各种付款方式贡献率和各数据指标的户均值时，考虑到统计分析的限制，则按固定的分档方法。

根据上述分档方法，求出以下各个结果：(1) 住房公积金贷款在不同购房面积的人群之间的分布与差异及变化关系；(2) 住房公积金贷款数额占总房款的比例；(3) 住房公积金贷款数额在不同家庭月收入之间的分布与差异及变化关系；(4) 住房公积金贷款数额在不同房屋总价之间的分布与差异及变化关系。

依据上述结果，进一步研究住房公积金对改善职工住房的贡献率，进行模型选择和分析，确定合适的模型，并求出贡献率。

四、模型的建立与修正

（一）数据抽样方法简述

1. 数据的审核与筛选

根据模型导入的自变量和因变量的结果，着重对如下数据进行审核和筛选：(1) 面积；(2) 总房价；(3) 家庭月收入；(4) 首付；(5) 公积金贷款；(6) 商业贷款。首先，筛选除去面积、总房价或家庭月收入等于0的误差数据；其次，分析并正确填补缺失值；最后，根据总房价≈首付+公积金贷款+商业贷款。设定误差范围为：$-10\,000<$总房价$-$(首付+公积金贷款+商业贷款)$<10\,000$，筛选除去误差范围之外的数据。

2. 数据的抽样方法与结果

首先，依据80/20规则(随机抽取比例占经过筛选数据的20%)对上述经过筛选的数据随机抽样；其次，将随机抽样数据根据年份排序，然后依据年份分类；最后，针对每一年份的数据，依据住房面积排序，再将住房面积分为7层，并计算出每一层在该年份中所占的比例。

（二）公积金对住宅需求量影响的实证分析模型

1. 模型设定

采用希克斯中性技术进步下的柯布—道路拉斯函数(新古典生产函数模型)作为参考模型：

$$Y(t)=F[I(t),L(t),A(t)]$$

上式中，Y 为商品房总价或房屋面积，A 为住房公积金贷款，I 为家庭月收入，L 为商业贷款。

假设条件：

（1）在任意时点上，不考虑住房公积金贷款因素，上述函数满足：

$$h>0,\ F[h\times I(t),\ h\times L(t)]=h\,F[I(t),\ L(t)]$$

（2）在希克斯中性假设下，公积金贷款对家庭月收入和商业贷款的边际替代率为0，即：

$$p=\frac{dI}{dA}=\frac{dL}{dA}=0$$

（3）函数严格递增，同时满足：

$$F_x>0, F_{xx}<0;\ (x=I,L)$$

2. 估计方法与结果

基于上述假设条件和实际求解的可行性，构建函数模型为：

$$Y(t)=A(t)A(t)I^{\alpha}L^{\beta}\varepsilon(t);(\varepsilon\text{:外部干扰项});$$

在忽略外部干扰项 ε、满足条件 $\alpha+\beta=1$ 的基础上，对上述函数作对数变换：

$\ln Y=\gamma\ln A+\alpha\ln I+\beta\ln L$;

在希克斯中性假设下，两边求导：

$dY/Y=\gamma dA/A$，也即：$\gamma=(dY/Y)/(dA/A)$

$dY/Y=\alpha dI/I$，也即：$\alpha=(dY/Y)/(dI/I)$

$dY/Y=\beta dL/L$，也即：$\beta=(dY/Y)/(dL/L)$

3. 结果解释

（1）条件 $\alpha+\beta=1$ 的意义在于：家庭月收入和商业贷款超过 n 倍的部分，根据"余数法"可认为是公积金贷款对房屋总价或房屋面积增长的贡献。这样就测度出了公积金贷款对房屋总价（或房屋面积）的贡献率；

（2）通过对数变换，可以测度出各自变量对因变量的贡献率；

（3）在希克斯中性假设下，通过两边求导，进一步测度出自变量对因变量的弹性。

4. 模型检测与评价

尽管利用希克斯中性技术进步下的柯布—道格拉斯函数（新古典生产函数模型）作为参考模型来揭示公积金贷款对住宅需求面积或总价在理论上是可行的，但其核心条件假设——公积金贷款对家庭月收入的偏导为零（公积金贷款公积金对家庭月收入边际替代率为零）是与现实情况相矛盾的，因此模型尽管在理论上是成立的，但现实条件还是限制了其作用的发挥。

于是，下面从分析模型存在的问题入手，逐步剖析，并进一步提出其他解决方案。

（三）模型存在的问题

上述模型的第二个假设条件是与现实情况相矛盾的，因为：

（1）公积金是家庭月收入的函数。

（2）家庭月收入与首付也存在相关性，进行回归会出现多重共线性问题。

（3）家庭月收入中只有一部分是住房支出，且随恩格尔系数变化而变化，因此，家庭月收入不能作为模型因变量出现。

（四）新的解决方案

事实上，当只选择首付、公积金贷款、商业贷款三变量作为因变量进入模型时，存在如下函数关系：总房价≈首付＋公积金贷款＋商业贷款。

由上述函数关系得出：仅从住房公积金贷款方面，公积金贷款/总房价就是公积金对住房需求的贡献率。当然，从公积金对整个社会的住房贡献率而言，还包括提取部分对解决建房、还贷和养老等方面的贡献。

五、分析结果及预测

（一）公积金贷款的总体数据状况分析

根据所提供的数据，经过计算整理和汇总得到2001—2005年公积金贷款各类主要数据指标：户数、家庭月收入、面积、总房价、首付款、公积金贷款、商业贷款、组合贷款。

1. 2001—2005年各年使用公积金贷款购房的总户数、家庭月收入、购房面积、总房价的年度变化状况分析

经分析所取得的5年数据，总房价年度数额的变化率最大，其次是家庭月收入年度数额，而购房面积和户数年度数额在5年中的变化率较为平缓。5年中，变化率又呈现以下特点：

（1）2001—2002年，公积金贷款总户数减少，其余各指标基本上呈同步减少的趋势，总房价的变化率较少，表明房价在微微上涨，但4个指标变化基本同步。

（2）2002—2003年，各个指标年度数额涨幅最大，其中总房价的涨幅最大。

（3）2003—2004年，各个指标年度数额涨幅略微降低，总房价的涨幅仍然最大。

（4）2004—2005年，各个指标年度数额涨幅降低很大，总房价的涨幅仍然最大。

根据各类指标年度数额的变化，可以得出如下结论：

◇ 总房价：5年中，总房价一直保持增长，特别是在2002—2005年间大幅增长，反映苏州整体房地产价格上涨的规律。

◇ 家庭月收入：5年中，家庭月收入一直保持增长，反映了苏州居民的收入增长趋势，特别是在2002—2004年间收入大幅增长，这也与苏州经济发展带来的收入增加的规律相似；但家庭月收入的增长率始终小于总房价的增长率，反映了普通居民虽然感觉工资上涨，但是购房压力越来越大的现实。

◇ 公积金贷款总户数：公积金贷款总户数除在2002年略微减少之外，一直保持增长趋势，说明公积金的覆盖范围在逐渐扩大。

◇ 住房面积：在2001—2005年间，住房面积的增长率高于总户数的增长率，说明在公积金贷款的影响下，居民的居住质量持续改善。

2. 2001—2005年各年使用公积金贷款购房的首付款、公积金贷款、商业贷款和组合贷款的年度变化状况分析

经分析，总结出以下变化规律和结论：

（1）公积金贷款：在2001—2004年中一直呈增长趋势，且在2002—2004年的变化幅度最大，在2004—2005年间有较大的回落，这

体现了公积金制度对房地产市场的调节作用;2001—2003 年,主要是通过调整贷款额度、扩大公积金贷款面、提高个人缴存额度等方式,充分发挥公积金制度的作用,支持职工购房;2004—2005 年,为配合国家的宏观调控,遏制房地产投机行为,通过限定贷款额度保证公积金的使用限度,为稳定房价也作出了重要的贡献。

(2) 商业贷款:在 2003—2004 年间变化较为平缓,在 2004—2005 年之间有较大幅度的上涨,相比公积金贷款在 2004—2005 年之间有较大回落,说明商业贷款作为公积金贷款的有效补充也发挥了较大的辅助作用。

(3) 组合贷款:其总值在 2001—2004 年中一直呈增长的趋势,且在 2002—2004 年的变化幅度最大,在 2004—2005 年间有较大的回落,说明了公积金贷款在组合贷款中的主导作用。

(4) 首付款:除 2001—2002 年间有小幅减少外,在 2001—2005 年中一直呈较大的增长趋势,与苏州的居民收入水平呈正相关关系。

(二) 公积金贷款总体数据各类付款方式贡献率的分析

根据 2001—2005 年使用公积金贷款中的首付款、公积金贷款、商业贷款和组合贷款的贡献率,分析年度变化趋势,得出以下结论:

(1) 总体贡献率变化情况:在年度变化趋势中,公积金贷款贡献率和组合贷款贡献率在 5 年时间内增加的变化最为明显,且呈相反的变化关系;由于要满足房屋总价≈首付款+组合贷款,所以,首付款贡献率和组合贷款贡献率呈反向的变化关系;由于 5 年间公积金贷款占组合贷款的平均比例达 86.81%,所以,组合贷款贡献率的变化基本与公积金贡献率的变化趋势相似。

(2) 2001—2005 年间,公积金贷款贡献率的平均值为 47.13%,是首付款的 1.39 倍,是商业贷款贡献率的 6.58 倍。由此可见,公积金贷款在 2001—2005 年间的贡献率最大。

(3) 首付款贡献率在 2001—2003 年间以基本相同的比率下降,从 2001 年的 34.68% 到 2003 年的 30.76%,降幅达 13%,主要是因为在此期间,组合贷款贡献率保持增长,从 2001 年的 51.31% 到 2003 年的 59.04%,增幅达 15%。住房组合贷款大大减少了个人首付款的付款压力;但组合贷款贡献率从 2003 年的 59.04% 到 2005 年的 49.72%,降幅达19%。由此可见，通过对组合贷款数额的调整，增大个人首付款的付款压力，可以有效抑制房地产投资和投机购买需求，使房地产走上良性发展的轨道。

（4）组合贷款贡献率变化：组合贷款贡献率从2001—2003年以基本相同的比率增长，从2001年的51.31%到2003年的59.04%，增幅为16%，其中起主导作用的是公积金贷款的增长，同期内商业贷款在下降。从2003—2005年，随着公积金贡献率的大幅下调，组合贷款贡献率也以与2003—2005年增幅相近的比率下降，该时期内，降幅为19%，2005年与2001年相比，组合贷款贡献率下降了3%，在5年中组合贷款贡献率为54.29%，占总房价的一半以上。

（三）按购房面积分档，公积金对住房贡献率的分析结果

1. 按购房面积分档，户数占年度百分比的分析

在2001—2005年使用公积金贷款的所购房屋中，公积金贷款使用户数比例最大的是购买房屋面积为80～140平方米的居民，比例为71.15%；购买房屋面积为80平方米以下和140～200平方米的居民比例相当，分别为14.17%和12.84；购买200平方米以上的居民约占1.85%。

2. 按购房面积分档，公积金对住房贡献率的分析

（1）存在三个层次，分别是80平方米以下、80平方米到200平方米、200平方米以上。三个层次的贡献率依次递减，80平方米以下公积金对住房贡献率均值超过50%，最大值达到58.60%，80～200平方米的贡献率介于41%～49%之间，200平方米以上的贡献率小于40%。

（2）尽管从总体上来看，购买的房屋面积越大，公积金的贡献率就越小，但公积金对购房者减轻压力是向中小面积住房购买群体倾斜的。

（3）从不同年份的变化来看，2003年对所有购房群体公积金的支持力度达到最大值，公积金贡献率达到5年中的最大值。尽管2003年与2004年由于政策调整比较频繁、房价涨幅较大，公积金贡献率的变化不够明显，然而在2001年、2004年和2005年，特别是2004年和2005年中，公积金对不同住房面积购房群体的支持力度都有明显的随面积增大而减少的趋势。这从一个方面说明，公积金制度经过十几年的发展，在经历房价变动、宏观政策调整以及制度调整之后，2004年之后政

策已经比较完善、成熟，并能够反映住房保障制度为保障中低收入、购买小户型群体的政策倾斜。

（四）按家庭月收入分档，公积金对住房贡献率的分析结果

2001—2005 年间，按照不同的家庭月收入分档，公积金贷款贡献率在年度之间的变化率的规律是：按照不同的家庭月收入分档，2001—2003 年间，公积金贷款贡献率在各家庭月收入分档中都有不同幅度的增长，使得公积金贷款贡献率基本上在 2003 年达到最大值，这基本与前面的分析研究结论相似。从不同年份的变化来看，2003 年对所有购房群体公积金的支持力度达到最大，公积金贷款贡献率达到 5 年中的最大值；5 年均值表现为家庭月收入最低水平的最低，其余收入档次基本在 46% 左右。

对于不同家庭月收入的购房群体来说，从总体上基本满足了不同月收入家庭的购房需求，但是，对于家庭月收入在 3 500 ~ 5 500 元的购房群体的贡献率相对弱些，在今后的政策制定中，应考虑调整相关措施。

（五）按总房价分档，公积金对住房贡献率的分析结果

2001—2005 年间，按照不同的房屋总价分档，公积金贡献率在年份之间的变化率有的规律是：2001—2003 年间，公积金贷款贡献率在各房屋总价分档中基本上都有不同幅度的增长，使得公积金贷款贡献率基本上在 2003 年达到最大值；2003—2005 年间，公积金贷款贡献率在各房屋总价分档中都有不同幅度的降低，这与前面的分析研究结论相似。从不同年份的变化来看，2003 年对所有购房群体住房公积金的支持力度达到最大，公积金贷款贡献率达到 5 年中的最大值。

对于购买不同总房价住房的购房群体来说，由于贷款政策上的限制，购买房屋总房价越大，公积金贷款贡献率就越小，公积金对购房者减轻压力是向总房价小的购房群体倾斜的。

（六）分析预测

2001—2005 年苏州市商品房施工面积环比曲线成“倒 U”状态，而 2001—2005 年苏州市公积金对住房贡献率曲线也呈“倒 U”状态，由于公积金对住房贡献率曲线与商品房施工面积环比曲线走势一致，这说明公积金对住房的贡献率与房地产市场的变化呈正相关关系，两者互相影响且同向波动。因此，2001—2005 年公积金对住房需求的贡献率

曲线呈“倒U”状态也仅是短期的一个波峰状态，随着时间推移，公积金对住房需求的贡献率也会经历从波峰到波谷、再由波谷到波峰的周期性变动。尽管公积金对住房需求的贡献率会随着房地产市场的周期性波动而波动，但其时间序列一定是一条围绕其均值螺旋上升的波动曲线。这是因为随着公积金制度的逐步完善，公积金贷款对住房贡献率和改善居民住房质量上发挥越来越重要的作用。

六、建议与对策

从本文的分析研究可以看出：

（1）住房公积金在2001—2005年间经历了调整、完善的过程，在2001—2003年间，采取调整缴存基数、缴存比例、扩大贷款范围等措施，解决了大量购房者的购房压力，极大地改善了居民的居住水平；在2003—2005年间，更是积极采取调整缴存限额等措施，配合国家对房地产业的宏观调控，显示了强大的政策性功能。

（2）根据所选取的苏州中心城区、高新区的公积金统计数据分档情况分析可以看出，公积金贷款基本实现了向购买中、小面积住房的居民倾斜，向家庭月收入中等、中低的居民倾斜，向总房价居中、偏小的房屋类型倾斜，实现了公积金贷款制度更多地保障中等、中低收入群体生活水平的功能。

（3）公积金提取是公积金制度中一项很重要的内容，通过贷款购买自住住房的职工可以提取公积金用于支付房款和还贷，而对于无力购房的居民也可以直接用于租房支付房租，这是公积金对住房贡献的一个重要方面。

（4）公积金增值收益中每年提供的廉租房补充资金，为政府解决低收入家庭住房问题，提供廉租房或租房租金补贴给予财力上的支持，这是公积金对住房贡献的又一个重要方面。

（5）在今后的工作中，应根据苏州市房屋价格的变化，结合政府对房地产业的宏观调控，采取调整缴存基数、缴存比例、扩大贷款范围等措施，对减轻购房者、租房者的压力作出更大的贡献，更大程度地改善居民的居住和生活水平。从目前来看，公积金的保障对象更集中于事业单位、政府公共部门和国有企业，随着非公经济的重要性越来越大，应逐渐扩大非公企业公积金的缴存面，扩大公积金制度的受益面。

充分发挥住房公积金在住房保障方面的重要作用

——2007 年 4 月苏州市政府副市长朱建胜
在江苏省住房保障工作会议上的发言

今天，经省政府同意在常州召开的全省住房保障工作会议，对苏州来说是一次非常好的学习机会。根据会议安排，我代表苏州市人民政府将我市推进公积金制度，充分发挥公积金在社会住房保障方面的重要作用的做法和体会汇报如下。

一、基本情况

苏州市的住房公积金制度是从 1992 年开始起步的，14 年来，在省委、省政府的领导和省建设厅的直接指导下，苏州的公积金制度实现了健康、规范、有序发展。特别是 2002 年全国公积金工作会议以来，苏州市按照国务院“健全决策体制、调整管理机构、强化监督工作、规范发展业务”的总要求，紧扣“扩大住房公积金制度覆盖面，提高资金使用效率，充分发挥住房公积金互助作用，增强住房公积金对中低收入家庭的住房保障作用，加强住房公积金监管，保障资金安全”的工作方针，市政府加强领导，公积金机构全力推进，为改善人民群众的居住条件，健全城镇住房保障体系，在全国率先实现小康居住水平，公积金制度发挥了基础性的重要作用。主要表现为：

一是公积金覆盖面持续扩大，公积金余额突破 100 亿元。截至 2006 年年底，全市缴存公积金职工 88 万人，全市累计缴存公积金总额 183.34 亿元，累计提取公积金 79.86 亿元，公积金余额达到 103.48 亿元，资金积累规模列全省第二。从 2005 年至 2006 年年底两年时间，全市新增缴存职工 48.05 万人，净增缴存职工 27.05 万人，年均增幅达 22.26%，居全省和全国前列。

二是资金使用受益面扩大，运用率稳步上升。截至 2006 年年底，全市共向 10.86 万户家庭发放个人住房贷款 131.83 亿元；期末贷款运用率为 77.24%。“十五”期末，苏州市区人均住房建筑面积达到 30.5 平方米，比“九五”期末增加 6.6 平方米；中低收入家庭住房逐步得到改善，低收入家庭人均住房保障标准放宽到建筑面积 14 平方米。据统计，全市在公积金、经济适用房、廉租房三项住房保障制度中，公积金解决中等收入以下家庭住房问题占比达90%。公积金制度在整个住房保障体系建设中发挥了主渠道作用。

三是资产质量安全可靠，互助保障能力持续提高。至2006年年底，全市公积金贷款逾期率控制在0.014‰，远低于全国1.25‰的控制标准。2006年年末，全市累计贷款风险准备金余额2.30亿元，风险准备金充足率为2.87%，高于建设部要求1%的水平，具备较强的风险防范能力。全市累计从公积金增值收益中向政府提供廉租住房建设补充资金1.21亿元，有效地支持了廉租住房制度建设，为苏州市的住房保障工作作出了重要贡献。

二、主要做法

（一）以抓社会保障工作的力度，强力推进公积金制度

前些年，苏州市参加公积金制度的职工人数，也跟全国许多地区一样，一度呈下降趋势，与苏州社会保障基金覆盖率95%相比，差距较大。主要原因是：从2003年前后，我市国有企事业单位大量转（改）制以及外向型经济和民营经济的迅猛发展，非公企业在成为苏州市经济发展主力军的同时，有的单位对公积金制度的重要性认识不够，许多新建单位未实行公积金制度。为推进苏州市住房保障事业深入发展，苏州市把非公企业建立公积金制度作为一项重头工作来抓，采取强化政府行政推动，在全市范围大力营造政府高度重视、部门紧密配合、社会普遍关心、职工主动维权的良好氛围，使制度扩面工作取得了明显成效。

政府推动。一是不断强化行政引导。2004年，市政府召开专题会议，听取公积金工作情况汇报，研究部署公积金制度扩面工作。市政府向全市下发了《关于做好我市非公企业住房公积金催建催缴工作的意见》，明确规定所有转改制、民营、外资企业都必须为在职职工缴存公积金，使工作落实到全市范围。苏州市及各级政府连续三年在政府工作报告中提出“以非公企业为重点，努力扩大住房公积金覆盖面”的工作目标。2005年年底，市委将巩固和推进住房公积金制度列入《国民经济和社会发展第十一个五年规划的建议》。市公积金管委会还专门召开会议，隆重表彰缴存先进单位，树立示范典型。今年，市政府又将

扩大制度覆盖面列入政府当年为民办实事项目之一，并将各市区政府列为责任考核对象。二是通过立法强力推动。作为推进苏州市住房保障体系建设的一项重要举措，苏州市政府于2006年以政府规章形式颁布实施了《苏州市住房公积金管理办法》。该《办法》明确规定，市政府将扩大公积金制度作为对县级市、区政府目标责任考核的内容；单位为职工缴存的公积金属于职工劳动报酬的组成部分，企业破产、撤销、解散等清偿债务时，职工公积金视同社保金处理；单位每年应向职工代表大会报告公积金缴存情况，接受职工的监督；公积金机构有权对单位缴存公积金的情况进行检查等。这些规定对依法规范各主体的行为，切实维护职工群众的合法权益，提供了有力的法律保障，对推进苏州市公积金制度将产生深刻的影响。

多方联动。在市政府的推动协调下，各地、各相关部门把健全公积金制度作为构建和谐苏州的一项重要工作来抓，呈现出多方协同、上下联动的良好局面。各级政府先后转发市政府文件、贯彻落实《办法》规章，结合当地实际出台有关公积金工作的意见和措施。社保、财政、工商、体改、总工会、台协、工商联、各商（协）会等部门与公积金机构建立联系制度，发挥职能优势，多方合力开展扩面工作。市体改部门将公积金政策执行情况纳入企事业单位合并、分立和改制的审核内容；市社保部门将企业履行公积金缴交义务列入《劳动合同》规范文本；市工商部门将缴交情况纳入企业诚信体系建设的重要内容。公积金管理机构积极实现工作观念和方法的转变，催建催缴与优化环境并重，上门动员与专项稽查并举。在多方努力下，近年来苏州市公积金制度的覆盖面保持了持续增长的强劲势头。

（二）扩大资金效用，发挥公积金的住房保障作用

公积金的活力在于运用。苏州市早在1993年4月就率先探索开展了公积金个人贷款业务。随着苏州市社会经济的快速发展，尤其是2002年以后，房价增幅较大，而广大职工对住房消费的需求也越来越大。市政府在认真分析住房贷款市场形势的基础上，为发挥公积金的保障互助作用，通过公积金管委会会议形式决策，积极引导公积金管理机构以扩大效用为重点，不断创新个贷业务，扩大公积金受益面，使更多职工得到公积金的扶持，公积金成为普通工薪家庭解决住房问题

的主要渠道，在住房货币化进程中发挥了不可替代的作用。在资金使用上，我市顺应宏观调控的走势，年年出台创新政策措施，在确保资金安全和可持续供应的前提下，2004年至今全市期末贷款运用率保持在80%左右的较高位运行；全市运用公积金支持群众购房累计800多万平方米，最大限度地满足了职工群众的购房资金需求。在使用管理上，公积金机构通过建立贷款风险评估机制、高效贷款审批机制、贷款风险防范机制，确保了公积金贷前、贷中、贷后始终处于安全可靠的运行状态。我市的公积金不仅已成为政府宏观调控的手段之一，同时对培育和促进本市房地产市场健康运行，发挥了重要的杠杆作用。“十五”期间，仅苏州市区就发放公积金贷款39.18亿元，是1992—2000年总量的4.4倍。5年内公积金贷款额度平均增幅达49%，户均公积金贷款额从2001年的7.44万元增加到2005年的19.70万元，平均增幅达37%。84%的公积金贷款量用于支持购买80～120平方米住房的家庭；贷款购买120平方米以下住房的家庭占贷款总户数的60%以上。公积金对职工购房资金的贡献率达65%。

（三）运用政策优势，解决困难群体住房困难

发挥公积金制度的政策优势，也是我市解决困难群体住房保障问题的一项重要举措。

着力解决外来职工住房保障。在推进城市化过程中，城市人口的集聚与第二、第三产业的集聚以及城市建成区面积的扩大发展基本同步。据调查，进城外来职工在非公企业职工总数中的比例，苏州中心城区占60%以上，县市级地区占80%以上。住房问题已成为影响外来职工在城市落户的主要障碍。对此，我市在公积金制度上主要采取了以下扶持政策。一是在公积金的缴存和贷款上，给予外来职工以“市民待遇”。从1999年4月国务院《条例》颁布后，我市就规定凡是企业的在职外地籍职工，不论来自外市，还是来自农村，均应一视同仁为其缴存公积金，不得歧视。目前，全市92.26万名缴存职工中，非本地户籍职工占比超过20%。2002年8月，我市又取消了借款人必须具有我市常住户口的限制，实行没有城市户籍的外来职工与有城市户籍的职工同享公积金制度的优惠政策，只要连续缴存公积金6个月，都可以申请公积金贷款。到目前为止，非本地户籍家庭已享受过公积金贷款的累

计达1.74万户，占16%。二是实行职工租房可提取公积金政策。针对外来职工刚来苏落脚一时无能力购买住房，绝大部分靠租房解决居住问题，我市自2006年起降低租房提取公积金的政策门槛，职工用公积金支付房租不受家庭收入占比限制，只要租房，即可提取本人账户中等同于租金额的公积金。目前，已有近2 000名外来职工因支付房租而提取公积金达1 000余万元，减轻了生活压力，深受外来职工的欢迎。

着力解决中低收入、困难群体家庭住房保障。我市向家庭年收入4万元以下、居住面积14平方米以下的中低收入家庭实行优惠售房政策已有两年。在这项工作中，公积金制度发挥了重要的配套扶持作用。据不完全统计，通过向这部分家庭实施公积金优惠倾斜政策，已向其中的436户家庭发放贷款近4 000余万元，为1 500余名职工办理提取公积金近1 400万元，并给予增加提取次数等特殊照顾。此外，对低收入职工提取条件，低保、低保边缘和特困职工，在不购房的情况下也可凭证件提取账户余额，不受账户封存时间的限制，缓解了他们的家庭困难。据统计，“十五”期间苏州市区公积金贷款对象中，中等收入以下家庭贷款占60%以上，从5年的平均值分析，公积金贷款对购买60平方米以下住房的支持率最大，占54.85%。

三、认识和体会

（一）充分认识制度意义，增强支持度

推进公积金制度实施到位，直接关系到广大人民群众的切身利益，关系到党和政府实践“以人为本”重要思想的具体行动。落实好公积金制度，做到应建尽建、应缴尽缴，就是维护广大人民群众的合法权益的实际行动，也是促进和谐社会的具体体现，政府应当全力推动。“两个率先”和“富民优先”是省委、省政府对我市提出的发展要求。“率先和富民”，首先是要保证老百姓应该得到的要让他们得到，且要优先得到，在此基础上要尽量提高标准，让老百姓在力所能及的范围内得到更多的实惠。依法实施好公积金制度，既是“两个率先”的要求，也是“富民优先”的体现。在全面深化公积金制度推进和创新中，我市注重引领和帮助公积金机构，解决制度推进中出现的新情况、新问题，注重为公积金机构克服制约发展的因素和困难创造有利条件，特别是在依法推进公积金制度方面，为他们撑腰，加大支持和协调力度，使公积金机构在制度深化和创新中有所作为。

（二）不断满足群众需求，增强感受度

完善的社会住房保障体系，不仅是民生所系，更是构建和谐社会的基础。公积金制度作为社会住房保障体系的重要方面，我市注重发挥该项制度的主渠道作用，想方设法通过依法催建催缴、执法检查等有力措施，不断扩大公积金制度覆盖范围，促使更多的单位依法为职工缴存公积金，使得益的职工群众更多。同时，始终保持较高的公积金使用率，加大对中低收入职工住房消费的支持力度，并不断改进公积金贷款、提取政策，保持个贷发放户数和数额持续稳定增长，使受益的职工群众更多。我们认为，不断贴近群众的需求开展公积金工作，让广大职工群众从公积金制度中得益更多、感受更深，公积金制度的巩固和发展才有坚实的基础，这也是深化城市住房保障功能的内在需要。

（三）努力促进健康发展，增强信任度

公积金属于社会公共性资金，涉及千家万户，直接关系到广大人民群众的切身利益，确保公积金健康有序运行，是发展公积金制度的基础保障，也是政府的基本职责。工作中，我们一是注重强化公积金管委会的决策机制。为了保证公积金管委会真正履行《条例》赋予的职责，我市依法健全了公积金管委会的议事规则和决策程序，每年定期召开公积金管委会会议，重大紧急事项随时召开会议，形成了管委会民主决策、科学决策和自主决策的机制，从而保证了我市推进公积金制度和出台政策措施，始终能适应和依托苏州经济社会持续快速发展的形势，始终能较好地顺应房地产宏观调控的政策走势。二是注重强化公积金监管机制。在外部，积极发挥职能部门的监管作用，坚持每年定期审计，并向社会公布审计结果。审计机关自2006年起建立了对公积金管理的计算机联网审计制度，实现了对公积金运行的实时监控。在内部，公积金机构不断加大规范化、科学化、精细化管理力度，着力加强对分支机构权限的制约，积极开展业务流程标准化建设。公积金机构的主要业务管理制度被市纪委列为政府规范用钱程序的举措之一。

以上是我市在推进公积金制度中的一些做法和体会，比起兄弟城市在深化管理、制度创新等方面还有一定差距。我们将以这次会议为契机，学习和借鉴兄弟城市的先进经验，在省政府和建设部、建设厅的领导下，坚持以科学发展观为指导，进一步顺应经济和社会发展，全面推进公积金制度又好又快发展，努力为苏州的住房保障事业，构建和谐社会，作出新的贡献。

《住房公积金业务操作与控制手册》在苏州公积金管理中的运用

——本文主要内容刊登于《中国审计》2009年第6期、《江苏审计》2009年第7期、《住房公积金研究》2009年第6期

自2008年开始，苏州公积金中心联合专业咨询公司，研究和编制了涉及全部业务的业务操作流程，科学、合理地划分公积金管理业务的种类，明确各项主要业务的职责和岗位分工，统一规范、细化操作程序。从业务的合法性、操作的规范性、流程的逻辑性、风险的可控性、各部门间的衔接性以及各岗位的制约性等方面，实行规范化和刚性化，并在实施中不断维护与更新，从而形成了稳固的可持续发展的业务操作与控制模式。2009年8月22日，在苏州举行了有国内管理、金融、房地产方面的著名专家、学者参加的《住房公积金业务操作与控制手册》(以下简称《手册》)专家论证会上，与会专家一致认为苏州公积金中心推出涵盖住房公积金业务和服务标准化、系统化、规范化19项《手册》的做法，充分表明苏州在这方面走在了全国的最前列，首创“苏州标准版《手册》”具有在全国推广应用和借鉴的价值。住房公积金监管司司长张其光对《手册》的首创精神和取得的成果给予高度评价：“苏州标准版《手册》对全国公积金系统建立统一的业务标准和流程，真正用标准化、系统化和规范化的制度管人办事，对提高管理效率、资金安全和服务水平都具有直接的参考、借鉴和推广作用。”

一、住房公积金管理需要建立健全风险控制机制

(一)住房公积金管理中操作风险控制的必要性

住房公积金管理无论从理论上还是实践中都证明操作风险是客观存在的。控制操作风险、确保公积金资金在实际运作过程中的安全，对巩固和完善住房公积金制度具有极其重要的意义。

一是保障广大职工切身利益、构建和谐社会、完成“住有所居”目标的需要。住房公积金制度是一项利国惠民的政策，住房公积金是缴存职工的长期住房储金。《住房公积金管理条例》第三条规定，“职工个人缴存的住房公积金和职工所在单位为职工缴存的住房公积金，属于职工个人所有”。由于住房公积金归属广大缴存职工，因此管理是

否规范、资金是否安全，事关广大缴存职工的切身利益，事关千家万户，尤其是中低收入阶层解决住房困难和“住有所居”的实现，是关系民生和社会稳定的大事。

二是确保住房公积金制度实现可持续发展的迫切需要。在市场化住房体制已经确立的形势下，住房公积金监督管理和运作中暴露出来的问题，表明住房公积金面临着程度不同的操作风险，威胁到住房公积金的安全和稳健运行。尤其是随着资金的日益增长，如果不能有效防范资金风险，保障资金安全，将严重阻碍住房公积金事业的推进。因此，只有采取有效措施进行控制和化解，不断清除住房公积金在安全、保值和增值运行轨迹上存在的各种隐患和障碍，才能保证住房公积金制度的可持性发展。

三是提高政府公信力的需要。住房公积金来源于广大职工缴存资金，如果实际运作过程中的挪用、流失等操作风险不能引起高度重视和认真解决，轻则引起公众对政府的不满，重则会影响到政府的公信力，严重的甚至会发生把矛头指向政府的群体性事件。为此，各级管理机构必须把加强住房公积金的操作风险控制，提高到建设诚信政府的高度来认识和认真对待。

（二）住房公积金管理中操作风险的可控性

虽然住房公积金管理过程中的操作风险是客观存在的，但这种风险也是可控的。分析现存操作风险的产生原因，多数是因操作不规范，缺乏相应的授权管理与相互制约的机制，在关键控制点缺乏有效的控制措施，或者有章不循、有法不依，内外相互串通作案，使得巨额资金被非法动用。事实上，只要住房公积金管理中心在办理业务过程中加强内控管理，对公积金各项业务进行规范化操作，对公积金贷款受理、审批、会计核算、公积金提取、资金调度等关键控制点加强相互约束与授权控制，并对委托银行等加以必要的监控，就能有效地控制管理过程中的操作风险。目前，由于我国各地住房公积金管理中心尚缺乏统一的系统化操作规范，所以风险控制的程度各不相同。对此，建立健全规范化的业务操作流程，并在实践中认真贯彻执行，就成为控制公积金管理操作风险的重要措施。

我中心从推进住房公积金管理的规范化、科学化、精细化出发，努力探索防范管理风险的方法和途径，经过两年时间组织编制了《住房公积金业务操作与控制手册》，并认真贯彻执行，在实践中取得了良好的效果。

二、《手册》的主要架构

《手册》涵盖了住房公积金管理过程中涉及的所有业务，包括公积金的缴存、提取、贷款、账户转移、信息系统管理、内审检查、资产管理、档案管理等，共计 19 项。每一类业务编制时从合法性角度，将业务涉及的各方面内容与政策法规依据相对应；从安全性角度，制衡业务操作流程的每个环节，界定各部门在业务操作中的职责，明确不同岗位人员的行为准则及权限的划分，并对重点环节设置内控要点；从规范性角度，着力提高计算机的程序控制，降低操作人员的自由裁量权力；从可操作性角度，关注每个操作流程中岗位人员的行为以及文件资料的传递；从重要性角度，注重每个业务流程结束后的归档保存。整个《手册》贯穿了业务的合法、操作的规范、流程的逻辑、部门间的有效衔接以及环节的相互制约。各项业务《手册》由正文、流程图、附件、样本、相关政策法规五部分组成。

1. 正文

正文是《手册》的核心内容，它是以各项法律法规政策、中心颁布的相关业务规程及其他法律文件为依据，对住房公积金各项业务的办理流程进行全面梳理，从业务的整个过程，对操作人员的行为进行标准化、科学化、规范化，明确各项业务的适用范围、承办部门及职责、操作人员的权限和操作流程。在每个流程环节中，标注相关的政策法规，便于操作人员迅速查找文件依据，并对关键环节设置内部控制点，进一步规范了业务操作流转环节的权限制衡和刚性控制。同时，将各项管理制度规定融入业务信息系统中，对缴存比例、基数、大额补缴，公积金提取种类、条件，贷款最高限额、年限等硬性指标直接在信息系统中预先设置参数，最大限度地减少操作人员的自由裁量空间，实现由“人控”到“机控”的转变。

2. 流程图

流程图是对正文的可视化处理，是将各项住房公积金业务流程图表化。它以一项公积金业务的各个主要流程为单位，以各个层次的操作人员为出发点，对公积金业务进行分解，使每项公积金业务更加直观，便于各个层次的操作人员更好地理解，属于自己权限范围内应履行的职责及步骤，方便操作。

3. 附件

附件是对各项业务中涉及的某些重要且需单独罗列事项的补充，如办理相关业务所需具备的条件、提供的材料、材料审核的要点及业务信息系统中的相关界面等。附件是对正文的重要补充，有利于操作人员更全面地掌握各项公积金业务的办理要点，并能更好地将《手册》规定与软件操作相统一，更快地熟悉操作流程。

4. 样本

为了便于操作人员全面了解与业务相关材料的样式，在《手册》的各项业务流程中都列明了所需材料的样式，这样有利于操作人员快速识别、熟练使用各项公积金业务涉及的各种材料、表格等资料，防止因假冒材料所导致的欺诈风险。

5. 文件法规

文件法规部分是各项公积金业务所涉及的各种法律法规、政策文件的集合。文件法规分成两部分，第一部分是市中心颁布的文件集合，第二部分是省级以上相关部门颁布的文件集合。文件法规有利于操作人员在操作中快速查询相关文件，解决相关问题，对业务操作起到融会贯通的作用。

《手册》为实现业务操作的规范化、统一化提供了有效的制度保证和行为规范，为合理控制操作风险奠定了基础。但实践中真正执行操作程序的是人，有了规范化的制度还必须有高素质的人来进行操作，否则也会因有令不行、有禁不止或对制度的理解错误而导致操作偏差、出现失误，甚至出现损害缴存职工利益的行为。所以在操作执行过程中，《手册》首先要求不断提高人员整体素质，真正做到按操作《手册》要求进行规范化操作。其次，由于《手册》的一大目的是最大限度地减少操作人员的自由裁量空间，实现由“人控”到“机控”的转变，因而要使《手册》真正得以运行，就要有健全完善的信息系统作支撑，只有这两者相结合才能真正发挥《手册》在公积金内控管理中的作用，最大限度地降低操作风险。

三、《手册》在内控管理中的实践

（一）《手册》在内控管理中的运用

《手册》编制完成后，在全系统得到了贯彻执行，成为全体工作人员及相关银行操作人员的操作行为规范。为了更好地按《手册》要求规范操作，在《手册》运行前，市中心各科室、分中心管理部组织全体人员进行逐条逐款的培训，使全体工作人员对《手册》，尤其是操作流程要点有了清楚的认识和理解，为正确执行《手册》打下了坚实的基础。同时，不断完善计算机信息系统，为贯彻落实《手册》创造条件。实际执行时，首先明确本科室的工作职责、控制内容和要点，同时明确科室中各人的职责、人员与人员之间、科室与科室之间的工作接口关系，做到职责明确，各项工作接口严密。其次，在实际操作过程中逐渐改变原来的经验主义做法，杜绝工作的随意性，各项工作行必按章、做必有据。在保证运行效率的基础上，完善各项记录，建立规范的业务流程，并保证各过程受控。中心将《手册》运行情况作为办公会议专题汇报的内容，对存在的问题提出改进意见和建议。中心党组对《手册》运行过程中的重大问题定期组织召开会议进行协调改进。《手册》通过一年多来的运行，中心在实现业务管理的规范化、控制操作风险方面取得了良好的效果。

（二）《手册》的执行效果

一是提高了规范化管理水平。首先是科学化统筹兼顾。《手册》覆盖面广，涉及住房公积金管理过程中的各类前台操作与后台控制，从住房公积金的缴存登记到提取管理，从贷款发放到逾期管理，从内部审计到信息化建设，均有了明确的操作流程，提高了中心对资金运作的管理水平。所有相关业务人员依照《手册》就知道在各自的岗位上“要做什么、怎样做、工作的要点是什么”，通过可查可用，减少了工作人员人为因素操作，有效地改变了操作的随意性和管理的粗放性。其次是规范化、精细化业务流程。《手册》在细节上对每一个具体操作流程进行了细化分解，在每一类业务的控制中都首先明确适用范围，明确是适用于公积金中心委托的承办公积金业务的银行网点还是适用于公积金中心人员的管理活动。同时，明确此项业务所涉及的相关部门及各部门职责。在具体操作环节中，从业务受理、初步审核、资料的录入、复核审批、打印盖章及归档等，对每一个业务环节都明确了操作办法与操作流程，使业务操作的每一个过程都有规可依、有据可查、有章可循，最大限度地减少管理过程中的人员操作风险，也有效地提高了操作及管理效率。

二是保证了住房公积金资金的安全。《手册》制定出台后，通过全员培训和专题研讨，普遍提高了中心工作人员的规范意识与风险意识，确立了“规范第一，控制风险”的观念，准确把握了业务数量和质量的关系。更为重要的是，《手册》通过规范化的流程操作、各岗位间的相互监督与制约，使公积金资金的安全性得到进一步加强。例如，从公积金管理过程中容易产生操作风险的两大类业务——公积金提取与贷款来说，不仅规定了规范化的日常操作流程，而且规定了在遇到特殊情况下的相应的处理办法与逐级审批模式，最大限度地减少个人的自由决定权。以贷款审批为例，强调了初审人员对借款申请人信息的了解，要求根据其提供的购房合同等资料、缴存住房公积金情况，掌握借款人的相关信息；复核人员根据初审人员的初步判断，进一步对借款人的购房行为进行确认，同时，在贷款审批权限上，系统中也进行了严格的限定，不同权限只能审批不同的贷款额度，这样从审批环节上降低了放贷的风险系数。最后，对于审批的每笔贷款，内审部门都进行事后的再次审核，从借款人的资格、借款金额、房源等方面进行监督控制。通过“自控、互控、监督控”的立体内控体系，规范了内部流程控制，不仅从源头上，而且全过程防范了资金风险，保证了资金安全，为住房公积金制度健康有序地发展提供了坚实的基础。

三是提高了公积金管理中心的服务水平和效能。《手册》在我中心运行以来，工作人员的业务操作技能得到了很大程度的提升，各部门与岗位之间的职责权限更加明确，大幅度减少了实际业务操作过程中的相互推诿、扯皮和抱怨等现象，中心与银行间、部门与部门间协调合作与沟通渠道更加直接、顺畅，前台工作效率明显提高。由于统一规范了操作流程，减少了主观随意性，便于做好对客户在相关业务操作过程中的宣传解释工作，同时也有利于客户对中心服务工作的监督。因而《手册》运行以来，中心对外服务工作更加“规范、便捷、迅速、及时”，客户对中心服务工作的满意度得到了较大幅度提高，从整体上提升了服务水平与服务效能。

四是建立了自我完善、持续改进的机制。为了使《手册》更加规范完善,适应业务发展的需要,中心内审部门专职负责《手册》的动态管理,定期核实操作过程中的差错,检查《手册》执行情况,及时反馈相关信息。通过对各项业务的办理凭证、资料及财务数据信息的正确性、及时性的检查,认真总结分析业务处理过程中存在的问题,并就产生的问题寻找原因,不断改进业务操作流程,形成自我完善、持续改进的机制。

四、《手册》的进一步完善

(一)建立良好完善的风险评估与控制体系

公积金管理中心要进一步利用先进的信息系统识别、衡量、分析风险,并在此基础上有效控制风险,建立起完善的风险评价指标体系与风险预警系统,对存在的潜在风险能够以量化的方式进行分析,建立起快速的风险反应与处置机制,降低风险损失。

(二)实施更加完善的规范化的内部控制活动

要通过更加合理、有效的不相容职务相互分离控制、授权批准控制、会计系统控制、电子信息系统控制等活动来提高内部控制管理水平。

(三)保证信息传递渠道的畅通

要设立完善的搜集、识别、交流各种内部和外部信息的平台。中心各部门,尤其是内审部门要充分利用自身的有利条件,将真实、有用的信息及时反馈到管理层,管理层要保障上、下沟通渠道的畅通,必要时设立“特殊通道”,通过信息传导机制,及时发现各部门内部控制过程中的问题并采取有效补救措施。另外,要完善住房公积金管理的信息披露制度,定期公布住房公积金管理政策、制度、缴存使用情况、财务报告、重大事项等信息,增强管理的透明度。同时,及时保持与上级主管部门、同级财政、审计和银行等部门的沟通,及时了解各类相关经济信息,并以此调整自身的政策与操作办法。

打造金牌服务　提升服务品质

——2011年5月苏州市住房公积金管理中心主任陈鼎昌在市级机关部门“服务提升月”活动动员会上的发言

近年来，我中心立足行业特点，牢固树立“以客户为中心”的服务理念，在优化举措、健全机制、创建品牌、长效管理、提升标准和能力等方面下功夫，着力打造金牌窗口服务，以服务的提速、提效、提质实现“公积金，惠万家”的品牌目标。

2010年7月份，我中心根据“问题解决月”动员部署，抓住契机，认真排查难点热点问题，加快工作节奏和落实进度，逐项限期解决到位，取得了较好成效。一是优化服务举措。增设窗口网点，进一步方便群众，在高新区开设综合服务大厅，在乡镇布设便民网点，全市范围内的网点从30个增至41个。优化公积金贷款流程，缩短办事时间，贷款合同文本由原先的11份减少到5份，购房合同文本由原先的往返复印改为现场数据生成，每笔业务办结时间缩短10分钟。充分维护职工权益，针对某全国性集团苏州加油站不缴公积金的群众投诉，多次上门宣传和行政指导，促使该单位为全市3 100多名职工全员开户缴存了住房公积金，成为该集团在全国首个实现住房公积金制度全覆盖的加油站。二是建立健全机制。根据“服务大局、服务群众、服务企业”的要求，按需出台相关制度，对高层次人才使用公积金实行“九大”特优政策和“四项”便捷服务。对中低收入购房家庭实行个性化、优先级服务。向市区50多家地标型重点企业征集服务意见，搭建点对点服务平台，做到有求必应。三是创建服务品牌。确立“公积金，惠万家”服务品牌，引导全系统共同树立以客户为中心、以住房保障为己任、以千方百计尽心尽力为特色的服务价值观，激发干部职工立足本职岗位，打造金牌服务，提振中心形象。四是强化长效管理。制定《工作差错问责办法》，每月公布差错情况，按差错程度问责。启用窗口服务测评器，所有柜台前设置电子测评器，实时评判工作人员的服务质量。

今年以来，我中心以争创群众满意的窗口服务为动力，努力在提升服务品质上下工夫。一是提升服务标准。与专业管理顾问公司签订

"公积金管理中心服务提升项目"协议,专题开展全市公积金系统服务提升"贯标"工作,做到"三个"全覆盖:覆盖所有窗口,组织全系统9个综合服务大厅、150多名窗口工作人员同时"贯标",集中3个多月时间分批培训、分片辅导、逐个矫正、统一验收;覆盖所有环节,对每项业务的办理环节进行梳理规范,从接待客户受理业务到办理结束送离客户,全程实现各部门和岗位之间的服务流程无缝对接;覆盖每个细节,通过"贯标",推动服务流程、设施配置、环境营造、素养礼仪等各项软硬件功能同步优化提质。二是提升服务能力。推出业务网上办理,年初正式开通了自主研发的单位网上办理业务系统,免费赠送数字证书,企业足不出户即可远程办理公积金开户、封存、启封,汇补缴申报,基数调整,年检,信息变更维护、数据查询等各类单位业务,在推广实施的4个月中,已有4 000余家企业签约启用,覆盖职工80余万人,占全市缴存职工总数的60%,受到企业的普遍欢迎。三是提升服务形象。协调工、农、建、中四家银行,进一步整合增强城区办事网点的服务功能,完善以中心综合服务大厅为龙头,以受托银行业务网点为辐射的公积金服务网络,努力做到网点布局更加合理,网点业务更加规范,网点配置更加到位,全面提升网点服务形象。

下一步,我中心将认真贯彻落实本次会议的精神,努力以客户需求为导向、以信息化为引领、以标准化为载体、以人性化为目标,持续深入地提升便民利企服务,不断增强社会对公积金服务的感受度、信任度和满意度。

苏州公积金中心创新工作机制推进缴存扩面

——摘自住建部公积金监管司《住房公积金简报》2012 年第 1 期

苏州公积金中心把扩大住房公积金制度覆盖面作为重要工作任务，在新形势下积极探索，创新机制，大力推进，取得明显成效。“十一五”期间，全市共计新增缴存职工 167.5 万人；缴存单位由 1.53 万个增加到 3.54 万个，缴存人数由 72.5 万增加到 136 万，增幅分别达 131% 和 87.6%，成为有史以来缴存规模扩大最快的时期。

一、争取政府大力支持

2002 年以来，苏州市建制扩面对象逐步由原来的机关事业单位、国企为主转变为以非公企业为主体，使得建制扩面工作面临“推进难”和“推进慢”的挑战，原有的靠公积金管理中心“单兵独战”推进单位建制的老方式，已不适应形势的变化。为推进住房公积金事业可持续发展，苏州公积金中心积极探索，努力实践，打开扩面建制新局面。2006 年，苏州市政府以规章形式颁布实施了《苏州市住房公积金管理办法》。该《办法》首次提出将扩大住房公积金制度覆盖面作为市(县)、区政府目标责任的考核内容。此后，市政府以及地方各级政府，每年都将新增住房公积金开户缴存人数的目标任务纳入年度“实事工程”项目。2006 年，张家港市政府率先发文，建立政府考核住房公积金建制扩面的工作机制。2007 年，常熟市政府启动，其他地方政府在 2009 年后陆续启动。全市逐步形成了地方政府和公积金管理机构合力推动缴存扩面新格局。

二、创新机制扎实推进

苏州公积金管理中心以政府搭建的工作平台为有力抓手，创新工作机制，强化领导、落实和考核。一是加强领导。成立由各市(县)政府分管领导任组长的扩面工作领导小组，建立联席会议制度，协调解决扩面问题，抓好督促检查和落实工作。领导小组下设办公室(扩面办)，由公积金管理机构牵头，负责扩面具体工作。各乡镇政府成立领导小组和扩面工作班子，明确专人负责，具体部署和落实辖区内住房公积金的扩面工作。二是组织落实。工作推进实施“五个步骤”：动员部署,市(县)政府召开市(县)和乡镇动员大会,全面部署。充分利用各种媒体,采取多种形式,广泛宣传。调查摸底,各乡镇对辖区内的企业组织进行调查摸底,落实扩面单位及人员,填制《企业单位住房公积金扩面实施计划表》,整理汇总后报市(县)"扩面办"。审核办理,市(县)"扩面办"会同各乡镇审定《住房公积金扩面实施计划表》。扩面单位填报《住房公积金单位汇缴登记表》《住房公积金汇缴明细清册》,并办理缴存相关手续。专项检查,市(县)"扩面办"抽调人员组成住房公积金扩面工作检查组,对各乡镇扩面工作开展专项检查。督促改进,市(县)"扩面办"每月编制各乡镇扩面工作进度统计表,针对问题,分析原因,对进展滞后或工作不力的单位,及时通报、督促落实改进措施。三是考核奖励。市(县)政府根据年初与各乡镇政府签订的实际完成人数,对各乡镇实施考核,予以表彰奖励。奖励分设基础奖和超额奖,完成指标得基础奖,超额部分得超额奖,未完成指标不得奖。

三、扩面建制成效明显

通过多年努力,苏州公积金中心扩面建制工作实现了由公积金管理机构单独推进建制,到公积金管理机构与市(县)和乡镇两级政府合力推动的转变,开创了各辖区扩面建制工作的新格局。一是效率提高。自地方政府参与推动扩面建制后,乡镇级政府成为推进建制的合作者和责任者,甚至成为一线推进者,工作局面迅速打开,往往能在一个乡镇范围内实施全面动员或批量性动员单位建制,形成了"以一对多"的工作局面,许多老大难问题迎刃而解。二是执行到位。政府发文、成立工作机构,并逐年下达任务,提升了制度的社会影响力,强化了法规和规章的落实,企业执行法规和规章的意识也随之增强,公积金管理机构的地位得到提升。同时,地方政府每年下达任务与落实考核,既是对企业落实住房公积金建制情况的检验,也成为向企业进一步宣传普及住房公积金制度的过程,促进和提高了社会对住房公积金制度的认识。三是成效突出。以张家港市、常熟市为例,张家港前5年增加开户单位数共计3 143家,常熟2007年以来的4年里共增加了4 186家,而在地方政府实施推动起步较晚的两个邻近市(县),4年分别增加开户单位数仅为603家和997家。前者模式下实现的年均建制单位数是后者的三倍以上,扩面工作新机制的推进成效明显。

重大举措

1992 年

建立住房公积金制度 苏州市政府印发实施《苏州市市区住房制度改革实施方案》，明确建立住房公积金制度的目的，对住房公积金的缴存范围和对象、缴存比例和基数、使用和管理等作了规定。苏州市房改领导小组印发施行《苏州市市区住房公积金管理暂行办法》，明确苏州市住房基金管理中心是住房公积金的主管部门，负责住房公积金的业务管理、计划安排和监督使用。

1993 年

推出住房公积金贷款业务 《苏州市市区职工购、建住房低息贷款试行办法》在全省率先出台，并从当年 4 月 1 日起施行。该办法对住房公积金个人贷款推出住房抵押加综合保险、有价证券质押两种担保方式，其中，综合保险担保是个人住房贷款担保方式的破冰之举，为全国首创。

首次明确住房公积金调整规定 苏州市政府房改办（市住房基金管理中心）会同财政、劳动、人事、社保等部门首次就调整计缴公积金的月工资基数等问题联合发文，其中，明确了“如调整确有困难的，由单位提出申请，并经职代会通过，报上级主管部门审核后，由市住房基金管理中心批准，可暂缓调整”的规定。

1994 年

启用住房公积金缴存记录卡 苏州市住房基金管理中心印发《关于发放使用〈苏州市市区职工住房公积金缴存记录卡〉的实施意见》，决定从当年 10 月 1 日起在市区范围内正式启用住房公积金缴存记录卡，用于缴存职工办理提取、贷款、转移、查询等业务的凭证，为全国首创。在强化单位和职工缴存住房公积金的意识、保护职工个人权益方面发挥了推进作用。

在江苏省率先实行中心专户管理　苏州市住房基金管理中心在全省率先实行中心专户管理办法，与受委托银行签署委托承办金融业务协议，确立双方的委托与被委托关系，住房公积金的管理职能和责任全部由中心承担，受委托银行协助配合。标志着苏州市由此走出了住房公积金业务全部委托银行办理的间接管理模式。

1995 年

规范安居工程项目建设投资管理　苏州市住房基金管理中心会同相关部门印发《关于苏州市区国家安居工程项目建设投资管理的暂行办法》，其中规定：(1) 建设单位必须在指定银行开设项目专户，并接受管理和监督。(2) 工程贷款与分期发放，划入项目专户。(3) 购房人的预付房款直接解入建设单位的项目专户。其中，开设项目专户的创新举措，安全、有效地保证了住房公积金对安居工程项目建设的资金支持。

全面推行住房公积金制度　苏州市政府《苏州市市区深化住房制度改革的实施方案》全面实施，明确了市区范围内所有行政、企事业单位（包括私营企业、“三资”企业）及其具有市区城镇常住户口的在职职工，均应按照“个人存储、单位资助、统一管理、专项使用”的原则，全面推行住房公积金制度。苏州所辖县（市）相继出台实施深化住房制度改革方案，并于当年全部建立了住房公积金制度。

提高缴存基数，增强职工购、建住房支付能力　苏州市房改领导小组印发施行《苏州市市区全面推行住房公积金制度的实施细则》，明确单位和职工个人缴存基数由原来的月标准工资提高到职工本人的月平均工资总额；完善职工购、建住房贷款办法，职工在购买新建住房、翻建自住房时，均可申请住房低息贷款等。

支持职工购买公有住房　苏州市住房基金管理中心为深化房改，推进出售公有住房工作，出台职工提取住房公积金用于支付购房款的政策。

1996 年

成立住房公积金管理委员会　苏州市政府发文，决定成立市住房公积金管理委员会，作为住房公积金管理重大事项的决策机构。日常工作由市住房基金管理中心负责。

1997 年

首次调整缴存比例　苏州市市区 1997 年度房改调整方案正式实施。方案明确：1997 年度个人和单位的住房公积金缴存比例分别由各 5% 调整为各 6%，缴存基数按职工本人上年度月平均工资核定。

1998 年

实施以建立住房公积金个人明细账为核心的规范化管理　苏州市政府批转《关于加强苏州市市区住房公积金规范化管理的意见》，由市住房基金管理中心对住房公积金实行全面管理，建立住房公积金计算机管理系统及职工个人明细账，实行包括职工个人贷款资格审批在内的资金运作及核算等，进一步确立了对住房公积金管理的主体地位。

1999 年

实施住房分配货币化，规范管理新职工住房补贴　苏州市政府印发《苏州市市区进一步深化住房制度改革的实施方案》，明确从 1998 年 12 月 1 日起市区停止住房实物分配，逐步实行住房分配货币化，对 1998 年 12 月 1 日以后参加工作的职工，按工资比例逐月计发住房补贴，进入个人住房专项资金账户，并按照住房公积金原则进行管理和使用。

2000 年

增加贷款担保方式　苏州市住房公积金个人贷款业务推出住房置业保证担保方式。

2002 年

放宽公积金个人贷款政策　苏州市住房公积金管理中心为充分发挥公积金的互助作用和"低存低贷"政策的优势，提高职工购买住房的支付能力，决定放宽公积金贷款政策，主要包括：取消贷款最高限额；取消贷款次数限制；取消借款人户籍限制；延长贷款期限；放宽借款年限和增加还款方式等。推进了公积金个人贷款业务的迅猛发展。

2003 年

"非典"防范应急措施　苏州市住房公积金管理中心为做好"非典"防范工作，方便职工偿还住房贷款提取公积金，对市区公积金还贷提取政策作出调整，把原规定每年逢 6 月、12 月的定期办理调整为全年任何月份不超过两次办理。

2004 年

强化非公企业催建催缴　苏州市政府办公室转发《关于做好我市非公企业住房公积金催建催缴工作的意见》，明确建立和巩固非公企业住房公积金制度，是健全我市社会保障体系的重要组成部分。规定在我市设立的外资、民资、改制等各类企业，都应建立住房公积金制度，改制企业对在职在岗职工必须继续缴存住房公积金，不得中断缴存。《意见》的转发，为提高住房公积金的覆盖面提供了强有力的支撑，并在全省起到了示范带动作用。

首次出台贷款调控政策　为扩大公积金贷款的受益面，保证资金供应可持续运行，苏州市住房公积金管理中心实施对住房公积金个人贷款确定最高限额的政策，新建普通住房每笔贷款最高不超过 50 万元，存量成套住房每笔贷款最高不超过 35 万元，同时建立贷款最高限额动态调整制度。

2005 年

政府首次推动制度覆盖面　苏州市政府首次将"以非公有制企业为重点，努力扩大住房公积金覆盖面"的工作目标列入政府工作报告。

苏州市委将巩固和推进住房公积金制度列入《国民经济和社会发展第十一个五年规划的建议》，营造了非公企业住房公积金制度建立的政策环境，为拓展制度覆盖面奠定了基础。

建立个贷预测预警机制　为保证资金的有序供应，确保个人贷款业务可持续运行，苏州市住房公积金管理中心印发《关于加强全市公积金个贷预测预警工作的通知》，要求所属各分支机构严格控制个贷资金的使用比率，根据资金运用率的变化，采取相应的措施，建立每季度房地产市场形势分析制度，为制定政策、有效决策提供科学依据。

首次出台中低收入家庭住房资金保障政策　为发挥住房公积金对中低收入家庭住房支持的作用，苏州市住房公积金管理中心印发《关于苏州市区职工购买中低收入家庭住房提取住房公积金有关办法的通知》，从使用对象、使用时间、使用金额、使用期限四方面给予优惠倾斜政策，最大限度地提供住房资金保障。协调住房置业担保有限公司，对中低收入家庭购房贷款支付担保费实行减半政策，减轻其经济负担。

2006 年

颁布市长令　苏州市政府以规章形式颁布施行《苏州市住房公积金管理办法》。该《办法》明确规定，市政府将扩大住房公积金制度覆盖面作为对县级市、区政府目标责任的考核内容；单位为职工缴存的公积金属于职工劳动报酬的组成部分，企业破产、撤销或者解散的，欠缴职工的公积金视同所欠职工工资予以偿还；单位每年应向职代会报告公积金缴存情况，接受职工监督等条款内容，依法规范各主体的行为，为推进住房公积金制度提供了法律保障，在全国具有领先意义。该《办法》的实施，对于完善苏州市的住房保障体系，依法开展制度扩面、扩大住房公积金效用、强化科学监管，更好地维护职工的合法权益，起到了重要的推动作用。

政府推动、多方合力开展建制扩面　苏州市政府召开全市住房公积金会议，表彰缴存住房公积金先进企业，提出"攻坚克难，推动住房公积金制度发展"目标任务。张家港市政府率先在县级市中出台《住房公积金扩面工作意见》，以政府文件的形式明确公积金扩面在地方

领导及工作机构(镇级劳动社保所)列入镇级绩效考核。张家港市人大还将住房公积金执行情况列入年度执法监督检查。苏州市社保、财政、工商、体改、总工会、台协、工商联、各商(协)会等部门发挥职能优势,多方合力协同开展住房公积金建制扩面工作。其中,体改部门将公积金政策执行情况纳入企事业单位合并、分立和改制的审核内容;工商部门将缴交情况纳入企业诚信体系建设内容;社保部门积极配合开展住房公积金缴存专项稽核等。

降低租房提取公积金门槛　针对外来职工一时无力购房,绝大部分靠租房居住的实际,苏州市住房公积金管理中心通过降低政策门槛,出台职工用公积金支付房租,可不受家庭收入占比限制,全额利用公积金支付房租的提取政策,提高了对租房职工的保障力度,有效减轻了此类职工的生活压力。

公积金向困难群体倾斜　为体现住房公积金政策对社会困难群体的倾斜,苏州市住房公积金管理中心专门出台对低保、低保边缘、特困职工和残疾职工非住房消费提取公积金政策,缓解其家庭生活困难。

2007 年

扩面增人指标列入政府实事项目　苏州市政府将扩大住房公积金覆盖面、新增缴存住房公积金职工人数指标首次列入市政府的实事项目,从构建和谐社会的高度大力度推进了住房公积金扩面增人工作,也为以后每年列入开了先河。

实施大市范围内异地购房贷款政策　在加快城市化进程中,为方便和支持更多职工家庭在大市范围内跨区域购买自住住房,苏州市住房公积金管理中心依托贷款管理系统全面上线运行技术支撑,出台实施大市范围内可以异地购房办理住房公积金贷款政策,进一步扩大住房公积金贷款的受益面。

推出偿还住房贷款委托提取政策　为切实减轻职工的还贷压力,完善偿还住房贷款提取住房公积金的管理,苏州市住房公积金管理中心推出“偿还住房贷款委托按月提取住房公积金”政策,委托提取业务广泛覆盖于苏州市银行中的公积金贷款、公积金与商业组合贷款、商业贷款,业务覆盖面列全省之首。

2008 年

公积金政策调控及继续扶持中低收入家庭住房保障　为确保首次购买自住住房的职工家庭贷款的资金需求，苏州市住房公积金管理中心调整住房公积金使用政策，暂停办理二次（含）以上购房申请贷款、提高首付款比例等。继续对购买“中低收入家庭住房”职工实行政策倾斜，对中低收入家庭再次申请住房公积金贷款的，可以比照首次贷款政策执行，提取公积金的可以继续按规定享受优惠政策，充分体现了住房公积金对这部分职工购房的重点扶持保障作用。

缴存住房公积金列入劳动合同文本条款　为主动维护职工的合法权益，苏州市新的全日制劳动合同示范文本第四条第七款“劳动报酬”明确，“甲方（企业）应按国家和地方有关规定为乙方（职工）缴存住房公积金”。对增强企业缴存法定义务意识、依法维护职工享受住房公积金制度的权益起到积极的推动作用，在省内、外也起到示范带头作用。

展开行政执法试点　为进一步扩大住房公积金制度的覆盖面，深化缴存稽核检查工作效用，苏州市住房公积金管理中心印发《修订和调整〈苏州市住房公积金缴存执法业务规程（试行）〉执法文书》，规范缴存执法工作。针对未建缴住房公积金的企业正式启动缴存执法程序，对多次催缴未果的发出行政处罚决定书，收到较好成效。其中新区一家企业在法院裁定强制执行后，按规定办理了缴存登记，促成了企业内全员缴存，较好地维护了职工的合法权益，也为中心扩面工作开辟了新渠道。

帮助“5·12”汶川地震受灾群众重建家园　苏州市住房公积金管理中心在全国率先出台实施“5·12”汶川地震重灾区户籍在苏职工提取公积金政策，重灾区户籍职工可以一次性提取住房公积金余额，以支持家人克服困难、重建家园。在这一创举的影响和带动下，全国各地纷纷出台类似政策，并被中央人民政府门户网站广为宣传，为上级部门和其他城市制定类似帮扶政策提供了范本。

2009 年

呼应大局，促进住房消费 为响应国家宏观调控政策，扩大内需，拉动消费，推动房地产市场健康稳步发展，苏州市住房公积金管理中心出台系列政策和举措。在贷款方面，放宽借款申请人的借款年限；提高贷款最高限额；降低贷款所需首付款比例；促成大幅降低担保费率；公积金借款申请人选择条件更加灵活。在提取方面，购买商品住房和二手房在首付款之后即可提取公积金；委托还贷提取取消需留存 10 个月缴存额限制等。有效减轻了职工购房资金的支付压力，推动了房地产业止冷回暖和健康发展。

中低收入家庭享受政策优惠和优化服务 为加大对困难群体的扶持力度，苏州市住房公积金管理中心制定出台了《关于进一步做好对中低收入家庭住房公积金服务的工作意见》，实施住房公积金政策优惠和封闭式针对性优化服务，从住房公积金缴存、提取、贷款、咨询服务等全方位构建中低收入家庭职工住房公积金保障服务体系，充分体现了住房公积金制度的保障优势。

2010 年

新系统运行推动管理服务升级 苏州市住房公积金管理中心开发新一代综合业务信息系统，实现公积金业务操作、规范管理和监督控制一体化，系统架构和运行效率全国领先。依托新系统开展全方位优化和细化服务，开发网上公积金信息数据、个人账户明细实时查询和业务办理，建立短信服务平台；优化简化办事流程，实行大市范围内个人账户快捷转移，账号及公积金卡全市通用，推进业务办理审批审核流转无纸化进程；拓展服务企业功能，开发启用单位暂存汇缴挂账功能；搭建服务企业沟通平台，建立“公积金企业服务快线”和服务缴存企业 QQ 群，实行企业缴存资料网上查询、变更等服务，为企业和缴存职工提供了统一规范的便利快捷服务。

支持高层次人才落户安居 为呼应苏州市委、市政府提出的人才发展战略，支持高层次人才解决住房问题，苏州市住房公积金管理中心出台实施针对高层次人才住房公积金缴存、贷款、提取“九大”特优

政策和“四项”便捷服务，最大限度地满足和方便高层次人才落户安居。

缴存业务实行委托收款　为方便单位办理住房公积金缴存业务，提高服务效率，苏州市住房公积金管理中心通过人民银行小额支付系统，开始正式办理住房公积金缴存委托收款业务，为全面开通单位网上业务奠定了基础。

职工租住企业集体宿舍楼提取公积金　为适应外来务工人员租住单位集体宿舍解决居住需求，苏州市住房公积金管理中心在全省率先实施职工租住集体宿舍楼提取公积金政策，提高了此类职工住房公积金的效用，减轻了其支付房租的负担。

2011 年

制定住房公积金事业发展五年规划　苏州市政府批转苏州市住房公积金管理中心关于《苏州市住房公积金事业“十二五”发展规划》，这对推进全市住房公积金制度的持续科学发展，充分发挥住房公积金制度在住房保障体系中的重要作用，切实保障和改善民生，将产生重大深远影响。

塑造特色服务品牌　苏州市住房公积金管理中心秉承“以服务对象需求为导向、以服务标准化为载体、以业务信息化为引领、以服务人性化为目标”的工作理念，着力打造“公积金 · 惠万家”服务品牌。努力把“优化服务、便捷服务、尽责服务”融入到群众的需求中去，做到群众的心坎上，建立服务品牌软硬件设施和内容形式标准化。全市各级公积金管理机构服务能力、服务效率和服务形象全面提升，社会、群众和企业对公积金制度的知晓度、美誉度和满意度普遍增强。

开通网上业务　为进一步提高住房公积金的服务质量和办事效率，方便单位办理业务，苏州市住房公积金管理中心开通“住房公积金网上单位业务系统”，大市范围内单位可以在指定网址自行办理住房公积金缴存单位业务，基本实现企业办事远程化和无纸化。同时，在中心门户网站上开通“网上个人查询业务”，方便职工实时掌握个人账户信息，测算贷款额度等，职工办事更快捷、更便利。

民生工程安置居民提取优惠　为配合政府实事工程安置工作，减轻居民在安置过程中的经济负担，苏州市住房公积金管理中心出台“南环新村危旧房改造等实事工程中居民安置提取住房公积金”优惠政策，减轻居民搬迁安置的资金支付压力。

患重病职工家庭特许提取公积金 为缓解患重病职工家庭的经济负担，苏州市住房公积金管理中心出台实施对职工本人、配偶或其直系亲属因患有癌症等五种重大疾病照顾提取住房公积金政策，受到社会各界广泛赞誉。

2012 年

综合业务信息系统与银行系统直连 为推进信息化管理和建设，苏州市住房公积金管理中心组织实施“信息化推进年”工作，以信息化引领管理和服务创新升级，通过开展信息化研发和成果转化，公积金综合业务信息系统与银行系统直连对接，实现单位缴存托收的批量化、无纸化，实现职工提取自动实时转账功能，使提取流程更加优化、资金更加安全。住房公积金业务办理的模式实现根本性转化，服务单位和职工的能力水平、品质效率实现大幅度跃升。

保障性住房贷款贴息 为充分发挥公积金的扶持保障作用，支持中等偏低收入家庭解决住房困难，苏州市住房公积金管理中心实施《苏州市中等偏低收入住房困难家庭住房公积金贷款贴息实施办法（试行）》，中等偏低收入家庭职工在正常偿还保障性住房公积金贷款期间，缴存住房公积金的，可连续 3 年每年最高补贴贷款利息的 50%，减轻了购买保障性住房家庭的资金支付负担。

借款人可自主调整月还款额 苏州市住房公积金管理中心出台实施借款人可每年一次调整公积金贷款月还款额度的政策，即通过缩短剩余期限调高月还款额或已调高月还款额的重新调低月还款额，满足了职工在还贷期间的实际需求。

差别化贷款政策拓展保障功能 为保障职工基本住房消费需求和支持职工改善性住房消费需求，苏州市住房公积金管理中心出台实施更具针对性的差别化贷款政策。对购买首套中小套型住房的公积金贷款给予贷款最高额度可计算到住房总价的 80% 的支持；对购买存量成套住房的贷款政策优化为与新建普通住房的政策一致。切实提

高了中等偏低收入职工家庭购房资金的支付能力，拓展了住房公积金制度的保障功能。

实施重大政策制度后评估　为进一步加强住房公积金管理的规范化、科学化、精细化建设，增强住房公积金重大政策和制度的公信力、执行力，使重大政策和制度的实施不断适应住房公积金事业和社会经济发展的需要，苏州市住房公积金管理中心印发实施《重大政策和制度后评估办法(试行)》，并组织《公积金贷款政策》和《业务操作与控制手册》两项后评估，对其主要政策措施、执行情况、实施效果、存在问题及其影响因素等进行客观调查和综合评价，提出完善和改进意见。

支持保障性住房建设　为更好地发挥住房公积金的住房保障作用，用公积金结余资金支持政府保障性住房建设，苏州市积极争取列入国家第二批试点城市。苏州市住房公积金管理中心印发《苏州市住房公积金支持保障性住房建设项目贷款实施办法(试行)》，实质性推进试点工作。

数说业绩

发展速度

1992年以来，苏州市累计归集额从起步到100亿元用了12年，从100亿元到300亿元用了4年，从300亿元到700亿元也仅用了4年。资金快速积累，增加了缴存职工的住房收入，提高了职工住房消费的能力。

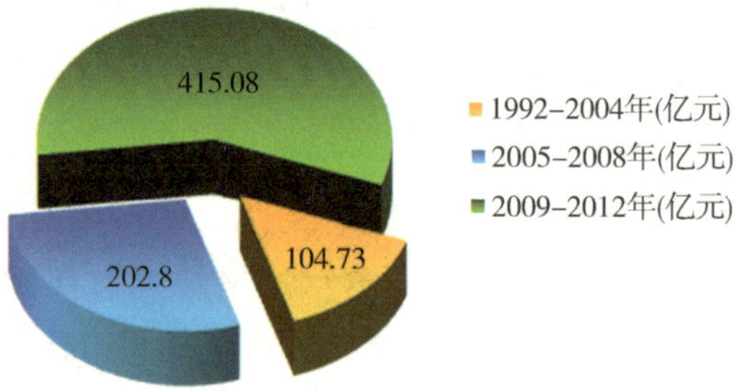

2003—2012年间，苏州市共归集住房公积金663.5亿元，占归集总额的91.82%，是前十年的11.2倍。

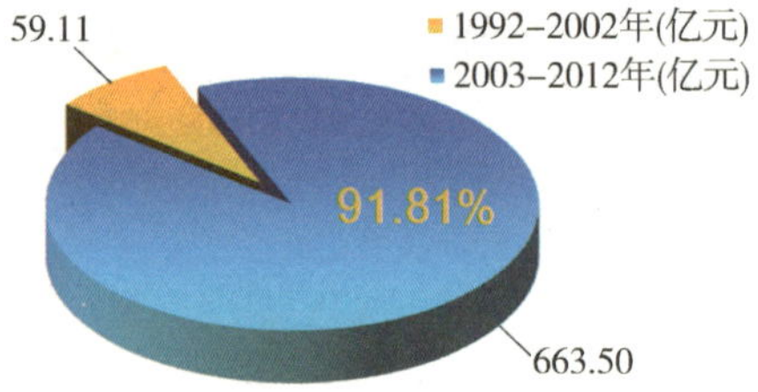

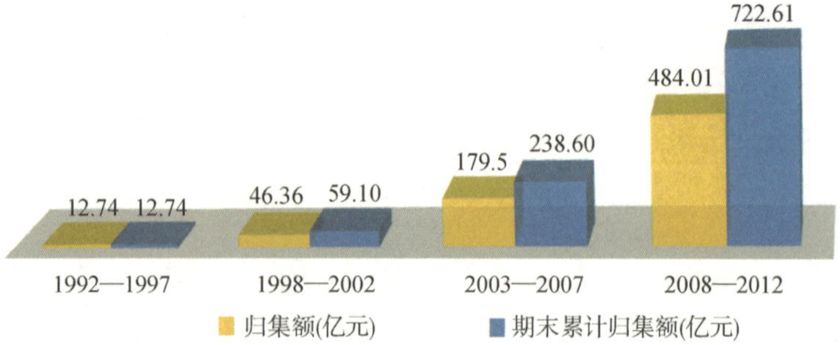

苏州市各时期住房公积金归集额、期末累计归集额(亿元)

住房公积金归集余额由 1992 年的 0.28 亿元增长到 2012 年的 303.3 亿元，归集余额年均增长 42%。

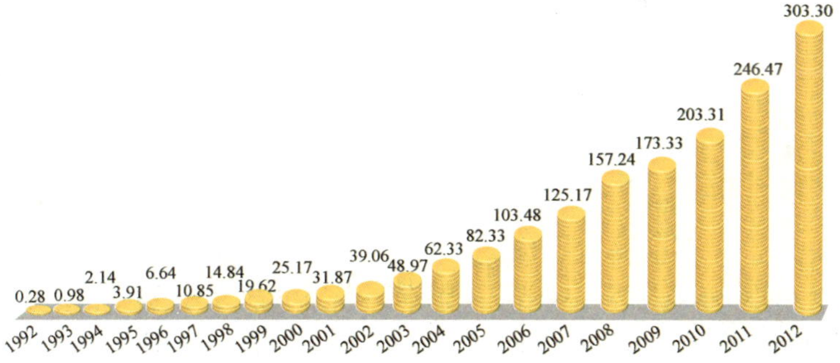

苏州市历年住房公积金归集余额(亿元)

2003—2012 年间，共发放住房公积金贷款 417.24 亿元，占发放总额的 94.02%，是前十年的 13.4 倍。

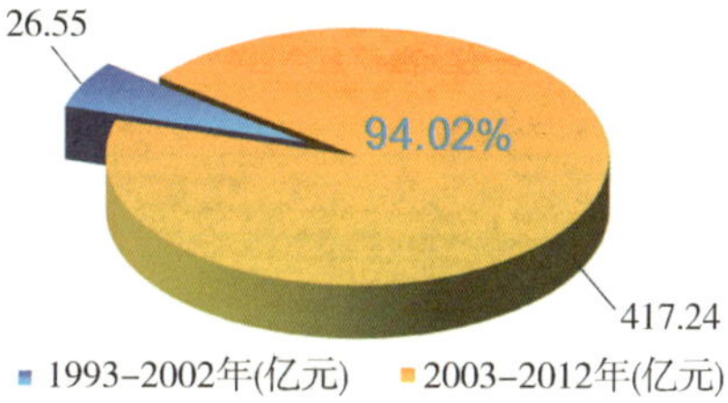

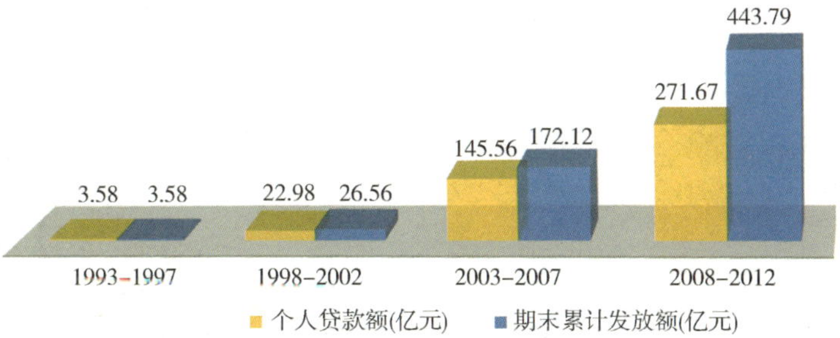

苏州市各时期发放住房公积金贷款额、期末累计发放额(亿元)

住房公积金个人贷款余额由1993年的0.1亿元增长到2012年的269.27亿元，贷款余额实现了年均52%的快速增长。

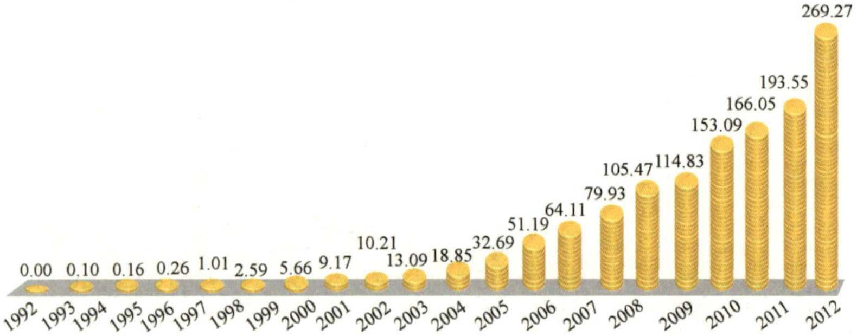

苏州市历年住房公积金个人贷款余额(亿元)

至2012年年底，苏州市住房公积金缴存单位和缴存人数分别达4.66万个和170万人，较2002年末分别增长了4.4倍和2.75倍。

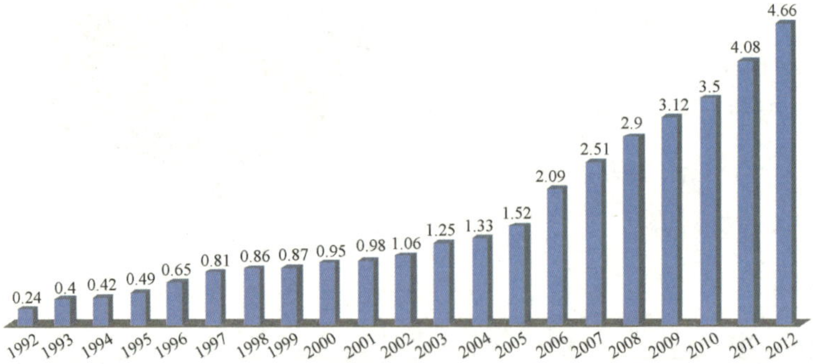

苏州市历年住房公积金缴存单位数(万个)

苏州市历年住房公积金缴存职工人数(万人)

住房保障

苏州市通过增加职工住房公积金积累、发放政策性住房低息贷款、扩大住房提取范围、提供廉租房建设补充资金、支持中低收入职工家庭住房消费，为解决职工住房问题提供有力保障。

住房公积金职工人均账户余额由1992年末的73元增长到2012年的17 841元。

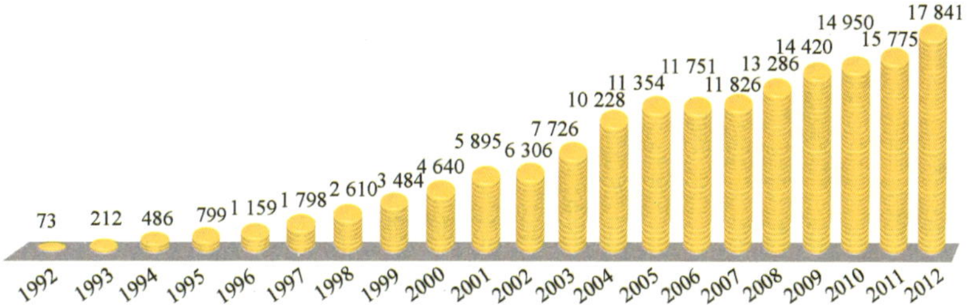

苏州市历年住房公积金缴存职工人均账户余额(元)

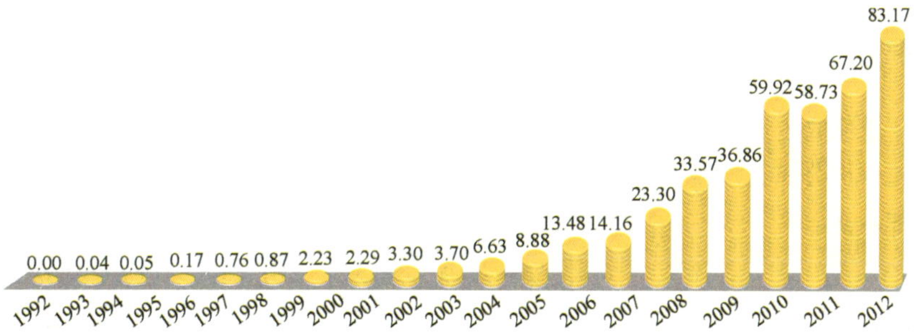

苏州市历年住房公积金提取额(亿元)

截至2012年年末，苏州市缴存职工共提取住房公积金419.31亿元，其中用于购建住房和偿还贷款332.9亿元，用于其他民生事项等非住房消费86.41亿元。

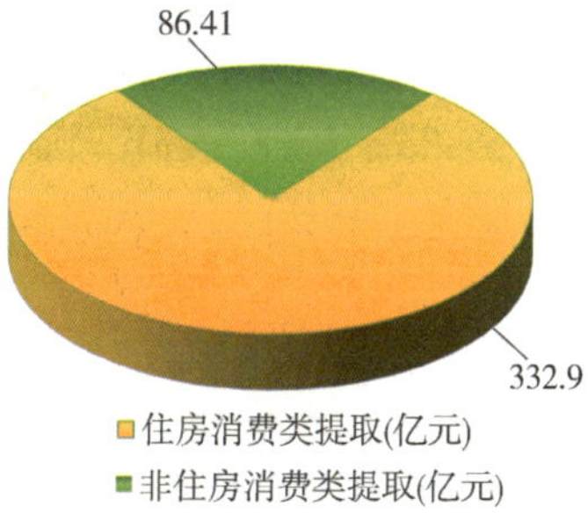

1993年以来，苏州市不断调整完善住房公积金个人贷款政策，通过降低门槛、增加品种、提高可贷额度等一系列举措，满足广大职工家庭购建住房的资金需求。至2012年年末共有

22.6 万户职工家庭获得贷款 443.79 亿元。住房公积金个人贷款成为苏州市民的购房首选。

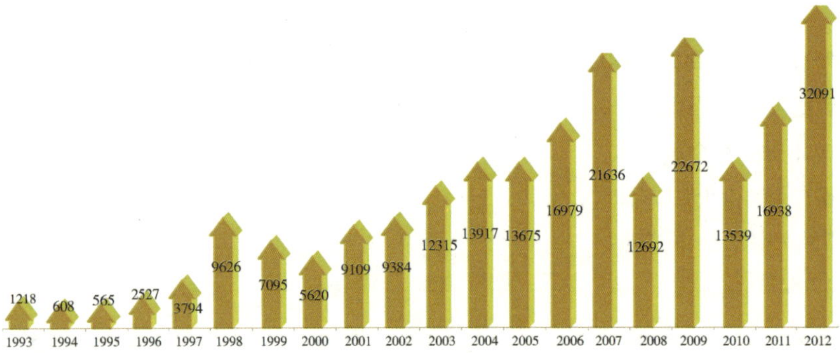

苏州市历年住房公积金贷款发放户数(户)

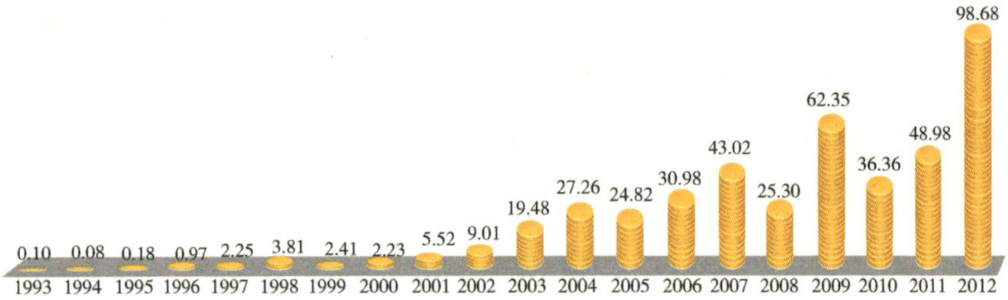

苏州市历年住房公积金贷款发放额(亿元)

中低收入职工家庭是苏州市住房公积金扶持保障的重要对象。

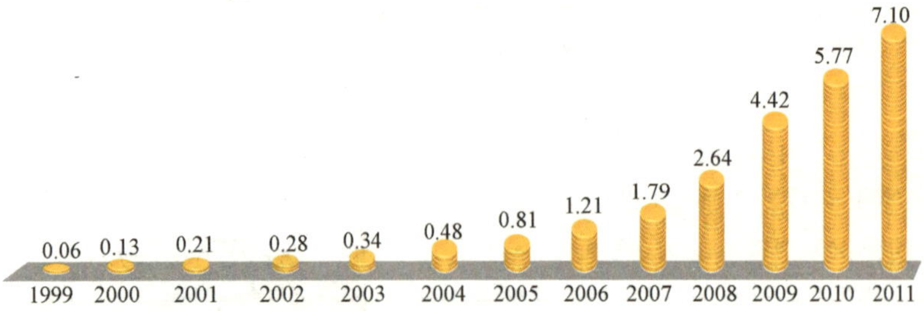

苏州市历年累计提供廉租房建设补充资金(亿元)

苏州市住房公积金支持中低收入职工家庭住房保障资金情况(2005年以来)

支持项目	保障规模
发放购房贷款	共向3 116户购买保障性住房的职工家庭发放住房公积金贷款额41 865万元
公积金优惠提取	办理优惠提取住房公积金7 059.53万元
提供廉租房建设补充资金	提供廉租房建设补充资金66 216万元
免除贷款担保费	累计免除贷款担保费152万元
办理保障性住房贷款贴息	共向1 666户家庭,办理保障性住房公积金贷款贴息247万元,约占上年度还贷利息支出的50%

“十一五”以来,苏州市住房公积金支持职工购建住房建筑面积从2006年的799.05万平方米增加到2012年的2 135.14万平方米,增长167.21 %,有效地改善了职工家庭的居住条件。

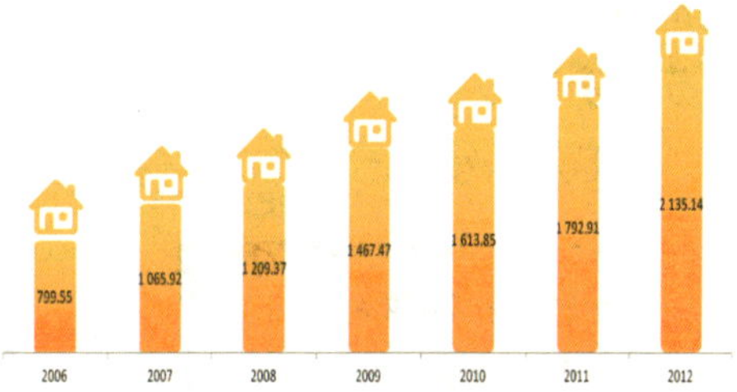

苏州市住房公积金累计支持的个人购建住房面积(万平方米)

苏州市政府为民办实事项目——住房公积金任务完成情况

年份	项　目	内　容	实　绩
2007	苏州市实事项目	扩大住房公积金覆盖面,全市新增缴存住房公积金职工11.9万人	实际完成36.23万人
2008	苏州市实事项目	扩大住房公积金制度覆盖面和收益面,全市新增住房公积金缴存人数17万人	实际完成38.10万人
2009	苏州市实事项目	全市新增缴存住房公积金人数20万人	实际完成25.28万人
2010	苏州市实事项目	全市新增缴存住房公积金人数15万人	实际完成40.31万人
2011	苏州市实事项目	全市新增参加住房公积金制度的职工30万人	实际完成52.61万人
2012	苏州市实事项目	全市新增缴存住房公积金人数35万人	实际完成53万人

荣誉集锦

1996 年

苏州市住房公积金归集和管理等房改工作成绩突出，被国务院房改领导小组授予“全国住房制度改革先进城市”荣誉称号。江苏省房改领导小组分别授予苏州市及所辖常熟市“1996 年度省住房制度改革先进城市”荣誉称号；张家港港务局被授予“1996 年度省住房制度改革先进企业”荣誉称号；张家港市、吴县市和常熟通润机电有限公司分别被江苏省房改办授予“住房制度改革先进县（市）”和“住房制度改革先进企业”荣誉称号。

苏州市以住房公积金为主要资金来源支持的首期国家安居工程，在工程资金实行专户监督管理和确保施工质量方面创出经验，并在全国推广，被江苏省房改领导小组授予“全省实施国家安居工程先进城市”荣誉称号。

1998 年

苏州市成功探索出经济适用住房投资、建设、销售以及物业管理的路子，住房公积金支持的国家安居工程新升新苑住宅小区，成为全国城镇住房制度改革的政策示范工程，被建设部、国家计委、人行、财政部联合授予“国家安居工程实施先进城市”荣誉称号。国家安居工程新升新苑住宅小区荣获“国家安居工程优秀住宅小区”和“全国城市物业管理优秀示范住宅小区”荣誉称号。分管市长沈长全同志被授予“实施国家安居工程优秀市长”和“全国城市物业管理优秀市长”荣誉称号。

2000 年

苏州市在推动住房制度改革中，发展职工住房公积金贷款，扩大职工住房公积金账户资金支用力度，支持职工住房消费，促进住房建设和住房二级市场的开发等方面工作成绩突出，被建设部授予“全国房改工作先进单位”荣誉称号。

2005 年

苏州市住房公积金管理中心被江苏省建设厅表彰为“全省住房公积金管理工作优秀单位”。“贷款业务”、“归集业务”、“财务管理”被表彰为“全省住房公积金管理专项业务示范单位”。所属张家港、常熟、昆山三个分中心被表彰为“全省住房公积金管理工作优秀分中心”。

苏州市住房公积金管理中心被苏州市委、苏州市政府授予“2004 年度市级机关作风建设先进单位”荣誉称号。

2006 年

苏州市住房公积金管理中心服务大厅被苏州市总工会、苏州市精神文明建设指导委员会办公室授予苏州市第三届“五一文明岗”荣誉称号。

苏州市住房公积金管理中心被江苏省建设厅授予“全省建设系统2005—2006 年度精神文明建设先进单位”荣誉称号。

2007 年

苏州市住房公积金管理中心被苏州市委、苏州市政府授予“2006年度苏州市市级机关作风建设先进单位”荣誉称号。

苏州市住房公积金管理中心被江苏省建设厅、江苏省财政厅表彰为“2006 年度全省住房公积金管理先进单位”。所属张家港分中心、昆山分中心被江苏省建设厅表彰为“2006 年度全省住房公积金管理先进分中心”。

苏州市住房公积金管理中心服务大厅被苏州市委市级机关党工委、苏州市团市委联合命名为“2006 年度市级青年文明号”；被苏州市创建青年文明号活动组织委员会命名为“2006 年度苏州市十佳青年文明号”。

2008 年

苏州市住房公积金管理中心被江苏省建设厅、江苏省财政厅联合表彰为“2007 年度全省住房公积金管理先进单位”和“2007 年度全省住房公积金管理综合考核优秀等级单位”。

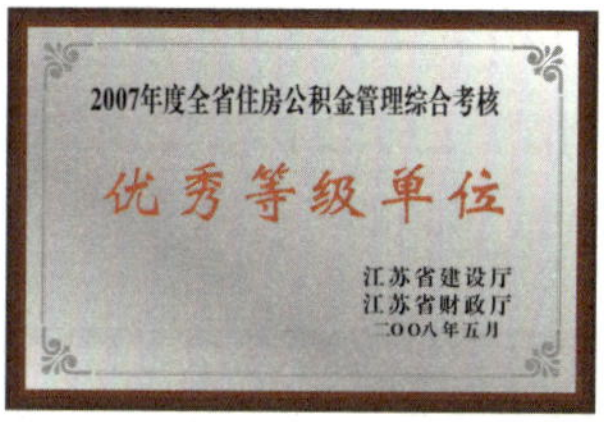

苏州市住房公积金管理中心服务大厅被江苏省总工会授予“江苏省五一巾帼标兵岗”荣誉称号。

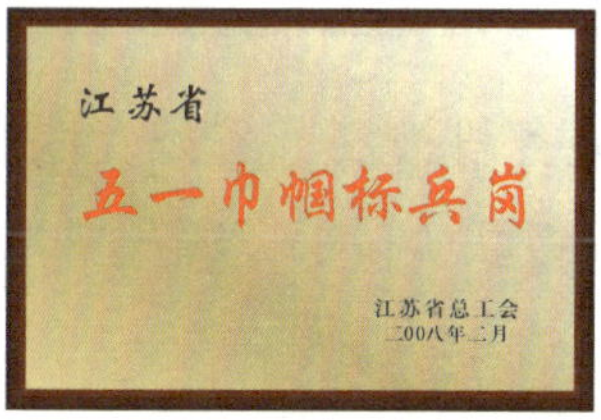

苏州市住房公积金管理中心综合服务科被苏州市“巾帼建功”活动领导小组授予“2007 年度苏州市巾帼文明岗”荣誉称号。

苏州市住房公积金管理中心所属张家港分中心服务大厅、常熟分中心服务大厅、昆山分中心服务大厅、吴中管理部服务大厅分别被苏州市委市级机关工委和团市委联合命名为“2007 年度市级机关市级青年文明号”；苏州公积金中心服务大厅被重新确认为“2007 年度市级机关市级青年文明号”。

2009 年

苏州市住房公积金管理中心被江苏省建设厅表彰为“全省建设系统2007—2008年度精神文明建设先进单位”。

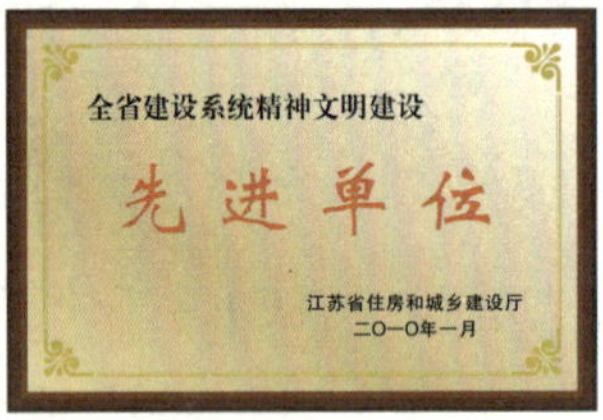

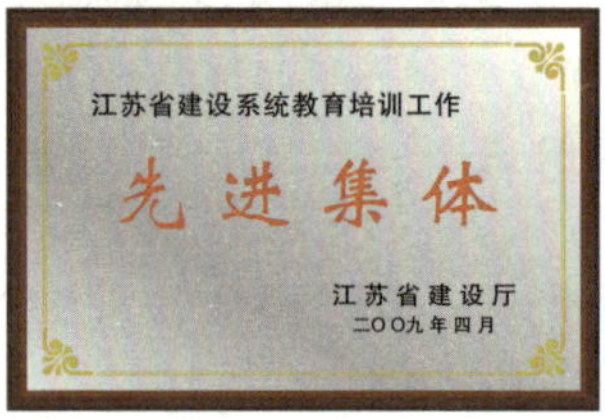

苏州市住房公积金管理中心被江苏省建设厅表彰为“江苏省建设系统教育培训工作先进集体”。

苏州市住房公积金管理中心服务大厅被共青团江苏省委命名为“省级青年文明号”。

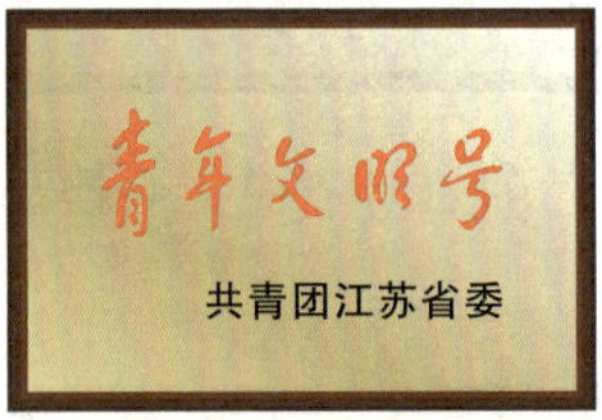

苏州市住房公积金管理中心综合服务科被江苏省妇女联合会和江苏省城镇妇女“巾帼建功”活动领导小组联合授予“2007—2008年度江苏省巾帼文明岗”荣誉称号。

苏州市住房公积金管理中心所属吴江分中心、太仓分中心和相城管理部服务大厅被苏州市委市级机关党工委和团市委联合命名为“2008年度市级机关市级青年文明号”，苏州市住房公积金管理中心、所属张家港分中心、常熟分中心、昆山分中心和吴中管理部五个服务大厅被重新确认为“2008年度市级机关市级青年文明号”。至此，全系统八个服务大厅全部获此命名。

2010 年

苏州市住房公积金管理中心被江苏省住房和城乡建设厅表彰为

“江苏省住房城乡建设系统依法行政示范单位”。

苏州市住房公积金管理中心被苏州市纪委等九部门联合评定为“第四批苏州市廉洁文化建设示范点”。

苏州市住房公积金管理中心被苏州市妇女联合会、苏州市人力资源和社会保障局联合评为市级“三八”红旗集体。

8 年间，苏州市住房公积金管理中心党组织连续被苏州市委市级机关工委表彰为“‘2003—2005 年度’、‘2006—2007 年度’、‘2008—2010 年度’苏州市市级机关先进基层党组织”。

2011 年

苏州市住房公积金管理中心被苏州市委、苏州市政府授予“2010 年度市级机关作风效能建设优胜单位”荣誉称号。

苏州市住房公积金管理中心被江苏省审计厅和江苏省内部审计协会联合表彰为“2008—2010 年度全省内部审计先进集体”。

苏州市住房公积金管理中心服务大厅被江苏省住建厅表彰为“全省住房建设系统窗口单位‘优质服务提升年’竞赛活动先进集体”。

苏州市住房公积金管理中心昆山分中心服务大厅被江苏省妇女联合会、江苏省城镇妇女“巾帼建功”活动领导小组联合授予江苏省“巾帼文明岗”荣誉称号。

苏州市住房公积金管理中心纪检组长于澄同志被江苏省委、江苏省政府表彰为“全省纪检监察先进工作者”。

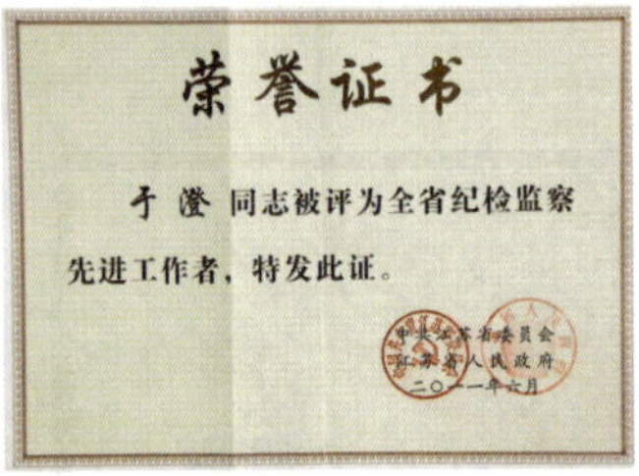

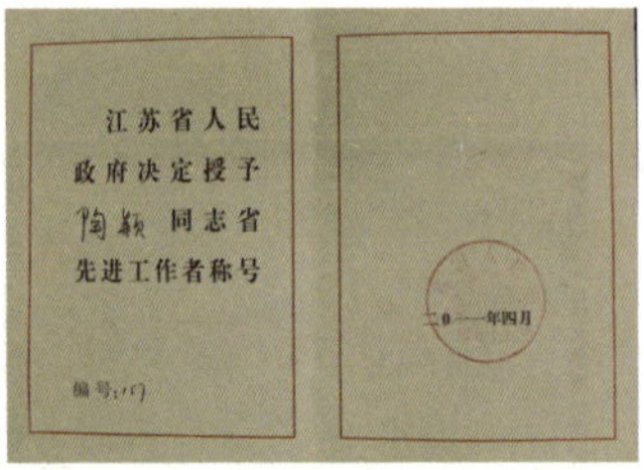

苏州市住房公积金管理中心综合服务处副处长陶颖同志被江苏省政府授予“先进工作者”荣誉称号。

2012 年

苏州市住房公积金管理中心被苏州市委、苏州市政府授予“2011 年度作风效能建设优胜单位”荣誉称号。

苏州市住房公积金管理中心机关党总支、张家港分中心党支部分别被苏州市委表彰为“2010—2012 年苏州市创先争优先进基层党组织”。

三、耕　耘

从事苏州市住房公积金事业20年的住房公积金人，用他们的勤劳、勇气、智慧、艰辛，谱写了一曲曲动人心弦的乐章——听一听他们辛勤耕耘的足音，看一看他们昔日奋斗的风采吧。

曾经的苏州市国家安居工程

丁奇敏

国家安居工程已渐行渐远，时下保障性住房建设正在全力以赴实施。然而17年前，也就是在苏州市住房公积金制度建立三年后的1995年，苏州市被国务院列为首批实施国家安居工程试点城市，组织实施建设的国家安居工程，解决中低收入家庭职工住房困难问题，在住房公积金20年的发展过程中留下一抹浓浓的色彩。先后在苏州市高新区、工业园区和市区，建成的新升新苑、新城花园和新康花园三个国家安居工程住宅小区，成为当时住房建设的亮点。

苏州市委、市政府对实施国家安居工程高度重视，专门成立了安居工程领导小组，下设办公室，设立在苏州市房改办（市住房基金管理中心）对外开展各项工作。随着1995年6月20日苏州市第一个国家安居工程项目“新升新苑”奠基仪式的举行，以及1995年7月13日，由苏州市政府以苏府〔1995〕74号文批转下发了《苏州市区国家安居工程实施方案》，苏州市的国家安居工程项目建设拉开了序幕。

1994年下半年，我们专门组织了对人均居住6平方米以下的住房困难户进行调查，市区共有无房户和6平方米以下的住房困难户2.6万余户，住房成套率仅为40%，可见住房困难状况还比较突出。为此，在1995年我们申报国家安居工程建设项目时，提出了5年建设100万平方米安居工程住房的计划，以成本价销售。那时对“居者有其屋”的理解主要还是拥有自己产权的住房。由于按照当时职工的收入水平，要完全靠自己解决住房问题，在经济上很难承受。对此，房改和住房公积金给购买国家安居工程住房的中低收入家庭以政策倾斜，实行国家减免税费、单位给予补贴和个人购买三者共同负担解决住房困难的扶持政策。

国家安居工程的实施和相应的政策，在很大程度上缓解了相当一部分职工的居住问题。苏州市国家安居工程住房以解决具有本市区常住户口的无房户和6平方米以下的住房困难户为主，到2000年年底，已有5 100余户居民搬入新居。新升新苑、新城花园、新康花园首期销售成本价分别为1 100元每平方米、1 560元每平方米和1 700元每平方米，全部出售。供应对象为具有苏州市区常住户口的中、低收入家庭，其中，无房户和住房困难户、城市建设拆迁安置户和非成套住房户作为优先解决对象。已缴存住房公积金的职工可以优先享受住房公积金低息贷款，并且比购买其他住房最高可放宽2万元的贷款额度；购房者所在单位允许在2000年之前给予不高于房价50%的补贴。这些政策和举措使一般工薪阶层居民也能买得起住房，这对他们来说是原来想都不敢想的事情。如市某单位职工夫妻小孩3人原来蜗居在一间没有煤卫设施、没有自来水的仅18平方米的旧房，1996年，通过购买新升新苑一期78平方米的住房，总房价8.3万元，自己拿出积蓄1.5万元，单位贴补3.8万元，公积金低息贷款3万元，就搬进了这套两室一厅的新房，较好地改善了居住条件。据当时统计，住房公积金共为约94%的购买国家安居工程住房的家庭提供了超过4亿元的低息贷款。国家安居工程在房改过程中，通过住房公积金的融资作用，对推进住房商品化、社会化，取消实物分房、实现住房分配货币化，加快经济适用住房建设，形成适应单位和个人经济承受能力的住房供应消费体系、改变居民住房消费观念、解决住房问题无疑起到了促进作用。

目前，国家又开始试点利用住房公积金贷款支持保障性住房建设，苏州市也积极申报争取住建部批准列入第二批试点城市，住房公积金拟安排20亿元贷款，支持平江区梅巷、金阊区朱家庄和沧浪区解放新村等三个片区危旧房改造项目的建设。这在纪念苏州市住房公积金制度20周年之际，又将成为住房公积金服务民生、服务社会、服务大局，支持保障性住房建设的一项重大事项。回顾1992年苏州市住房公积金制度建立以来，住房公积金支持单位自建住房、街坊改造、经济适用住房建设，特别是对实施国家安居工程项目建设发挥了突出作用。从1995年6月起，到2001年国家发出通知停止住房公积金发放项目贷款，并收回全部项目贷款为止，住房公积金共支持市区国家安居工程新升新苑、新城花园、新康花园三个住宅小区建设了70万平方米住宅，其中住房公积金累计发放贷款约5亿元，超过总投资一半以上，其余为国家安居工程项目银行专项贷款和建设单位自筹资金。住房公积金制度在建立初期，那时资金规模还不像现在这么大，如1995年、1996年住房公积金年末余额也就3～4亿元，但还是在保证住房公积金个人贷款和提取正常运行的基础上，拿出了约一半的资金来支持国家安居工程建设。这在当时争取国务院批准苏州市列入国家安居工程首批试点城市和下达项目建设计划，以及顺利实施和完成起到了极其重要的作用。

住房公积金一下子拿出那么多的资金来支持国家安居工程项目建设，不能不考虑如何确保贷款资金安全的问题。为此，1995年5月18日，苏州市住房基金管理中心和安居办专门联合制定下发了《关于苏州市区国家安居工程项目建设投资管理暂行办法》，对住房公积金项目贷款明确了贷款发放、使用和还贷的具体做法和规定，规定资金设立银行专户运作，实行项目核算和全程监管，专款专用。比如，住房公积金贷款要按工程形象进度分5期审核发放、贷款和售房款必须进入项目专户管理等，这样既保证了资金全部用于国家安居工程项目，又确保了工程施工如期进行和贷款资金的安全。采取对项目贷款资金实行封闭专户管理的这些做法，在当时还是比较超前的，也体现了较强的风险意识。在整个建设过程中，由于住房公积金项目贷款的发放和回收，都严格按规定操作，资金使用情况良好，没有发生挪用和逾期的情况，最终住房公积金项目贷款都得以如数收回。

苏州市国家安居工程也得到社会各界的认同和上级的肯定。1996年6月，在苏州市首个国家安居工程住宅小区新升新苑首期交付使用仪式上，国务院房改办、建设部的领导称赞新升新苑“具有一流水平”，时任建设部副部长李振东评价说：“苏州市是第一批实施国家安居工程的城市之一,你们正确地贯彻了国务院批准的《国家安居工程实施方案》,执行了建设部关于实施国家安居工程的具体要求,做到了精心规划、精心组织施工、强化了建设监督管理,推行专业化、社会化的居住物业管理,实施了规划高起点、建设高速度、质量高水平,首战告捷,为苏州人民办了一件好事、实事。"1996 年 8 月,建设部又在苏州市召开全国新增国家安居工程实施城市现场会,组织第二批实施国家安居工程城市参观了安居工程现场。1996 年以来,苏州市国家安居工程获得多项荣誉,先后得到了国家和省的表彰,其中新升新苑被评为"国家安居工程优秀住宅小区"和"全国城市物业管理优秀示范住宅小区";苏州市荣获全国和省实施国家安居工程先进城市的称号等。

1996 年下半年起,苏州市还推荐所辖县级市常熟市等为首批实施国家安居工程的试点县级城市,并得到了批准,其中常熟市的琴枫园、当时吴县市的嘉宝花园、吴江市的水乡花园等被列为国家安居工程项目进行开发建设,在当地也获得了突出成效。

有关国家安居工程项目说了那么多,还有一个不能不说的重要方面,就是苏州市的国家安居工程项目得到了各级领导的高度重视和关怀,得到了高新区和工业园区管委会以及市有关部门的大力支持。苏州市委、市政府把国家安居工程建设作为苏州市实现基本现代化、住房达到小康水平的实事工程、德政工程,以及作为松动古城、发展新区与园区的重大举措和"九五"住宅建设发展方向的试点来抓,多次专题研究部署,对实施国家安居工程的指导思想、计划目标、资金安排、规划建设、优惠政策、组织管理等作了原则规定和明确,分管市长亲自挂帅;市人大、政协领导也多次亲临现场视察、指导。首个国家安居工程住宅小区新升新苑奠基,市委、市人大、市政府、市政协四套班子主要领导和各部门,以及部、省有关领导出席了奠基仪式;新城花园奠基时,有关部、省领导和新加坡国家领导人等亲临现场为项目奠基。1996 年 10 月 28 日,时任中共中央政治局常委、书记处书记胡锦涛同志也视察了建成后的新升新苑新貌,看望了入住的居民。这些都大大推动了苏州市国家安居工程的顺利实施和完成。

走过20年岁月

——一个公积金人的回忆

何伟农

20年来，苏州市住房公积金从无到有，从有到优，每一个成绩都凝聚着我们的心血，每一个进步都承载着我们的情怀，每一个片断都是我们难以忘怀的记忆。

圆家庭一个住房梦

上世纪90年代初，社会上虽说还实行着单位福利分房，但个人通过购买商品住房以解决自身住房困难的需求已渐渐显露，而一般的工薪阶层要想依靠自己家庭已有的积蓄购房还是不太现实的。因此，在苏州市区全面实施住房公积金制度后不久，我们就开始起草用公积金支持职工购建自住住房的低息贷款办法了。

由于当时全国尚未有地方出台过此类贷款办法，即使是央行的《个人住房贷款办法》也是在1998年才颁布的。在几乎没有先例可循的情况下，我们只能“闭门造车”。在办法的起草过程中，遇到的最大难点便是贷款担保问题。因为借款人所购住房通常都是期房，按当时规定，尚未取得房产证是不能在签订贷款合同时办理房屋的抵押登记的，没有担保就不能放贷，借不到钱职工就买不起房子。这样既造成了职工家庭解决住房的一个“死结”，又使得公积金贷款办法无法出台。

我们在研究了多种解决方案后，想到以贷款保险作为贷款担保的一种方式。想法虽然有了，可与几家保险公司接触后，都说他们没有这一险种，做不了。后经多次反复探讨协商，有一家保险公司愿意为此开设一个新险种"住房贷款综合保险"。这才使苏州市住房公积金贷款办法于1993年在全国率先出台并付诸实施。

贷款办法出台的当月，就有一户职工申请并成功借到了住房公积金，看着借款人脸上洋溢的笑容，我们感到了深深的欣慰：不眠不休的思虑和千方百计的努力，终于有了结果，我们帮助职工圆了一个住房梦。

不辞辛劳聚沙成塔

归集是住房公积金的源泉，始终是管理机构一个不变的主题，却也是一项艰巨的工作。1992年刚开始推行住房公积金制度时，不少单位由于不了解政策，总以为是一种摊派性的收费项目，不愿缴存。为此，我们不得不走进单位上门宣传，耐心解释。记得当时市郊有个单位，缴了几个月后，就开始以种种理由拒不缴存了。在多次与该单位财务人员联系未果的情况下，我和我的同事就骑着自行车上单位找他们领导，可当这位企业负责人一听我们的来意后，就脸色很难看地推托说手头工作很多，没时间接待我们，不容我们多讲，他就匆匆离开了办公室。于是我们告诉财务科长，今天无论等多久都必须和这位领导当面谈一次。我们一直等到临下班，才总算和这位"很忙"的领导说上话，我们指出了住房公积金是职工将来解决自身住房问题的一笔重要资金来源，如果单位不仅不出资为员工缴存，反而还将职工工资中扣下来的那部分留在企业的账上，这就更加不对了。听了我们的宣传解释后，这位领导才勉强答应在企业资金宽裕些后就马上缴存。后来，又经我们多次催缴，这个单位终于补缴了所欠的住房公积金。

其实，在这20年中，苏州住房公积金人都曾在制度扩面、提高覆盖率上做了不计其数的类似工作，也正是大家这种辛勤付出，才有了苏州市住房公积金事业今天的成就。

兢兢业业护卫资金

"管好用好住房公积金"不仅是我们常说的一句话，更是苏州住房公积金人一切工作的出发点和目标。

自1995年起，国家开始在全国组织实施国家安居工程方案，以解决城镇中低收入家庭的住房困难问题，而国家安居工程建设的资金则主要通过发放住房公积金项目贷款来保证。为了使投入的住房公积金能够真正做到专款专用、完整收回，我们在项目实施之初，就制定了国家安居工程项目建设投资管理办法，强化对整个项目建设和销售资金实行封闭式的银行专户管理。在投资建设“新升新苑、新康花园和新城花园”三个项目的进程中，不论是刮风下雨，还是酷暑严寒，我们都到建设工地验看工程建设进度，然后才通知银行放款；在销售阶段，一有发现售房款不存入指定账户的情况，我们就马上与承建的开发企业联系，督促他们将售房款全额存入专户。这样既确保了建设资金的及时到位，也杜绝了项目资金的外流和挪用。

后来，当国家清理整顿住房公积金项目贷款时，全国一些地方发生了贷款不能及时收回的情况，而苏州市则在这方面没有出现丝毫损失，维护了住房公积金的完整性。我认为与这个资金管理办法的制定和认真执行应该是不无关系的。

我和我的同事们共同伴随着苏州住房公积金事业走过了整整 20 个年头，这里有我们的汗水，也有我们的喜悦。正是因为有了这么多恪尽职守的公积金人，公积金事业才会越来越壮大，才能帮助越来越多的职工安居其屋，才使得公积金制度越来越深入人心。

为了这个惠民利民的事业，我们仍将不断努力！

住房公积金，伴我 20 年风雨前行

徐政平

对一件事物的价值和体会，人们往往需要经历数十年的百转千回，以时光变迁作为质地，以心境曲折作为感悟，才能与它相互映照。住房公积金，对我来说，就是这样。

今年，是苏州市住房公积金管理中心成立 20 周年的纪念年。20 年时间，在苏州这座具有 2 500 多年城市的历史长河中可谓弹指一挥间，但在苏州市公积金中心发展过程中却至关重要。因为，对苏州公积金中心来说，这不是普通的 20 年，而是凝聚了无数苏州公积金人的汗水和智慧，承载了苏州公积金中心不断追逐实现“小桥、流水、人家”安乐宜居的奋斗梦想。

值得庆幸，也值得骄傲的是，这段时光里，我始终参与苏州市住房公积金建设之中。从蹒跚起步到创新发展，从点滴探索到快速成长，公积金中心从小到大，我和所有同事们一样，与她在历史进程的潮流中不断前行，风雨同济。我始终记得当时自己的信念：无论面临多么艰难的境地，一定要咬牙冲过去，将来回忆起来才会感到荣耀无比。

伴着苏州住房公积金制度发展的 20 年，在这里，与我一样，有很多领导和同志，为了这一事业的发展，在公积金中心奋斗了十多个春秋，作出了很多历史性的贡献，我们共同为这个制度、为公积金中心留下了很多值得回忆的珍贵足迹。长江后浪推前浪，让我骄傲的是，中心后进员工的坚韧努力和奋发拼搏，更为苏州住房公积金事业发展源源不断地注入新的活力和生机。我的眼前几乎能看到，一代又一代人，共同绘就苏州公积金中心的宏丽历史画卷，谱写一首永唱不断的苏州住房公积金的悠扬旋律。

时光易逝，恍若白驹过隙，回首往日，我不禁感慨万千，住房公积金制度，让我心甘情愿地奉献了人生中最宝贵的20年时光，成全了我追求人生目标和理想的信念，所以直到现在我不曾也不愿远离这个事业。

这里，借着苏州公积金中心20周年的机会，或许我该由衷地说声：感谢住房公积金，伴我20年风雨前行！

二十年耕耘　二十年收获

屠瑞南

1992年7月，苏州市建立住房公积金制度，至今已整整20年。同年，我调到“中心”工作，成为一名住房公积金人，亦有20个年头。这20年间，我见证了住房公积金制度从无到有、从小到大的发展轨迹；这20年间，住房公积金事业伴随着我的成长，历练了我的经历。在这喜庆的日子里，回首往事，历历在目，难以忘怀。

我见证住房公积金的成长

在“中心”工作的20年间，我见证了住房公积金各项制度从无到有的进程。印象最深的是财务会计制度的制定、出台。1992年全国乃至全省都没有统一的住房公积金财务会计制度，在当时的条件下，我们积极应对，参照通用的事业单位会计制度，结合苏州市住房公积金会计核算业务的实际需要，制定相应的会计核算办法，用于核算住房公积金业务。直到1999年1月1日才试行省财政厅、省房改办制定的江苏省住房基金财务管理和会计核算办法，并于2000年1月1日正式实行财政部制定的住房公积金财务管理办法和会计核算办法。2002年住房公积金管理机构进行调整，全市实行统一核算，撰写、起草并由苏州市财政局印发的《苏州市住房公积金统一财务管理和会计核算暂行办法》，保证了全市住房公积金统一核算的顺利实行，加强了住房公积金的财务管理和会计核算工作。

在“中心”工作的20年间，我见证了住房公积金内部管理不断规范化、科学化、精细化的过程。1998 年起，随着住房公积金规模的不断扩大，为规范管理，建立住房公积金个人明细账，在原来只有一家银行承办金融业务的情况下，委托 3 家银行承办，并在指定银行开设住房公积金存款、贷款专户，会计核算方式亦从银行提供单位缴存明细记录，改为单位直接缴存入“中心”的住房公积金存款户。特别是近几年来，住房公积金的“三化”建设成效显著，相继出台了住房公积金管理机构内部控制规定、住房公积金业务操作与控制手册等，并对住房公积金财务管理和会计核算实行 ISO9001 质量管理，进一步强化了内控体系和风险管理，提升了业务管理水平，更使住房公积金这一公众资金始终处于“阳光操作”中，确保了资金的安全、完整。

在“中心”工作的 20 年间，我见证了住房公积金规模的逐步壮大。仅就住房公积金的缴存业务而言，通过 20 年的建制扩面工作，得到了前所未有的快速发展，所归集的住房公积金数额日益庞大，至 2012 年 6 月底，全市缴存职工达 160 多万人，累计归集住房公积金 647 亿多元，归集余额 274 亿元。这些数据的取得，是全体住房公积金人本着对事业的孜孜追求，全力进取拼搏得来的；这些数据的背后，记录了全体职工的艰辛与努力，凝聚了大家的智慧与心血。

住房公积金伴随我的成长

我从 1992 年 7 月住房公积金制度建立之初，正式调到“中心”工作至今，已经为苏州市的住房公积金事业整整服务了 20 年。住房公积金伴随着我一路走来，从近“三十而立”到将“五十而知天命”的年龄，也禁不住感慨万千。扪心自问，虽一路有风雨、艰辛，亦尝过酸甜苦辣，但我还是会说，一路上有你——我 20 年为之奉献的住房公积金事业，心中无怨无悔。因为，这 20 年间，我收获了很多很多。

我收获了知识和能力。工作 20 年间，我几乎都在从事住房公积金财务会计工作。这是一项新事物，我对工作中碰到的新问题，感到在学校中学的专业知识还不足以游刃有余，难以做好本职工作，就在忙碌的工作之余，刻苦自学。虽然业余时间的学习是枯燥和辛苦的，但收获了考“证”成功的喜悦。这 20 年间，可以说我从来没有停止过对学习的渴求，最主要的是汲取了新的知识后，对创新工作所带来了有益帮助，同时也开拓了我的视野，提高了我的能力。

我历经了锤炼，积累了经验。我刚到“中心”工作时，缺少工作经验，为人处世还较稚嫩。值得庆幸的是，住房公积金这个新团队，有新气象，更有战斗力和凝聚力。工作20年间，领导给予了我无私的关怀和鼓励，同事给予了我真诚的帮助和支持，使我在工作中得到了磨炼和发展，也使我在做人、做事等方面收获了诸多宝贵经验和财富，我满怀感恩之心，亦将永记在心。我为自己是这个团队中的一员而感到自豪和幸福。

我收获了敬业和快乐。敬业是一种美德，是一份责任，更是成功的源泉。我始终有这样一个理念，作为一个工作着的人，就要全心投入、尽心努力去做好工作；就要干一行爱一行，这样，才不会感到无聊、抱有怨气，才会在踏踏实实的工作中找寻到快乐。在“中心”工作的20年间，我始终认真对待每一项工作，努力做好每一件事情。平心而论，我没有愧对20年的住房公积金工作，我参与过，我付出过，在忙忙碌碌中也有获得成功的喜悦，体会到“工作着并快乐着”的真正含义。

祝福住房公积金事业蒸蒸日上

见证住房公积金制度走过20年，就好像见证了一个刚出生的婴儿，从蹒跚学步到茁壮成长，我满心欢喜，饱含热爱。20岁的住房公积金事业，正如早晨八九点钟的太阳，朝气蓬勃、蒸蒸日上。我坚信，苏州市住房公积金事业，明天一定会更加美好！

祝苏州市住房公积金事业20岁生日快乐！

20 年住房公积金情结

王协芬

住房公积金的制度实施好

有了住房制度的改革和住房公积金制度的实施，我们有缘相聚相处，共同实施苏州市住房制度改革的方案政策和从事基金管理的工作。我有幸从 1992 年 2 月 28 日起至今从事本单位的会计核算和财务管理工作，见证了一个单位 20 年来从模拟运转到机构成立、机构调整和机构升格的发展过程。

住房公积金的领导策划多

我们正处在改革开放的年代，苏州市住房制度的改革和住房公积金的管理工作是一项开创性、研究性和探索性的工作，我们住房公积金的历任领导有远见、策划多，说得到做得到，全心全意为广大民众服务。在机构成立阶段，开办了“苏州市经济实用住房发展中心”等几个经济实体，参加建设了苏州市的“国家安居工程小区”，如新升新苑、新康花园，两个小区均被评为国家级先进示范安居工程小区，在苏州市区很具影响力。在机构调整阶段，制定了既符合国务院《住房公积金管理条例》，又具苏州地方特色的《苏州市住房公积金管理办法》，使住房公积金的管理工作进入了“有法可依”的规范化轨道，同时也维护了广大住房公积金所有者的合法权益。在机构升格阶段，进行了机房的升级改造工程，升级后的计算机新系统功能更加强大，通过网络信息技术提升了住房公积金的管理水平，体现了我单位提倡“三度”“三化”建设的进程。在财务账目里记录了住房公积金的历任领导付出了20年的艰辛，单位固定资产从无到有，到2012年5月31日止，全市固定资产账面价值已达7 040万元，住房公积金累计归集余额已达265亿元，真可谓“家大业大”，已把公积金事业建设得相当辉煌。

住房公积金人的觉悟高

住房公积金人吃苦耐劳、精神好、干劲足，能脚踏实地做好资金管理的每一项工作，20年来为苏州市住房制度的改革和住房公积金事业的发展出过力、流过汗。通过我们住房公积金人的共同努力，已把住房公积金的管理工作推上了一个新台阶，会议室墙上挂满的由国务院、省、市颁发的各种奖牌，证明了我们所做的工作取得的一些成绩。最后，我要感谢单位的组织和领导给了我一个会计核算和财务管理的工作平台，实践了房地产开发企业会计制度、事业单位会计准则和会计制度在我单位的实际运用，丰富了自己的工作经历，让我20年来与单位共同成长。

快乐工作20年

施建林

36岁的我，走进苏州市住房公积金管理中心至今整整20年，人生能有几个20年？我把人生中工作的大半时间献给了公积金事业，伴随着公积金中心一起成长。见证了公积金中心，她在改革开放时期诞生，在强国富民建设事业里壮大。公积金人把社会、企业和群众对公积金工作的“满意度、感受度、信任度”当做镜子，把“科学化、规范化、精细化”作为自己工作的坐标，励精图治，艰苦创业，从来没有停止过探索和创新的步伐。每一个公积金人怀揣梦想，抒写了公积金事业的辉煌和公积金人的豪情。

我，在这里，体会到了人生的艰辛；在这里，度过了人生中最宝贵的年华；在这里，与同事之间结下了深厚的友谊；在这里，留下了足迹；在这里，洒下了汗水。至今，我还清晰地记得当年的情景。

应该说，我和大多数人一样，一个平凡的人在平凡的岗位上做着平凡的工作。正因为平凡，所以我不求自己要做出轰轰烈烈的事情，我只是时刻提醒自己要快乐，想最开心的事，干最辛苦的活，帮最需要帮助的人。

公积金工作这份职业谈不上伟大，每天平平淡淡，被一些琐碎的小事充实着，时间长了会带来疲惫感，甚至厌恶。我从事这份工作已经20年了，疲惫感也体会过，但是这并没有影响我对工作的态度，我先后在业务科、方案政策科、综合服务科、监察室不同的岗位上认真地工作着，并体验着其中的快乐。

在平凡的工作中自我欣赏、自我肯定。工作是为自己做的，不是为他人干的，是为了实现自我价值。在公积金战线工作20年，我会为做好一桩事而展眉，会为群众办完一件事而产生成就感。把工作当作一种享受，自我欣赏，自我陶醉。这就是我，在公积金中心快乐工作20年！

甘于平凡 乐于奉献 伴随公积金20年征程路

张树俊

1992年10月我从一家大型国企来到当时刚刚正式成立的苏州市住房制度改革办公室财务科，由一个企业技术人员转变成为一个财务工作者。在这个工作岗位上我一干就是20个年头，成为苏州公积金事业的第一代工作人员。当时还是20多岁的我，现在已经是年近半百了。在我职业生涯精力最充沛的20年里，有幸伴随着苏州住房制度改革的不断深入和住房公积金事业的蓬勃发展。我也在忙忙碌碌的工作和生活中获得成功的喜悦，也有遭遇曲折的苦恼。平心而论，我觉得我没有愧对这不短的人生路程。因为，我尽力在自己平凡的工作岗位上处理好每一笔业务，记好每一笔账，做好每一张报表，努力使我报出的每一个数据准确无误。

记得公积金制度刚起步的那几年，公积金的汇缴、提取、贷款等业务都在银行完成，我们公积金中心不直接掌握核心的工作，那时领导想要知道哪怕是一些简单的数据，我都必须与银行沟通，从他们那里搜集数据，再做好报表上报。20年后的现在，领导需要什么数据报表，我都是直接在我们的公积金系统中收集，大量的报表都可以直接导出。现在银行想要了解公积金的有关数据要来与我们沟通了，每当此时，我内心就会不由自主地产生一种自豪感。

一直以来，我们单位职工的工资发放表都是我做的。刚来到房改办时，职工只有17个人，20年后的今天全市公积金中心的工作人员已经达到160多人。当初每个人每月的公积金缴存额只有几元钱，现在已经达到一千多元。单位职工的自住住房也都有了不同程度的改善，其中绝大多数都使用了公积金贷款，并且使用自己的公积金进行还款。我们和苏州市的其他职工一样也在公积金事业的不断发展中受益匪浅。

到公积金制度建立30周年时，我将退休了，到那时我想公积金制度将帮助更多的职工，尤其是中低收入的普通劳动者圆他们的住房梦，让更多的人住着自己满意的房子，过着幸福的日子。

风雨征程二十载 满腔激情铸辉煌

程晓琳

时光荏苒，弹指已是20年。20年，在历史的长河中仅仅是弹指的瞬间；20年，在浩瀚的宇宙万物进化中更是显得微不足道。然而，对于从无到有、从小到大，从蹒跚起步到欣欣向荣发展的住房公积金事业，20年显得那样弥足珍贵。20年，住房公积金人栉风沐雨，披荆斩棘，用勇气与执着谱写了公积金事业光辉灿烂的篇章，创造了令人瞩目的辉煌成就。作为住房公积金事业的一员老兵，伴着住房公积金事业一路走来，有风有雨，有苦有甜，有欢乐也有泪水，路程是艰辛的，但正因为我们公积金人不屈的精神和不懈的努力，终于获得了丰硕的果实。在庆祝公积金制度建立20周年的欢乐之余，静思过去，感叹时间飞逝，更感叹住房公积金伴着我一起成长。20年来，我们将自己最美好的时光奉献给了公积金事业，看着公积金事业每一点的成长和进步，我们都为此欢欣雀跃不已，因为我们可以很自豪地说："我就是这支卓有成效的队伍中的一员，我见证着公积金事业发展的每一点滴、每一天。"虽然我们的工作岗位很普通、很平凡，但我们依然可以在这平凡的岗位上尽情施展才华，为帮助百姓"住有所居"努力贡献自己的力量，在平凡的岗位上创造出不平凡的成绩。

记得刚接触住房公积金工作时，对这项工作并没有更多的了解，知识面和工作经验都很狭窄，是住房公积金事业广阔的发展平台给我们提供了机会。投身于公积金事业的我们，在工作中学习新知识，掌握新技能，逐步完善自我，在事业发展的同时实现着自身的价值。

在工作中我们深深体会到：只有通过优质服务、高效服务和主动服务,才能使职工享受到住房公积金制度的优越性,让企业尝到“树立守法形象、增强职工凝聚力”的甜头,住房公积金制度才能在非公企业中生根发芽,逐渐壮大。数年来,我们昆山分中心先后开展了“微笑服务,满意服务”、“公积金百企行”、“公积金服务进千家”、“手握手、心贴心,温馨公积金”等主题活动,努力提高服务水平和服务质量。我们加强了与企业的交流、沟通,问计于企、问需于企:每年都召开大型非公企业管理层人员座谈会,了解企业发展情况;每年都召开百家非公企业公积金制度推进会,推动非公企业扩面;每月走访缴存企业管理部负责人,虚心向企业征求服务意见,主动向企业提供“个性化”服务,先后为富士康集团、沪士电子、正新橡胶等百余家企业提供了上门服务、专场服务;先后召开企业负责人参加的各类住房公积金制度说明会60余次,共向1 100余名企业负责人介绍住房公积金制度;为50多家房地产企业售楼处工作人员开展现场培训活动。正是源于我们公积金人对住房公积金事业的无限热爱、对缴存职工的满腔热情,我们用优质、高效、主动的服务,赢得了企业的赞誉,得到了职工的好评,推动了住房公积金在非公企业的扩面提质工作和住房公积金贷款的发放工作。当我们走访未建制企业,一次又一次地开展宣传动员工作时,深深体会到住房公积金工作的艰辛和不易;而当看到职工购买了新房,来办理公积金贷款和提取业务时露出的欢欣笑脸,我们又深深感受到了做一个光荣的住房公积金人的自豪和骄傲。

一份耕耘,一份收获。昆山住房公积金工作,在上级的正确领导下,全体昆山公积金人的共同努力下,得到了快速发展,取得了较好成绩。住房公积金制度已在我们昆山市逐步得到了全社会方方面面的认识和支持,形成了加快发展的良好氛围,住房公积金也已成为广大职工提高住房支付能力、减轻还贷压力的保障性资金。全市先后共有7 793家单位、79万名职工成为住房公积金制度的参与者和受惠者,每个缴存职工都积累了一笔多则20多万元、少则几千元的可观的住房储金。至2012年5月底,昆山市住房公积金的月缴存人数已达43.4万人,月缴存金额1.95亿元,已累计归集公积金102.8亿元,归集余额47.9亿元。住房公积金贷款深受广大市民青睐,累计已为28 215户职工家庭购、建住房发放了60.3亿元住房公积金贷款,贷款余额39.5

亿元。

住房公积金制度的建立和完善为保障职工合法权益，构建企业关爱员工、员工关心企业的和谐、新型劳资关系打下了良好的基础；而住房公积金覆盖面的不断扩大，也大大提高了广大职工工资中住房消费的货币含量，有效缓解了中低收入职工解决和改善住房困难与资金困难的矛盾。住房公积金的积累和使用让越来越多工薪阶层的市民圆了盼望已久的住房梦，同时在促进昆山的地方经济建设发展、增强社会住房保障能力等方面发挥了巨大作用。

伟大寓于平凡之中，正是由无数的平凡汇聚成了伟大。我们伟大的公积金事业已走过了20个春秋，在这20个春秋里，融入了我们无数的心血和热情。作为一名公积金工作者，我很荣幸地陪伴公积金事业共同成长了20年。回首过去，我们深感慰藉和自豪，展望未来，我们更深知任重而道远。

2012年，我们迎来了住房公积金的20岁生日，这是激情澎湃的20年，是硕果累累的20年。20周年是发展史上的一个重要里程碑，也是蓬勃发展的又一个新的起点和契机。住房公积金事业需要我们无私的奉献和辛勤的工作，才能有更辉煌的明天，而我们更需要在奉献中体会自己的人生价值，实现自己的人生目标。

祝愿住房公积金事业欣欣向荣，公积金人将用智慧和汗水，托起公积金事业明天更灿烂的辉煌。

吴江住房公积金的建制与撷趣

陈根荣

伴随着改革开放的脚步，我市住房公积金（以下简称“公积金”）从建制至今已经走过 20 年的光辉历程。本人有幸作为这一制度的实践者和管理者，见证了它的成长壮大，见证了它的不断完善。在上级部门和地方政府的正确领导下，在全市各级和广大职工的共同参与下，吴江公积金谱写了一曲吴江人民自己的“春天的故事”。

深化房改夯实了公积金制度的基础

建制初期。1993 年，我市就对原房改方案中的“建立住房公益金”调整为“建立住房公积金”制度，并于同年 10 月在全市城乡全面施行。通过政府的反复宣传、层层发动，得到了全市城乡行政、企事业单位和广大职工的积极支持和参与，建制当年已有 617 个单位和 31 584 名职工缴存了公积金，占应参加公积金职工总人数的 50% 左右。同时即明确公积金制度是一项义务性的长期储金，由单位和职工个人按月工资的一定比例逐月缴存，全部归职工个人所有，享受低息，规定了缴存公积金的范围和对象、比例和数额、缴存办法和使用原则。我市住房基金管理中心是全市公积金的主管部门，负责公积金的业务管理、计划安排和监督使用，委托市建行住房信贷部办理公积金的存、贷、取业务。

完善与深化。建制不久，市政府就决定从 1996 年 1 月 1 日起，全面推行公积金制度，本市范围内所有行政、企事业单位（包括三资企业）以及具有本市城镇常住户口的在职职工，均需按照“个人存储、单位资助、统一管理、专项使用”的原则缴存公积金。通过召开全市房改工作大会进行部署，各地各部门统一思想认识，转变观念，认真组织贯彻落实。按照责权利一致的原则，形成“中心”负责、银行办理、财政监督、税务支持、房改领导小组决策的管理体制。1997 年 5 月，我市在继续全面推进公积金制度基础上，专题召开了公积金工作会议，市政府主要领导在会上作了重要讲话，强调这项工作的重要性，一方面公积金制度是城镇房改的重要内容和中心环节，能否建立起完善的公积金制度事关房改的成败，另一方面公积金制度的实行政策性强、涉及面广、管理要求高，关系到全市城镇职工家庭的切身利益，必须全面有序推进。

早期的五年。从 1993 年至 1998 年的五年中，我市公积金从建制到全面推行，再到继续全面推行，经历了一个不断完善的过程，深化房改为我市公积金制度的推进夯实了基础。由于公积金制度是城镇房改中建立起来的一项新制度（管理工作者把它比喻为房改的车轮子），开始一些单位和职工对其重要意义和作用不太理解，甚至出现这样那样的疑虑，经过五年自上而下的不断发动和广泛实践，使越来越多的单位职工认识到公积金制度是深化房改的重要举措，是利国利民的一件好事，是对职工权益的重要保障。各部门、各单位对公积金建制的高度重视，从支持房改和保障职工权益、促进社会主义市场经济发展的大局出发，认真发动、组织实施保障了公积金制度的向前推进。经过全市上下的共同努力，使得缴存单位、缴存职工人数和归集金额逐年快速上升。

公积金制度在发展中日臻完善

承办银行队伍不断扩大。吴江建行是首家承办我市房改资金业务的金融单位，建制初期，包括公积金在内的城市住房基金、单位住房基金和职工公积金三级住房基金的金融业务均由市建行一家承办。1995 年 12 月，市政府发文明确，自 1996 年 1 月 1 日起全市各级住房基金业务由市建行、工行、农行三家共同承办，并按照相关系统划分了办理范围，即经委（工业）系统所属企业的业务由市工行，农口系统由市农行，行政事业单位、团体及其他系统所属企业由市建行承办。至此，市工行、农行正式参与承办房改金融业务，公积金业务也由原来的一家调整为三家银行承办。2000 年，市政府又同意市中行参与承办各级住房基金业务。公积金系统条线管理后，市交行和市农商行又分别于 2009 年 1 月和 2011 年 6 月参与承办公积金贷款业务。各家银行都能够把公积金业务办理工作当作一项重要工作，设置专门机构，配备了必要的人员和设备，保证了公积金业务的正常运作和资金的安全。

建立职工个人明细账。1999 年 5 至 6 月，我市住房基金管理中心筹办建立了住房基金电脑网络管理系统，筹办中得到了苏州市房改办、基金管理中心的全面指导，制定计划流程，进行人员招聘和培训，介绍太仓等市电算化管理的经验。管理系统的软硬件筹措委托苏州亿迪电脑公司开发办理，从机房装修、设备订货、安装、调试及系统联调、数据拷贝等一系列业务技术工作，都顺利完成。从 1999 年 7 月 1 日起，我市基金管理中心正式启用该套电脑系统，公积金由“中心”开设个人户，直接记账到职工个人，三家承办银行的房贷部门统一使用“中心”提供的软件，统一利率、统一结算方法、统一使用“中心”提供的账号，做到“三统一”，从而正式确立了真正意义上的“中心”主体管理地位，全面负责公积金的归集、支付、核算和编制使用计划等管理工作。承办银行作为公积金管理的前台窗口，接受业务委托，办理公积金的开户、缴存、提取、结息、转移和封存等相关业务。

公积金贷款业务的推出。1998 年，市住房基金管理中心拟订的《职工购建住房低息抵押贷款办法》上报市房改领导小组讨论未获通过，1999 年又草拟《吴江市职工个人购建住房政策性贷款办法》上报后仍未获通过，此后两年中该办法均未能得到试行。这期间职工购房要求公积金贷款的呼声越来越高，2002 年 2 月市住房基金管理中心向市政府递交的《关于实行吴江市住房公积金贷款的请示》在市领导的高度重视和市人民银行及相关部门的积极支持配合下终于有了结果，同年 4 月《吴江市住房公积金贷款试行办法》经市政府常务会议讨论通过，决定从 6 月 1 日起试行。

公积金贷款试行初期，以服务群众、稳步推进为前提，具有如下特点：首先是贷款的对象及条件规定了借款人及所在单位必须连续一年以上按时、足额缴存公积金，且每笔贷款的最高限额为 10 万元；其次是公积金贷款办法一试行就采用住房置业担保模式，且担保服务费用全部由我市住房基金管理中心承担(此项政策规定一直执行到分中心设立)；再次是受托银行均同步承办公积金贷款业务，其好处是当时全市开办住房商业贷款的工、农、中、建四大银行实行了全覆盖。贷款推出前期，业务上就得到了四大银行的大力配合，其中市建行最早承办公积金业务，对公积金贷款的业务细则、操作流程及模拟测试给出了许多建议，提供了很大帮助，因此我市首笔公积金贷款的承办也落在了市建行。

我市公积金贷款办法的出台，从1998年开始酝酿至2002年实施，历时4年多，可谓千呼万唤始出来，比苏州大市内兄弟县(市)晚了4年，比苏州市区的贷款办法出台时间晚得更长，但制度设置较为成熟，至今已运行了10年时间，期间虽然经历了2004年、2009年前后两次房地产热带来的公积金贷款资金压力问题，运用率有起有落，但总的还是在可控范围内有序推进，既较好地满足了广大职工的贷款需求，帮助职工改善居住条件，解决住房问题，又有效地控制了贷款风险的发生，有了稳定的运行收益。

专职管理机构的设立使公积金事业长足发展

分中心的设立。2003年9月之前，我市三级住房基金一直是由市住房基金管理中心进行管理，属地受当地政府直接领导，业务方面接受苏州市住房基金管理中心的指导，并未设立专门的公积金管理机构。2002年3月，国务院修订的《住房公积金管理条例》明文规定：直辖市和省、自治区人民政府所在地的市以及其他设区的市(地、州、盟)应当按照精简、效能的原则，设立一个住房公积金管理中心，负责住房公积金的管理运作。苏州市住房公积金管理中心设立后，按规定在所辖县(市)设立分支机构，经过较短期的筹措，我市的专职机构苏州市住房公积金管理中心吴江分中心于2003年10月正式挂牌成立。在苏州市中心的直接领导下，按照“统一政策、统一管理、统一制度、统一核算”的规定，建立健全了内部管理体系，实现了规范化、科学化、信息化的管理制度，全面开展和整体推进我市公积金的各项工作，公积金业务有了长足的发展。尤其是外企和民企的缴存单位和缴存职工有了大幅度增加。

催建催缴花絮。分中心成立后，我市公积金管理的各项工作进一步走上正轨，在认真贯彻落实市中心的各项规章制度的同时，我们的工作重心始终放在归集扩面上，在全市范围内大力宣传公积金制度。仅2004年至2006年的三年中，分中心公积金扩面工作小组走访的外企和民企就达486家，逐步让各类单位和广大职工了解实行公积金制度的根本意义，取得了较好的成效。这期间开户的具有代表性的外资企业有：华渊电机（江苏）有限公司、江苏爱世克私有限公司，民营企业有江苏永鼎股份有限公司。对华渊电机（江苏）有限公司，分中心扩面工作小组从2003年至2005年重点跟踪了三年，与企业人事、工会部门和企业高层保持不断联系，上门催缴解答问题，扎实细致的工作终于使该企业于2005年12月开户、2 495名职工全员缴存；江苏爱世克私有限公司在2004年7月企业内部结构调整，裁员撤并，导致三分之一员工与企业解除劳动关系，分中心抓住时机，积极与该企业和当地政府沟通联系，多次上门，最终使企业认识到公积金建制的重要性和必要性，及时进行单位开户并为职工全员缴存；江苏永鼎股份有限公司是我市首家上市（1997年7月）企业，2003年年初开户并为少数高层管理人员缴存公积金，此后两年中，分中心积极与企业法人和职代会联系，上门催缴狠下工夫，使该企业在2005年6月为948名职工全员缴存了公积金。上述三家企业建制以来一直规范运作，其中两家企业曾获得过苏州市中心颁发的公积金缴存先进单位的荣誉，职工也从公积金制度中得到了实惠，在解决住房问题、改善居住条件的过程中使用了本人及家庭成员的公积金，有的还申请办理了公积金贷款。

不断提升服务品质。近年来，分中心正在努力建设一支思想境界高、服务意识强、业务技能精、勤政廉政硬的高素质干部职工队伍。在"三化"管理方面，紧紧依托市中心《操控手册》和信息技术流程，推进服务标准化建设，强化服务理念和创新服务方式，不断提升服务品质。在方便单位和职工办事方面，积极推广单位网上业务，开通个人网上查询业务，全面整合业务流程，最大限度地减少职工重复往返环节，提高了服务效率，职工明显感受到服务质量的改善。在提高干部职工技能品质方面，让业务练兵、岗位测评和星级服务活动常态化，让创争活动的热情切实转化为工作动力，积极进取、勇于奉献，落实服务承诺制、首问负责制和限时办结制，进一步扩大公积金制度在我市的影响力和知晓度。

结束语：我市公积金建制已20年，作为住房保障的一项制度，无论是政府还是单位层面，其认识都在不断深化。《住房公积金管理条例》的颁布实施，更多的是从法规层面上给制度依据，关注民生则是政府职能部门工作的出发点和落脚点，而广大职工法制意识的增强又反过来给公积金建制滋润了土壤。20年，在时间的长河中只是一瞬间。回顾20年，我市公积金事业从无到有、从小到大，虽然对促进我市的住房建设，提高广大职工的居住水平，提供了一定的资金保障，但从制度的覆盖面和管理的规模来看仅仅是刚刚起步，一方面与全覆盖的要求还有较大距离，即使是对已建制的单位职工在解决住房问题中的支持占比也不高，如何提高覆盖面，为职工提供更大的住房保障，应该是管理部门下一步的工作目标，另一方面现有管理机构与管理规模还不是十分匹配，全覆盖需要管理机构向下延伸，类同于社保管理机构市、镇（区）网络模式，这又是一个下一步需要努力的课题，创新驱动应该是公积金管理的最大着力点。

敬业源于责任 快乐在于奉献

顾 斌

1995年5月，初到张家港市住房制度改革办公室，那时住房公积金制度还没有建立。作为张家港住房公积金第一批参与者，我经历了住房公积金制度的从无到有，也从一名普通的公积金业务操作人员逐步成为在公积金管理方面能独当一面的业务能手。

兢兢业业克难攻坚 孜孜以求探索创新

作为公积金的管理人员，我们管理着几十亿元的庞大资金，这沉甸甸的责任鞭策着我努力学习，不敢有丝毫松懈。

当时，我进入房改办后，组织上安排我负责计算机信息管理方面的工作。住房公积金作为公众资金，要实现科学、规范、精细的运作管理，须运用计算机信息系统，做到实时监控流向，确保资金不出问题。这项工作涉及计算机、金融、房地产、财会等相关专业知识。刚进入工作岗位，我就感到工作的责任和压力，由于我不是计算机专业出身，全凭着兴趣爱好，一头扎进与之相关的专业知识中。为了能熟练掌握工作，我“硬着头皮”从最基本的操作开始学习。通过几年不懈努力，我对计算机信息管理有了一定基础，在业务系统的开发及数据库的维护方面都能独立操作。1997年，我们开始着手进行住房基金管理系统的开发，这是张家港开发的第一代公积金业务操作系统。当时公积金业务操作系统在全国刚刚起步，没有形成标准统一的操作流程，全靠我们自己摸索钻研。在程序开发过程中，我与软件公司人员每天同吃同住。白天根据业务需求和进展,研究修改操作流程,晚上则加班加点修改程序,累了啃块面包,持续改进,保证第二天的业务正常开展。有时为测试一个流程,一遍遍调试不下三四十次,经常工作到半夜才下班。我凭着一种不服输的精神,经过整整半年时间的调试、磨合、运用,各项业务基本达到平稳运转。

1998 年年初,张家港市发放了第一笔住房公积金贷款,实现了住房公积金归集、提取、放贷的完整流程。而我也在业务及计算机信息管理方面积累了一些知识和经验,得到了各级领导的肯定,在苏州中心新业务系统研发论证调试过程中发挥了应有的作用。

持之以恒勇担重任 沟通协作高效办事

住房公积金作为“五险一金”中的“一金”,作为房改政策的延续,一直牵动着千万百姓的心。住房公积金只有完善管理才能更好地维护百姓的利益。

2003 年,张家港市住房公积金划归为苏州条线管理,苏州市住房公积金管理中心张家港分中心也正式成立。我有幸担任了业务科科长,具体负责管理业务工作。在工作中,我经常思考优化改进业务办理流程的办法,对苏州业务系统升级积极建言献策。特别是 2006 年苏州市实施了全市性的集中扩面工作后,住房公积金缴存人员明显增加,与之配套的其他业务也飞速发展,同时也给住房公积金归集工作带来了巨大的压力。

我市的公积金扩面缴存单位有一个特点,就是以民营、私营企业较多而单位缴存人数不多。某些单位由于财务管理不规范,在后续过程中往往随心所欲,造成了公积金月归集额忽上忽下,给管理工作造成困难,企业职工缴存也十分不便。针对这种情况,我提出探索既能减少企业的缴存手续,又能提高公积金每月汇缴率的有效手段。我与当时的分管领导杨主任走访了社保局、人民银行等部门,深入了解企业缴存资金的划转过程;逐个走访企业,与他们就公积金问题进行沟通,耐心解释政策。通过系统论证,我们发现实行银行定期借记业务、委托收款办法能有效地解决这个矛盾。从 2006 年开始,到目前已有 1 981 家单位办理了委托收款手续,公积金当月汇缴率从 2006 年的 76.68% 提高到现在的 88.3%。这样既方便了企业,又确保了往来资金的安全，受到了缴存企业的好评，也得到了市中心的肯定和推广。

一言一行为民服务　尽心尽力排忧解难

住房公积金中心与百姓民生密切相关，柜面服务直接影响到部门乃至政府的形象。服务时要注重细节，想职工之所想，急职工之所急，让他们感受到我们的一言一行都是很用“心”的。遇到问题时换位思考，互相宽容、互相信任才是实现优质服务的真谛。

有一次，柜面上来了位中年男子，要求办理公积金提取业务。柜面工作人员依据公积金管理规定，告诉他只有房屋大修才能提取，而他申请的房屋装修是不能提取公积金的。这位男子听闻后情绪十分激动，“今天我一定要提取，我交了公积金就是我的，我就要领”。接柜人员不知道该如何处理。我立即迎了上去，再次耐心地解释他的情形不符合支取公积金的条件时，我在他的眼神中看到了一丝无奈和无助。后来我从其他渠道了解到这名职工家境困难，家属因患癌症长期在家，女儿还高中在读，住房年久失修，但还未达到公积金大修提取的要求。随后，我主动向领导汇报，通过向上级中心备案，以家庭成员患重病方式办理了提取。当这位职工拿到公积金后，紧紧地握住我的手，对我说：“公积金中心是真心给职工解决困难的，真心为百姓服务的。”看着这位职工离开公积金大厅的大门，我松了一口气。在任何情况下服务依然是我们的第一职责，只要我们真心诚意为百姓解决困难，就一定能得到他们的理解和支持。

正是因为住房公积金制度的不断发展，培养了我不畏困难、超越自我的精神风貌，使我在基层的工作中得到锻炼。从最初公积金制度建立的困难到如今百姓在买房时能享受到实惠，看着我倾注自己力量的公积金事业蒸蒸日上，我感到十分欣慰。住房公积金制度建立20年了，从一个懵懂的婴儿逐步进入意气风发的青年时期。如何在住房公积金惠民政策指导之下，进一步发挥公积金的制度作用是我下一步思考和工作的重点。

住房公积金工作很平凡也很琐碎，没什么轰轰烈烈的事迹，但20年如一日做着这些“小事”的我亦无怨无悔。在这样平凡的岗位上同样谱写着一曲共产党员和国家工作人员热爱生活、敢于迎接挑战、爱岗敬业、甘于奉献的华彩乐章。

崭新事业谱心曲 激扬青春写华章

胡 倩

2012年7月即将来临，20年风雨历程也将成为苏州公积金人灿烂而永恒的回忆。

从1992年到2012年，住房公积金从无到有，从最初的机关事业单位到面向企业的逐步推广，直到如今在姑苏城乡犹如春回大地般的快速覆盖，凝聚了全体公积金人与时俱进、锐意创新的智慧与勇气，展示了他们辛勤耕耘、挥洒青春的无私与奉献。20年，在漫长的历史长河中，不过是弹指一挥间，而公积金这悠悠20年却注定要在苏州住房发展历史上写下浓墨重彩的一笔，闪耀出璀璨夺目的光彩。

1995年9月13日，阳光灿烂，云淡风轻。这是一个普普通通的夏日，然而对于一个怀揣梦想走出校门的青涩女孩而言却是个不平凡的一天。这一天，我走进太仓市政府后院一间不起眼的平房，灰墙黛瓦，环境清幽，略显陈旧的门楣上订着“太仓市房改办公室”的小招牌。我有幸成为住房公积金队伍的一员，踏上了我人生一段新的征程。

岁月如歌，往事依稀，1995年9月，太仓正式推行公积金制度，对于我们来说，这是个新鲜事物，大家从未接触过，而负责太仓公积金这一工作的只有科长和我两人。由于我刚进单位，领导分给我的工作也相对轻松，仅仅是记录单位账户，而且是手工记账，其余事务均由各个银行办理。每周去银行取上周的凭证，然后记录流水账，尽管年轻的我有着远大的理想，但当时对住房公积金这项工作意义的认识应该说是比较肤浅的。

1997年，我迎来了人生中一段难忘的时光。7月份，太仓推出公积金贷款，我成为第一个吃螃蟹的人，作为首批贷款职工，贷到了当时的最高额贷款——3万元,购买了一套105平方米的公寓房。当住进新房时,那份喜悦之情至今难以忘怀。我的几个邻居也都是第一批通过公积金贷款搬入新房的,当得知我是公积金部门的,她们全都向我表达了对公积金的感激之情,我感到很自豪,也发现了这份工作的价值。

《住房公积金管理条例》的颁布是公积金制度迎来的新的发展阶段。《条例》的出台,使大家深切地感受到公积金从此有了国家法规保障,同时也使我感受到所承担的责任更为重大。从那时起,饱满的工作热情和强烈的使命感充溢着我及单位的每个工作人员。

春花秋月,时光流逝,2003年年底,根据国家统一部署,公积金管理体制实施调整,这意味着太仓原有人员将进行分流,我有幸成为了苏州市住房公积金管理中心的一个分支机构的工作人员,留下的人员临别之际对公积金的那份眷恋至今令人感慨,对过往经历的回味和对未来的憧憬成为激励我前进的动力。

实施垂直管理后,公积金事业的规模加快壮大,各项业务工作也由部分委托办理改为全面由我们自己办理。很多方面工作要规范,需要我们加强学习,不断提升能力。此外,也要加强廉政勤政建设,外地发生的一些违规违法导致资金受损的案例,不时给我们以警示。“莫以善小而不为,莫以恶小而为之”,对每个人均是一种考验,虽然这不算是一份权力很大的管理工作,但因为我们管理着的是广大职工用于改善住房的专项资金,而且数额越来越大,稍有闪失,将会给职工和部门带来不良的影响,我深知绝不能由于我的失误而伤害广大职工对管理机构那份诚挚的信任与期待。

随着我国经济的快速崛起,房地产行业迎来了春天,各类住宅如雨后春笋般涌现,公积金在改善职工居住条件上的作用也日益显现。这几年,服务大厅每天受理购房提取和贷款的职工在增长,高峰时段甚至楼梯上都站满了人,大家尽管忙碌着,但心里却洋溢着喜悦,为职工排忧解难是公积金人的责任和使命。记得在2009年,太仓市政府举办首届房交会,我们公积金中心为配合政府,实施了公积金贷款最高限额的大幅上调,新房最高可贷50万元,二手房最高可贷35万元。公积金及相关政策一经公布,立即引发了太仓职工利用公积金购房的热潮。整个房交会期间,为服务好广大职工,我们服从岗位调整,各司其职，连续加班加点为职工办理每一笔贷款，创下了月审批贷款过亿元的新纪录。尽管我们辛苦忙碌着，但职工能依靠公积金贷款住上了新房，我们快乐无比，从中也感受到我们这份工作的意义。

春回大地，满园芬芳。随着公积金制度覆盖面的进一步扩大以及精细化管理的要求，太仓分中心由原有的两个科室拆分成三个科室。作为新成立的综合科负责人，我注意寻找与兄弟县、市的差距并发挥自身特点，在宣传和管理上求创新、求突破。在《太仓日报》上开设《公积金三人谈》，在电视上制播了宣传片，制作角标，拓展了宣传形式和领域，使公积金更加深入人心。打造的公积金12345热线被职工亲昵地称呼其为自己公积金的私人秘书，兄弟单位纷纷过来了解我们的12345热线模式。这一刻，我感到非常有成就感。

近两年，为加快经济发展，政府出台一系列政策吸引高层次人才落户太仓，我们公积金也出台了配套优惠政策。我有幸地为高层次人才提供绿色通道服务。曾有一对英国籍的华裔夫妇前来咨询公积金贷款，他们希望贷到太仓的人才最高限额，但遇到些问题。我们提出建议，为他们量身定制了相关方案，最终让他们贷到了168万元，完成了购房支付。在教授夫妇的连连感谢中，我的自豪感油然而生，为太仓的发展做好每一项服务是每个公积金人应尽的责任。

蓦然回首，时光如梭。住房公积金事业如一艘巨轮乘风破浪前行。各项优惠政策在不断推出，便民举措也层出不穷。职工可在镇区服务网点就近办理，低收入购经适房职工可享受公积金贷款贴息，患重大疾病职工提取公积金用来救急等都让人体会到了人性化的公积金。作为一个公积金事业20年发展历史的见证者，我深感欣慰。公积金这项惠民工程正清晰地展现她的独特魅力，我有幸参与其中，为她的发展尽一份绵薄之力，是我的光荣与自豪。伴随着公积金事业的壮大，前进的路上感到重任在肩，这是社会各界对公积金人的重托，更是每个公积金人应有的使命。

住房公积金风雨20年的发展历程一如大师笔下的山水杰作，笔法凝练，气势恢弘，描绘了改革开放20年神州大地的盛世繁华，高楼林立的现代化城市，小桥流水的乡村别院，人居环境的优美和谐……这美不胜收的风景展示了公积金事业的不平凡岁月。

二十年，我们一起走过

金振宇

1993年11月8日，一纸调令使我与房改和公积金紧紧联系在一起。在房改办上班的第一天，我才知道单位的职责是出售全市的公有住房，住房将逐步走向市场；职工工资中增加住房补贴，建立并推进住房公积金制度。6年后，吴江的房改工作取得了成功，住房公积金从此作为职工安居乐业的“定海神针”成为了我们工作的重中之重。多年来，公积金制度在成长中逐步走向成熟，2003年，成立了独立的住房公积金管理机构，公积金事业更是驶进了快车道，揭开了发展的新篇章。

春雨无声润民心

吴江公积金缴存人数从2003年的2.9万人到现在的11万人，增加了4倍；每年的归集资金从接近1亿元到如今的8亿多元，增加了8倍；为近万户家庭提供了公积金贷款，为职工乐居吴江提供了条件；网上业务的开展让单位和职工足不出户就可以办理公积金业务；一站式服务、贯标服务缩短了公积金与群众的时间、心灵距离。中低收入职工贷款贴息等很多惠民政策的不断推出，让公积金人与职工的心紧紧相连。

坚持不懈求发展

催建催缴一直是我们工作的难点。吴江的扩面工作在我们坚持不懈的努力和市委、市政府的大力支持下，企业老板的政策意识、广大职工的维权意识得到根本转变。我清楚地记得，10年前进厂催建催缴，见到的职工谈到公积金时都是一脸茫然和冷漠，现在一进厂就会看到他们欣喜的表情。企业的老板也从以前的拒绝到现在的主动联系。有一次，我和一同事进厂催建催缴，人事主管一见我们，非常高兴，马上去通知老总，一会儿，人事主管出来说老总出去了，并朝我们眨了眨眼。我们心领神会，知道老总在，但不肯出来。2 小时过后，老总下班，看见我们还在大厅静候，也许是为我们的执着感动，在听取宣传开导的第二天，他就为全厂职工建立了住房公积金制度。

想方设法解民忧

房改和住房公积金涉及千家万户，工作复杂又繁琐。20 年来，我们公积金人总是以职工的利益为最大的事，硬着头皮、厚着脸皮、磨破嘴皮、跑破脚皮，千方百计、想方设法解决群众的困难。在工作上，我们经常自加压力，没有当地政府的考核指标，我们向当地政府申请对公积金的考核指标；没有受到重视，我们坚持不懈争取把公积金目标写入政府工作报告和当地政府的实事项目。我们还经常自讨苦吃，单位人少事多，还建立企业 QQ 群、东太湖论坛等网络媒体，实时为职工答疑解惑；无论寒暑，我们深入企业、乡镇、街道，设摊、培训、催缴。只为了一个目的：为更多的职工能通过住房公积金制度安居乐业。

回顾 20 年走过的日子，我忐忑又骄傲快乐着，骄傲着因为我是房改成功的亲历者，公积金事业的蒸蒸日上也有我的一点贡献；快乐着因为苏州公积金有着很好的工作文化氛围，在市中心领导的正确领导和同事的关心下，完成了从懵懂无知的学生到有责任有担当公积金人的蜕变；忐忑是因为公积金事业还任重道远，怕辜负党和政府的重托、职工的希望，但我们公积金人坚信：只要牢牢抓住机遇和挑战，加快事业发展，提供高质量的服务，开创公积金事业的美好明天一定会到来，公积金的阳光一定会照进每个职工的心中。

住房公积金，我们用自豪写你的名字

苏虹瑛

20年，弹指一挥间，在历史的长河中，只是涓涓细流，算不得什么，但对于公积金制度而言，却是从无到有、从小到大、从弱到强的20年。从一个呱呱坠地的新生儿，成长为一个意气风发的青年。自1995年调入住房制度改革办公室以来，我便与住房公积金结下了18年的不解之缘，见证了公积金事业茁壮成长的二十载春秋。

创新是一个民族的灵魂，是人类智慧的结晶。20年前，公积金制度诞生于上海，这是一项史无前例的制度创新。这颗创新的“种子”也同样扎根在张家港这片土地上，成为备受社会和市民瞩目的一项民生制度。20年来，在各级政府、上级主管部门以及广大企事业单位及职工的关心、理解和支持下，在住房公积金制度的引领下，张家港住房公积金中心全体干部职工务实、敬业、积极向上，共同律动拼搏的心脏，栉风沐雨，真诚奉献，精心践行住房公积金事业“便民、利民、惠民”的宗旨，立足服务，成绩斐然，硕果累累。请看这组催人奋进、令人振奋的数据吧：截至2012年5月末，张家港市缴存公积金人数由建制初期的29 433人增加到19.6万人，累计归集公积金77.5亿元，累计提取37.9亿元，累计为2.6万户居民发放贷款47.5亿元，累计支持购房面积323.86万平方米。20年磨砺，20年成长，住房公积金为促进城镇住房制度发展、提高城镇居民的住房水平铸就了辉煌。

20年在历史的长河中转瞬即逝，但20年公积金制度的发展却像烙印一样深深地印在了每一位挚爱这份事业的人心头。作为住房公积金的一员，我满怀自豪感，自豪于对事业的执着和奉献：从我手中填制了张家港第一份《住房公积金提取审核申请表》；从我手中签发张家港第一本《职工住房公积金手册》……20 年来，我始终坚持在公积金事业的第一线，一方面汲取着住房公积金的政策理论与业务知识，另一方面手把手地教会了每一位新进员工；手把手地指导着各单位经办人员办理公积金的缴存、人员变更等业务；不厌其烦地指导着职工办理公积金贷款和提取手续。20 年来，我满怀感恩把爱都奉献给了我市的公积金事业。同时，我也收获了丰厚的回报，就是同事的认可、群众的信任和满意。我想，每一位在公积金岗位上工作过的人多少都会有一些感慨。因为，我们的工作——管理住房公积金，这一份平凡而特殊的工作，与每一个人生活密不可分的存在。也许有人会觉得我说得太冠冕堂皇，我会说只有经历过的人才会明白个中滋味。

2008 年一个夏天的晚上，我和朋友闲来无事逛商场，东看西看正闲逛着，柜台里的人还不少。有一对 50 岁上下的夫妇，经过了我身边又折了回来，若有所思地问我："哎呀，你是不是公积金中心的？"我说："是啊。"没想到夫妇俩互相对望了一眼，齐声说："是她，是她，我们原来的贷款就是她办的。"我禁不住莞尔。没想到那两口子热情高涨，一下子拉住我的手说："正好，有贷款的事要咨询你呢。我们是在 2002 年到你那里贷过款的，现在我儿子要结婚买房，也想来贷款，不知道行不行啊？"我说："行啊。""就是不知道现在要怎么办呢？"结果，我就在商场的柜台里为那对老夫妻讲起了贷款的相关事项，叮嘱他们带好相关资料到公积金中心办理贷款手续。结束的时候，阿姨握着我的手说："过几天，我们就去公积金中心找你，你很热情、很细心，解释得也最清楚，我们就爱找你办，真的谢谢你了！"我说："应该的，这是我的工作！"我朋友打趣地说："没见过你这样的，一个小职员就连逛商场还要工作。"我呵呵一笑，这说明房子在老百姓生活中的重要性，一套房子甚至牵动几代人的心，而公积金又能帮老百姓圆了住房梦。对于一名普通的公积金工作者来说，老百姓的需要和认可，就是我们最大的工作动力和收获。

现作为大厅业务主管的我，从事窗口服务工作已近 20 年，除了要做一名公积金业务的能家好手外，还需要积累丰富的对外服务经验。2010年7月30日上午，一名姓张的退休教师前来办理销户提取，但查询系统后发现单位并未帮其办理封存手续，按照规定不能办理提取。经联系，所在单位又恰逢暑假，经办人一时找不到。情急之下，张老师脸涨得通红，称急着用钱，又急又气地拍桌子，情绪激动。我了解情况后很快迎了上去："您好，张老师，有事您慢慢跟我说。"并安排张老师到办公室先坐下，端上了茶水，安抚张老师的急躁情绪。随即我通过公积金系统、114查询等方式，几经周折，想方设法与单位经办人取得了联系，确认了张老师账户应被封存的事实后，与经办人员和银行人员协调"特事特办"先办理系统封存，再补纸质变更材料。很快，在我的全程陪同下，张老师在最短的时间内拿到了自己的公积金。当他离开服务大厅时，紧握着我的手说："你们是真的为老百姓着想啊，我刚才脾气不好，请你们多谅解，太谢谢你们了！"我笑呵呵地说："应该的，只要你满意就好！"我清楚地知道，"以理服人、以情动人"，就必须保持一颗宽容和理解的心，急他人所急，感他人所感。我们的角色不仅是运用专业知识为老百姓办事，更多的应该让他们感到温暖，从而营造出温馨和谐的氛围，提升老百姓的满意度。

作为一名公积金基层工作者，我很荣幸与公积金共同成长了18年，以后我人生的每一次都将与公积金事业共同走过。虽然我的岗位很普通、很平凡，但我依然可以在这人生的舞台上尽情施展，只要细心耕耘，就能在平凡的岗位上创造不平凡的业绩。苏州住房公积金"十二五规划"为我们描绘了美丽的发展蓝图，公积金发展将迎来新的机遇！我们每一个公积金人，不仅会成为公积金制度持续发展的推动者和亲历者，也必将成为公积金事业不断发展壮大的见证者和创造者，公积金事业一定能更加蒸蒸日上。

工作见真情 事业惠万家

冯 超

伴随着苏州市住房公积金制度实施20年，我与住房公积金也打了20年交道。住房公积金始于我国住房分配制度的改革，发展于90年代，目前已成为我国社会住房保障体系中受益人数最多的一项住房制度。1993年，我在常熟一家国有企业初次接触到了住房公积金，真想不到，从此以后，住房公积金与我形影相伴。1996年，我因工作需要调入公积金管理部门(当时为住房基金管理中心)，成为与本市公积金同成长的参与者。随着公积金事业的不断发展，我自己也从一名普通工作人员，逐步成长为单位业务骨干、业务科长、业务分管领导。

20年前，住房公积金制度的“种子”播种在常熟这块土地上，为本市中等偏低收入家庭改善居住条件带来了希望。20年中，我们各级政府部门、各单位及广大职工给予了住房公积金极大的关心、理解和支持，使之生根发芽，不断茁壮成长。20年后，常熟住房公积金制度已发生了翻天覆地的变化：与建制初期相比，建制范围已由原来仅一个中心镇(虞山镇)，发展到覆盖全市所有12个镇区；缴存职工由原来不足5万人增加到21万人；月应缴额由81万元增加到1.1亿元；缴存单位由近千家增加到8 000多家；20年来，公积金部门累计已为本市31 549户家庭发放公积金低息贷款50亿元，住房公积金服务职工改善居住环境、服务地方经济发展的能力得到显著增强。

回顾这20年，我亲眼目睹了住房公积金管理硬件的改善、管理制度的完善及管理人员整体素质的大踏步提升。常熟住房公积金管理分中心多次获得了江苏省、苏州市住房公积金管理工作先进单位。作为单位的一员，我自身也发生了变化，原来只是大专学历，通过进修、自学，逐步通过了程序员资格认证、取得了法律本科学历、获得了住房公积金执法证书，业务处理能力、综合分析能力、管理协调能力基本跟上了公积金业务的快速发展的需要。20 年来，自己所有的艰辛、所有的热情、所有的爱都奉献给了本市住房公积金事业。同时，我也得到了最为丰厚的回报：群众、同事的认可。这其间，给我印象最深的有两件事。

一件是在 2004 年，一次家里没米了，我到一家个体粮油店去买米，店不大，米只有五六个品种，店主是一位上了些年纪的阿姨。我挑了一袋米就去付款，这位阿姨看了我一眼，若有所思地说："你是不是在公积金中心上班？"我感到很疑惑，但还是点了点头。然后，我感觉她一下子热情了起来，她迫不及待地说："我姓徐，1999 年我儿子买房到你那儿贷款，你真细致周到，多亏有那 6 万元贷款，不然房买不成，媳妇也娶不成！真的谢谢你！"我说："应该的，应该的。"这位阿姨一定要少收两块钱，还叫我以后常到她店里去买米。当然，以后我没敢再去。这件事使我第一次真实地感受到，住房公积金与老百姓的生活是多么紧密！一套住房在那位阿姨心中占有多么重要的地位！以至于 5 年后她还记得当时给她们办理业务的一位普通工作人员。作为一名住房公积金管理人员，我们还有什么理由不做好自己的本职工作？

另一件是有关公积金逾期贷款清理工作的事。住房公积金账户中的每一分钱都是职工的血汗钱，公积金贷款的质量直接关系到公积金资产的安全。2004 年年初，我接手一批逾期贷款的清理，当时有 198 户逾期贷款，最长的已有四五年没还款。面对这块难啃的骨头，在单位领导的直接关心下，我与相关银行工作人员一起，对每笔贷款进行了详细的分析，把所有逾期贷款分成"难、中、易"三大类，"中、易"类的逾期贷款按客户家庭区域由银行网点负责联系催收，剩余的 60 多户困难客户由我和银行专人上门催收。我们除采用电话联系、发信告知、上门督促等方法外，只要客户有时间，不管是休息日还是早晨、晚上，我们都能即时提供上门服务。通过反复做客户及其家庭成员的思想工作，协调各部门帮助解决客户的实际问题，提供真诚、细致、周到的服务，赢得了绝大部分客户的理解。三个月后，逾期贷款数量压缩到了 6 户，并与借款人签约到年底分期还清逾期贷款。这次逾期贷款清理工作，使我充分认识到了团队协同工作的力量，增强了与客户的沟通能力及部门之间的协调能力，进一步增强了自己做好其他各项工作的信心。

回顾过去，作为一名基层管理人员，能为住房公积金制度的发展贡献自己的微薄力量，我感到非常欣慰。但应该看到，解决广大普通职工的住房问题还任重道远，在今后的日子里，我将与周围的同事一起，提振“精气神”，满怀信心、兢兢业业、勤奋工作，努力开创住房公积金事业更加辉煌的明天，让广大群众早日实现“住有所居”的美好愿望。

感悟:从职业到事业的转变

沈利亚

斗转星移,岁月如歌,转眼我到公积金系统工作已经第12个年头了。回想这12年的公积金管理工作,有汗水、有泪水,更有发自内心的喜悦和充盈。12年来,公积金制度的成长伴随着我的成长:我见证了公积金制度的一步步健全与完善,而自己也从一个门外汉,成为一名合格的公积金人。

初进系统时的情景历历在目,仿佛就在昨日。2001年7月,我调到市房改办住房基金管理科(公积金分中心的前身)工作,此时,住房公积金制度的全面建立已8年,尚处于推广和完善阶段。虽然我是一名毕业了三年的大学生,但在公积金制度面前,我却是个小学生。为了更快进入角色,我孜孜不倦地学习公积金及房改政策,认真研读相关业务书籍,虚心向老同志求教,以便更好更快地适应新的工作岗位。记得当初房改办主任向我征求岗位意向时,我主动要求到窗口一线工作,一是我认为窗口是学习、实践业务知识的最佳阵地,二是我认为直接面对面为基层职工提供优质服务是人生价值的最直接体现。2001年的服务大厅仅有2个窗口,忙时窗口挤满了人,尤其是6月、12月(特定还贷提取月),闲时(特别是下雨天)甚至一天都没几个人。于是在闲时我便抓紧阅读业务书籍,练习电脑打字,提升自身的综合素质,提高为民服务的本领。我坚持忙时服务质量不减、闲时服务更优的原则,看到一个个职工办完公积金提取或贷款时露出的笑脸,我的心里就乐开了花。可委屈也不少,有的职工没带齐材料不能办理,在耐心解释下仍不接受,开始恳求,确定不能办时便破口大骂。至今仍记得一个雨天，只有我一个人在大厅，有位阿姨把我骂得眼泪差点掉下来，但我仍坚持微笑着叮嘱她下次一定带好哪些材料过来办。过了几天这位阿姨又来了，看到我她很尴尬，我心里虽然委屈但还是面带微笑快速帮她办好了，阿姨感动了、笑了，真诚地说着谢谢。看着阿姨的笑脸，听着她的感谢，我心里原有的委屈刹那间烟消云散，从此更坚定了我做好窗口服务的决心。窗口一线的工作，锻炼了我的耐心，使我变得沉稳，锤炼了我的意志，使我变得坚强，使我在后来的工作中能经常设身处地地换位思考，更多地为他人着想，继而对公积金更执着、坚定。

2001 年年底房改办撤并，住房基金管理中心单独设置。2002 年，领导班子调整到位后设立了综合科，我被调到综合科工作，不久被任命为科长。2003 年开始机构改革，成为苏州市住房公积金管理中心的分支机构，我也被任命为苏州系统分支机构中第一批中层正职。2003 年条线改革之后，苏州公积金进入“四个统一”的全盛时代，也进入了快速发展的时代。2004 年，常熟市政府转发了《关于在非公企业开展住房公积金催建催缴工作》的文件，住房公积金扩面启动，进入一个艰苦的到企业上门催建催缴时期，在高标准完成科室工作的同时，2005 年、2006 年牢记管理中心陈主任的话，发扬“四千四万”精神，顶着烈日酷暑、冒着大雪严寒，走遍了大半个常熟的企业。有些企业人事负责人听完我们的政策宣传就说公积金好，帮着一起做老总的思想工作，邀请我们给员工上课，动员全体员工建立公积金。员工们有了公积金之后对我们充满感激，我们内心无比自豪，为他们有了自己的住房储金而高兴。而大部分企业却想方设法回避我们，我们只好一次次上门，有时甚至被保安挡在门外不让进，不得已只好掏出执法证……尝遍了扩面的酸甜苦辣，现在回忆起来却是一笔宝贵的财富。走访企业了解了职工的辛苦，更坚定了我维护每个职工应该享受公积金合法权益的决心。一次次的拒绝，一次次的走访，不少企业开始建立公积金制度，逐步打开了局面。2006 年《苏州市住房公积金管理办法》出台，2007 年常熟市政府出台《住房公积金扩面工作实施意见》，开启了市、镇两级全面推进公积金扩面的新局面。

前几天，一个企业的人事经理办完公积金贷款特地来找我，感谢我们当年的上门宣传让她有了公积金，现在她用公积金贷款在常熟买了房，成了真正的新常熟人。那一刻，我的心里那种公积金人的自豪感油然而生，进一步感悟到了公积金的重要意义，那就是实实在在体现了“惠民”二字，在衣食无忧的21世纪，“住”越来越成为当下百姓关注的热点，而住房公积金是帮助职工改善住房的最好政策，往往发挥着雪中送炭的作用。如何让住房公积金保障到更多的职工，是我们公积金人要思考的问题，维护所有在职职工享受住房公积金制度的优越性是我们努力的方向。

没有能见证住房公积金建立的初期阶段不免让人感到一丝遗憾，但荣幸的是，我几乎伴随了公积金的每一次成长与发展。随着年龄的增长，随着对公积金重要意义的日益感悟，我对公积金的感情日益浓厚，对公积金制度的发展日益关心。对于“住房公积金”五个字赋予了与以往不同的含义，当初或许只是一份职业，却在不知不觉中转化成了我的事业，因为职业只是用于谋生的一种手段，而事业却是发自内心的一份热爱，是一份沉甸甸的责任。公积金虽是一种刚性的制度，但在不知不觉中却变成了我心底最柔软的部分。爱岗敬业，是我们常说的一个词。我想说，这里的业必须是事业而不是职业，我们只有把公积金当作我们的事业，才能真正做到爱岗敬业。

住房公积金归集的难和乐

李文浩

住房公积金的归集是使用的基础，盘子大了才能扩大使用范围，使缴存住房公积金的职工真正得到好处和实惠。但扩大住房公积金覆盖面并不是一件易事，这其中充满着难和乐。

1997 年，我开始接触住房公积金工作。当时昆山住房公积金制度实施时间并不长，月缴存金额在 250 多万元。一些单位对实施这个制度不了解、不理解，甚至不支持。当然，任何新制度的建立都要有一个认识、认知、接受的过程，问题是采取何种方法如何缩短这个过程。首先，要有政府有关部门的支持，通过游说，在中国昆山网站上公布的外商投资成本核算添入了住房公积金的内容；进一步扩大住房公积金覆盖面的要求写入了市政府的工作报告；市政府还专门印发了催建催缴文件。另外，税务、工商、劳动保障等部门也给予了大力支持。其次，昆山分中心全体人员共同努力，编印了《住房公积金知识问答》，通过举行广场咨询活动、深入企业等形式向广大职工发放。对一些重点企业进行重点联系，并上门反复宣传有关规定。针对昆山台资企业多的特点，我们主动与昆山台商协会联系，在他们召开协会理事会时给与会人员介绍住房公积金的有关政策。通过辛勤的工作，使许多企业认识到企业为员工缴存住房公积金的重要性和必要性。一些企业主动要求我们给他们的员工上课，讲解使用住房公积金的规定。有的乡镇台商协会分会也主动邀请我们去讲解。而这些讲课时间都是安排在周日或晚上。也许是我们的宣传比较给力，一位大型企业的台籍人事处长送了我一个“小李飞刀”的雅号！有付出才会有收获，随着一批批企业的开户缴存，我也从内心也感到愉悦，特别是富士康集团的加入,使人感到十分兴奋,因为我们为此付出太多的努力。2007 年年底,昆山住房公积金月缴存额上升到 8 000 多万元。

2008 年,由于年龄原因,我离开了住房公积金岗位。如果说我这一生有什么可值得回忆的,那么我肯定会说在住房公积金工作期间扩面工作的难和乐是值得回忆的。在此,我祝住房公积金事业不断发展壮大,让更多缴存住房公积金的职工圆自己的住房梦。

四、见　证

苏州市住房公积金事业凝聚着一路同行的广大职工群众的感受度、满意度、信任度。职工群众是住房公积金事业的参与者、见证人，更是我们一切服务工作的中心，他们的感言心声充满了对住房公积金制度的感受、感想和感激之情。

旋转的生活

吴江市经济开发区 邢 蕴

这又是一年夏天，小城的青石板路迎来最好的时节，光滑得像流水的臂弯。每每入夏，我便比较烦躁，那烦躁压抑了我对文字的渴望。比如，图书馆借来已经两周的书，始终闲置在床头；曾有过的几个还残喘不已的思路，似乎仍在眼前晃动，刚想去延伸，就已没了心绪。

只是，今天，当公司漂亮的HR小姐飞鸽发来公积金的征文信息时，这一刻，突然有点不一样。我想起我和V从对公积金一无所知租民房到成为公积金受益者做户主，一路走来过上幸福转转转的生活。

2003年5月2日，T140西安—上海。一张火车票安安静静地躺在V的黑色钱夹里，如今已点点泛黄。此年，在苏州美院附近，两人，租居一陋室，黄昏，盯着看窗口葱郁的吊兰疯长。桐径路巷口处，那家小吃店的老板娘看到我就笑呵呵：还是拔丝香蕉！其实不尽然，拔丝香蕉是口袋宽裕时点心的首选，更多的时候是隔壁那家快餐店的盒饭。日子波澜不惊地流着，2004年6月8日，当吊兰终于冲出窗外时，我和V走在吴江体育路，离开刚才趋之若鹜的招聘现场。彼时，四围有些许荒凉，根本不见现在花园路美食街的灯红酒绿。六月的江南，对香樟而言，是一场盛宴般的花事，我也是来苏后才认识这种常绿乔木的。只是，香樟树很沉默，花不醒目更不奢华，因为淡淡的颜色，细小的花瓣，一簇一串隐现枝头，安静而纯朴。也许人们已经习惯将它的香置之不理，走过环卫工人没来得及清扫落满覆盖的石路小径上，风轻轻拂下，串串细碎的花瓣飘落脸上，暗香，足足让你感动整个午后。就是在香樟花开的时候进入MO，由此认识了我和V一辈子的共同情人——公积金。

还是那个漂亮的HR，签订合同时，她向我们简单介绍了公积金政策，说交满半年就可以利用公积金贷款买房，比普通的商业贷款便宜。即使不买房，离职的时候可以将公司缴纳的部分也全部取走。这是最初的相识，有点惊喜，有点忐忑。似偶遇动心的人，有一探究竟的冲动。于是回到15平方米的出租屋，立刻百度。这是第一次直面“苏州市住房公积金管理中心”页面，渐渐了解，渐渐清晰。我和V环顾陋室，击掌加油，亲爱的，好好干，争取早日住新居。

当生活有梦想的时候，日子是充实的，连做梦都香甜。我们继续在家徒四壁却温馨干净的小屋里，激荡我们的梦想，因拥有共同的情人而兴奋，因兴奋而信心十足。比如，V擅长管理，我做财务习惯算数。我们把唯一的一个古朴色方方正正的沙发墩搬到窗外香樟树下，背靠背蹭着，V拿着纸和笔，写写画画，我用计算器按来按去，清零数字再继续。间或他屁股挪一下，偶尔我站起来跳跳。应该是一幅美好的画面吧，以至于后来的日子我不止一次地想起。

转呀转呀转呀转，直到2008年，四年的时候，不长不短，可对于青春这么美好的字眼，是奢侈而珍贵的。四年里，我结婚生子，因为有了孩子，公婆也千里迢迢来苏，自然搬离那个小小的出租屋换了一套两居室。某个晚上，我和V终于自豪得底气十足。我帮公婆沏上茶，V煞有介事地把电视关掉，郑重地说，爸爸妈妈，我们准备买房了，首付的钱攒够了，我们可以用公积金贷款，买个实验校区的三居室。公积金贷款便宜，是惠民的地方性政策，对像我们这样的外来人在苏买房的特别优惠。公婆是朴实的没出过远门的农村人，他们听后似懂非懂，只是笑呵呵搓搓手，买房好，买房好，就是我们也帮不上什么忙。其实怎么是没帮上忙呢？已经节衣缩食供儿子读大学，娶媳妇，然后只因为有了下一代，便义无反顾地离开一辈子待着的老家，来到这个对于他们陌生的城市，为我们照看孩子做饭洗衣而无怨无悔。这便是天大的帮助了，不是么！

于是，接下来，每逢周末，我屁颠屁颠坐在V的单车上，一家接一家楼盘转。辗转近一个月，终于物色到满意的房子。签订合同，交首付，一切因幸福滋味充溢而井然有序。而且特别值得纪念的是，承办公积金贷款金融业务的银行是吴江交通银行，而交行是第一次做这项业务。所以他们的客户经理还特意和我们合影留念，照片中，我和 V 傻傻地笑着。有人说我们面善，人好，即便是卖菜的阿姨也如此定论，这让我和 V 特别欣慰。或许是因为所谓的面善，好人缘，我们买房时，竟有那么多人主动要求帮忙：盛总说小 V 放心吧，钱不够我出；朱老板某天特意自驾车载着我们看房；姚局因为夫人在房管所上班，提前给我们打招呼；还有阿板叔叔开卡车把我们喜欢的餐桌椅子从家具市场提前搬到出租屋；尤其是庄主任，那么大的年纪，还亲自去农行给当行长的儿子说，小 V 要贷款，你多帮忙！岁月就这样简简单单快乐着，流淌着感动。

由于职业敏感性，我作了比较，我们贷款 30 万元，10 年期，每月还 3 000 多元。比起商业贷款，公积金的优势很明显地显示出来，每万元利息差在 1 200 元左右，那么我们贷款 30 万元就相差 3.6 万元。这对于仅靠工资收入的我们，不啻为一笔大数字。而且公积金利息上浮的幅度比商业贷款还小，相对风险比较小。我和 V 乐得开心，婆婆说吴江还真比家乡好，老家就没这政策。V 拍拍我的头，我们舒口气吧，这么多天了，累了吧。我戏谑他，呵呵，是的啊，我俩一直离不开一个共同的第三者，不累才怪。V 盯着我，认真地说，亲爱的，你说的不妥，公积金是我们的情人而非第三者。哈，也是哦，生活起起伏伏，我们不离不弃，尚算圆满地完成了第一个五年计划，就这样走过来了。

如今，我们终于可以称我们在吴江有了家，我们住在相对宽敞的 120 平方米的家里，老少三代其乐融融，乐得坦然。我看着一直挂在阳台上的吊兰，过往的曾经一幕幕漫过来。大学时候，阿 V 还是个高高瘦瘦的傻傻愣小子，如今呢都微微发福了，从相识到现在十年了，那个让婚姻胆战心惊的“The Seven Year Itch”已安安静静走过，怎么没有意识到呢？我看着手上的婚戒，一圈一圈地转，左手的无名指已有淡淡的晕圈，偶尔，洗脸时，或者伸出手臂时，才感觉它的存在。我知道我是习惯了这个江南小城的山山水水，一桥一木，而且深深地爱上了。

在这个江南的小城，因为有了公积金，我们有了最初的梦，因为有了公积金，我们有了追求的动力，因为有了公积金，我们收获了很多感动，更是因为拥有了感动，我们的生活才一直有滋有味。大爱怎能隐藏！公积金，因为有你，我们的生活更精彩，因为有你，我们继续幸福着转转转。

我在苏州安了家

苏州市相城区蠡塘河路　房荣虎

2005 年 4 月,我怀揣着梦想踏上了江南水乡——苏州。

为了尽快找到一份好工作,还没来得及欣赏苏州的小桥流水、领略这里的风土人情,我就一门心思、没日没夜地奔波在各大人才市场和网上集市,希望能给自己争取到每一个就业机会。功夫不负有心人,很快,通知面试的电话接踵而来,有工业园区的,有相城区的,还有上海地区的……这使我看到了黎明的曙光。

最终,凭借我机电一体化的专业优势和工程安装方面的实践经验,我被相城区一家美资企业录用,我也就近找了一间民房住了下来,约 10 个平方米,一张单人床,一张小方桌,一个办公桌,一个衣橱,三张凳子,就这样,我开始了在苏州的工作、学习生活。

那时,企业就为我缴纳了五险一金,可那时的我对这些并没有在意。

当我拿到“绿卡”——公积金本,上面打印有 ¥536.00 时,我一下兴奋了,2 个月的房租有着落了。从此,我对公积金逐步开始关注,心想,也许将来哪一天我也能拿点首付款,再用公积金贷款买个属于自己的房子!

时间穿梭般地飞逝,很快,我在苏州的第一个夏天就来临了。苏州的夏天比我老家要热得多,我住的房间只有一个小窗户,老民宅也没有隔热措施,隔热效果很差。下班回家打开门,家里热得就像蒸笼,桌上、床上手摸上去都是热的,那时都是到后半夜才能入睡。不过对于走南闯北的我来说,这也算不了什么。可是直到有一天,妻子带着放暑假的女儿出现在我的小屋里,才真正地使我不安。妻子和孩子在床上睡,一面要抵挡酷暑,一面对付蚊虫。我每天都要在室内放两盆井水,夜里还要换,希望这样能使小屋的温度降点、再降点,而我只能睡在地上。

这些永远是我们家的秘密，条件再苦，妻子从来不抱怨我，女儿也特懂事，从不羡慕人家怎样优越、怎样舒服。所以，我们的团聚依然是幸福的、甜蜜的，可是痛在我心里，我不能给妻子和孩子一个像样的家！我如何来改变这一切？从此，每每夜深人静的时候，我总想着什么时候能住上宽敞明亮的房子。每当此刻我又总爱琢磨琢磨我的"绿卡"，她为我积攒了多少了，我能通过公积金的帮助买个房子吗？我多么需要买个房子啊！

时光荏苒，我拼搏着、盼望着。直到有一天，我再次拿出我的"绿卡"，查询显示￥60 642.88，多么庞大的数据！真所谓积少成多、聚沙成塔，这就是公积金的魅力。我再也坐不住了，我拨通了妻子的电话，对远在家乡的妻子说出了我的梦想："我在苏州用公积金贷款买套房子，你看怎样？""你有那么多钱吗？现在房价这么贵。"电话那头的妻子似乎很感兴趣。虽然这些年来，妻子带着孩子任劳任怨，从不提奢求，但我知道她也多么期望有套自己的房子。我安慰她说："国家公积金政策就是惠民，帮助买房困难而又迫切需要买房的工薪阶层积存资金，提供低息贷款，还能用公积金直接还贷。我绿卡上有6万多元了，我们这些年也攒了些了，再借点先付了首付，余款用公积金贷款很方便，利息也低。之后，公积金取出来再还借款，房租用来抵作贷款，将来房子可就是我们的了。"在我的一通安慰和展望之下，妻子欣然同意了。

从此，我们开始关注身边的每一个楼盘，比资源、比价格、比潜力。终于，2011年的5月，来苏州的第7个年头，不约而同，我和妻子都看中了一处学区房，还靠近轻轨线，随即定下了。之后，一切进展顺利，直到签完商品房买卖预售合同，但沉在我们心头的疑虑却越来越浓烈："贷款有没有问题？能贷到多少？每个月还贷多少？这可不是我们所能想象的，可得按照公积金政策来办啊！"

忐忑中，我备齐了合同、发票、户口簿、结婚证等一切手续，再次拿出我珍藏着的"绿卡"，鼓足勇气步入相城区公积金中心，材料审核—贷款评估—抵押贷款合同—公积金提取——银行审核，一切顺畅进行下去，最终我拿到了￥300 000.00的公积金贷款，期限15年，贷款利率4.083%，月还款额￥2 356.78，公积金可以月还￥1 544.00，剩余的与每月的房租也差不多,这样我以后的生活也没有什么压力和影响了。那一刻我恨不得告诉天下所有人,我买房了！在苏州！我用公积金买到房了！那一刻我真想唱出来:我有了一个家,在苏州有了一个属于自己的家!

从此,我成了新苏州人。从此,我也热衷于向同事、车间员工宣传公积金政策,好让大家更多地了解公积金的缴存、提取、贷款、转移等知识,让更多的员工关注公积金,让更多的人像我一样,依托于公积金去圆一个个温馨小家之梦。

住着宽敞明亮的两室两厅一厨一卫的套房,我们的幸福洋溢在我们的笑脸上！感谢国家公积金政策,感谢为公积金事业尽心尽职服务的公务人员,是你们让我及像我这样的一个个家庭实现了梦想,改善了我们的居住条件,极大地提高了我们的生活质量。

瑟瑟寒冬　丝丝春意

常熟市吴市中心小学　杨绍球

那几天，妻突然对我说，这段时间总觉得很乏力。2010 年 8 月 26 日那天，我带她去常熟新区医院，医生很干脆地让她去做 B 超，再做 CT，检查结果，肝肿瘤竟已经达 12 厘米……你完全可以想象，这样的打击对于一个家庭，能简单地以寒冬作比吗？

28 日，我们几经辗转，在一位热心人的带领下，来到了吴孟超院士担任院长的上海东方肝胆专科医院。专家接过我手中的 CT 片，神色凝重地读起片来。我的心似乎已经提到嗓子眼了。专家好像还没读完片子，我就急切地问："医生，病人能手术吗？"医生眼盯着片子，肯定地告诉我："能！""谢谢医生！"我有些激动，一颗悬着的心慢慢落下，眼前的光线也渐渐亮了起来。

第三天，妻住进了上海东方肝胆专科医院。几经反复，在 9 月 21 日进行了肿瘤切除手术。从手术室出来，医生说："肿瘤表面比较光滑，剥离很成功。"医生又说："关键的还在于病人的后续治疗……"

是的，对于妻来说，肿瘤切除手术挽救了她，让她重燃生命的希望。

癌症病人手术以后的后续治疗是漫长而艰辛的，需要持久地服药。无奈的是药相当的贵，一个月的药费都在数千元。从术后一个月开始，还需要定期做身体检查，化验、B 超、CT、核磁共振，需要定期和专家见面。最可怕的是又发现新的病灶，需要及时治疗。术后 8 个月的一次检查中，她又被发现肝部有一个病灶。好在医疗技术的发展，可以用新的射频消融这一微创手术来治疗。但新的医疗技术也不是万能的，其后，她几乎隔一个多月就发现一个小病灶，"发现一个，消灭一个”。至今她在上海医院的住院记录上已经是第八次住院了。也许是新的医疗技术吧，做射频消融术的费用也是不菲的，最高一次就花了27 000多元。虽说有医保，但其中自费的支出比例也挺高的。“贫贱夫妻百事哀”呀！每次要入院前，她总是先泪眼盈盈地问我：“钱准备到了吗？”每一次我虽然感到有点不胜其负，但总是宽慰她说：“有，有……”我知道，无论如何，我都得用钱“撑”起她生命的希望。

2011年9月的一天中午，我正在浏览《苏州日报》，一个醒目的标题吸引了我的眼球：《职工患五种重病可全额提取住房公积金》。我一字一句地读起来。原来，职工本人、配偶或其直系亲属因患有癌症、白血病、尿毒症、再生障碍性贫血以及器官移植五种重大疾病的，在患病治疗期间，以上家庭成员可以提取本人住房公积金账户中的全部金额，每年可以提取二次……我又反复阅读了这条消息，我似乎有些疑惑，住房公积金和医疗费用，是两个不搭界的概念呀！但转念一想，在一个人的生命权和居住权之间权衡，苏州市公积金中心出台的新政策的选择更倾向于民生的本质。这才是惠民利民的好政策呀！当我回家把这一消息告诉妻时，一缕舒心的微笑洋溢在她的眼角。

我的住房公积金账上有8万多元，我第一次去常熟住房公积金中心时，带了大量的在上海医院就诊的复印件，以为这是我妻子患病的最好证明。接待我的工作人员微笑着给我解释：办理提取住房公积金申请，需要医保定点医院或县市级以上医院出具的病情诊断证明、治疗费用凭证、本人身份证、住房公积金卡，不是职工本人患病提取的，须提供与患病者的关系证明，比如户口本、结婚证……第一次，我走了空趟。那天虽然天色阴沉，但我心里还是很阳光的，住房公积金中心工作人员热情的话语、细致的指点让人如沐春风。可惜的是我竟然没有去关注她的工号。

我第二次去常熟住房公积金中心是在一个下午，去办事的人不多，领号后没几分钟就轮到了我。我拿出各种证件的原件、复印件，工作人员一一查验，然后挑选，又在电脑上飞快地操作起来，行云流水般迅捷，没几分钟单子就到了我手中。在服务台外的我仿佛欣赏般地目视着，心想，这就叫服务吧！这样的服务给予我们的又何止是温暖呢！

当我回家将提取的住房公积金存款单交到妻子手里让她保管时，我分明感觉到她的手在微微颤动。也许，正是因为这笔钱给她增加一道生命保障，才让她有了更多的激动，更多的梦想，更多的……

惠民公积金　造福女儿家

苏州市沧浪区二郎巷　沈国抚

20年来一股住房公积金的春风吹到了我女儿家，也造福了我女儿的一家。

耄耋之年的我，有三女一子。这个二女儿在20世纪70年代投笔从戎。她生于1955年的军营，从小随军生活。中学毕业后，在陆军第十二军后勤部驻安徽省白湖地区野战医院当了八年卫生员，于70年代末退伍回苏州，分配在苏州市东升化工厂（现改名为苏州树脂厂）担任医务工作，后晋升为医生。80年代初结婚成家，因其夫家兄弟姐妹8人，故住房条件相当困难。她们没有单独的结婚住房，与婆婆一家挤在一起，住在虎丘山东南隅隔河南岸油车弄内，枕河近山，住房面积40平方米左右，既简陋又地势低洼。住房年久失修，遇上天下大雨，屋内下小雨，尤其是每年的黄梅季节，家中漏雨，凡可盛水的器皿都派上了用场。若遇上洪水泛滥，家中进水，进出穿雨鞋，还用脸盆向外排涝，生活上困难重重。如此的住房环境仿佛度日似年。说也巧，女儿婚后一年，喜添一千金，既喜又愁，经济比较拮据，哪有可能改善住房条件。所以，女儿小萍回娘家，常在我们面前发发牢骚，不知何年何月可以改善住房条件，眼下只能望房兴叹。是的，作为父辈的我来说，既同情又爱莫能助。但我依然本着关心和教育女儿安慰她暂度困难，并要她相信党和政府会采取措施，逐步改善职工的住房条件。果然后来政府提倡鼓励有条件的企事业自己造房子分配或卖给职工。

春风劲吹，职工欢笑。1992年苏州市住房公积金制度终于建立了。广大职工喜迎住房春天的到来。从此以后，基本上实现了住有所居、居有所屋。我女儿、女婿与全市广大职工一样，积极拥护实行住房公积金制度，有了改善住房条件的机会。等啊等，他们一直等了12年，于2001年的春天，盼到了单位为广大职工建造了住房。看，我女儿女婿笑在脸上，喜在心坎，他们将两人的住房公积金合计5万元，买下了位于宋仙洲巷内一套楼层大户，建筑面积102平方米，三室一厅一卫一厨，十分理想。这套房子坐北朝南，冬暖夏凉，闹中取静，光照充足，空气新鲜，人见人爱。从此，不仅告别了“三桶”（马桶、提桶、浴桶），还告别了煤球炉。后来用的石油液化气和煤气，如今已更新为天然气了，更加便利。他们说连夜间做梦也没有这么快活，真是喜上眉梢。

随着住房条件的改善，经济收入的增加，生活水平的提高，全家生活过得比蜜甜。我外孙女读书用功，大专毕业后一面工作，一面攻读本科，取得了学士学位，在本市一私企担任经济财务主管。近几年结婚成家，小夫妻俩恩爱有加。这个月他俩已预订了出国旅游，目的地是新（加坡）、马（来西亚）、泰（国）。

时下，我女儿女婿已先后退休，女儿的退休养老金2 000元；女婿有一技之长，被一单位聘用，发挥余热。说到生活改善，今非昔比，过去他俩上下班踏自行车，后来用小轿车代步。过去我女儿出嫁的嫁妆，一辆凤凰牌自行车；现在她女儿出嫁是小轿车、大屏幕的液晶彩电等。20年前，女儿一家与婆婆挤在又旧又破的简陋小屋里，如今他们住的三室一厅一卫一厨的楼房内。前后对比，天壤之别，如同芝麻开花——节节高。

今年“五一”国际劳动节，女儿一家四口和她弟妹们兴高采烈地提着水果点心来慰问探望父母，欢欢乐乐地与大伙共进晚餐。我这个女儿情绪分外激动，把欢声笑语写在脸上，也喜在心头。她意外地发现今年3月27日《苏州日报》上刊出的苏州市住房公积金制度建立20周年的征文剪报后，比谁都高兴，几乎要跳起来了，甜甜地喊了我一声：“爸，你要将我作为采访对象，用第三人称写篇文章，谈谈住房公积金制度的好处。”尽管我年已八十有四，又不善文墨，但女儿的事，就是我的事。岂能推辞，只能凑个数，写了这篇拙文，以慰吾愿。

我的诗

山西绛县 张志善

我是住房公积金管理员，
我把我的空间当作硕大稿笺。
每天，我用闪着阳光的资金，
精心地将诗句来填。

我写无房户的哀叹，
我写蜗居者的抱怨，
我写三代同室的尴尬困顿，
我写新婚夫妇的翘首企盼。

我的诗注入了利民惠民主题，
我的诗赋予了为民便民内涵，
我把我炽热的情感，
与钢筋、水泥和砂浆一起搅拌。

我的诗有着多层次的结构，
再不是从前的简陋和呆板。
既考虑着大中小型企业职工，
也兼顾着党政机关干部职员。

我的诗有着多元化的样式，
再不见以往的千人一面。
不仅有传统古典式的对称和典雅，
而且有现代流线型的时尚与新鲜。

我的诗在火热的阳光下闪耀，
杜绝了暗箱操作的贪污腐烂；
我的诗在制度的框架中运行，
虽中规中矩却也不失浪漫。

我的诗有着不断升华的境界，
永远追求着卓越和领先。
靠着千锤百炼地反复推敲，
再不显得低俗和肤浅。

我的诗的受众系苏州的百姓，
是优是劣由大家检验。
在面对面、点对点的零距离测试中，
我不断修饰着不足和缺陷。

为了完成一首首崛起的新诗，
在住房公积金这张稿笺上面，
我的诗绪若涌泉般奔流，
滔滔不绝绵延无边。

我一边用制度和机制，
不停地修改那些过时落后的句段；
又一边用理想和信念，
不断地创作出新的激荡人心诗篇。

一处工程一首好诗，
韵味独具，魅力无限。
交给苏州的百姓去阅读和朗诵，
交给未来的岁月去发排和出版。

住房公积金　惠我生活二三事

苏州市汽车北站　强玉瑞

在2008年以前，对我而言，这只是一个别人经常挂在嘴边的干巴巴的名词。对它，我只有抽象和朦胧的概念。那时，周围很多人一见面就会聊住房，有时会为公积金贷款比商业贷款合算多少争得面红耳赤，有时又会因达成共识而兴高采烈相互敬烟。高兴之余，有人会热心地拍拍置身事外的我：老兄，你不是也有公积金的吗？买套房吧，不够就用公积金贷款。每当这时，我的脸上挂着礼貌的笑容，心底是一声叹息：是啊，购房，这样一个美好的愿望叫我如何去实现？

一条鹅卵石铺就的狭长弹石路，两旁是攀着几片爬山虎的斑驳的高墙，有风吹过，爬山虎的叶子会弄出一些声响。春秋两季的小雨时节，常常会有异乡的游人闲逛至此，伫足，期望看到一个打着油纸伞丁香似的姑娘，胆大的会走到路的尽头，那里有一扇破旧的木板门，透过开裂的门缝好奇地向内窥望。照例，他们看到的是一个破旧的天井。天井不大，被三面有些年头的几间明清式样的民居紧紧挤压着，角角落落里是一些盆栽的普通花草，天井的中央，是一口老井。看罢，游人或悻悻然或若有所思地离去。在这几间苏南民居里，其中仅有二十几平方米逼仄的一间，就是我们家居住了40年的老屋。在这样一个院落里，除了隔壁上了年纪的三好婆和陈师母恋栈老屋外，其他老乡邻都买了新房搬走了。十来年前，每当搬家公司的车子来到弄堂口，我都会站在一旁高兴地看着别人家忙碌：他家终于住上新房子了！接下来，一家又一家陆陆续续也搬走了，我就想：快了，该轮到我家了。然而，十多年过去了，连后来搬来的人家都买了新房搬走了。木质楼梯的吱呀声越来越响，黄梅天的屋面年年修年年漏雨（并非筑漏师傅手艺差和缺乏责任心，而是常有猫儿们打架），母亲去公厕倒马桶的身影愈发佝偻，有心为我做媒的热心人望而却步绕屋而行，眼睁睁看着改善住房的期望越来越小，心中有时发了狠想，不管新旧也得买房，但再一次盘点着手中的收入和现实的房价，只有一声叹息。

2008 年是个转折年。仿佛是听见了我的叹息，当我迈入不惑之年之际，政策的阳光和幸运之神终于降临到我家，通过摇号，我家获得了购买市区中低收入保障房的资格。我兴奋了好几天，计算器揿了几十遍，一个严酷的现实摆在了面前：虽然政府爱护民生制定了很优惠的房价，可对于长期困顿的我家，即使翻箱倒柜倾其所有，也只能凑出首付款，求亲靠友吧，他们也不宽裕，要交齐这样一笔购房款依旧不可能，可是这样的机会弥足珍贵。亲友和同事们为我出谋划策，不约而同地建议我申请公积金贷款补足购房款。于是，我开始恶补有关公积金的知识，把不懂的地方记在一个小本子上，有空就去问同事。期间，我第一次踏进了位于干将路上的住房公积金管理中心服务大厅，忐忑不安地咨询了工作人员，虽然我提的问题显得很业余和烦琐，但她们都非常耐心地给我答疑解惑。有时，看着我拿出小本子，一边问一边手忙脚乱地记的样子，她们会善解人意地放慢语速或重复几遍，以便我能把内容记全，人性化的服务，让我很受感动。这样忙乎了一个月，终于成功地支取了公积金余额，并办好了公积金贷款。

一年后的三月份，一个陌生的电话找我，邀请我参加由苏州市住房公积金管理中心举办的座谈会。起先，我有点疑惑：会不会搞错了，因为有的金融和服务机构把客户分成三六九等，我顶多只是一个所谓的超低端客户，怎么有资格被邀请参加呢？就像是知道了我的疑虑，电话那头的工作人员告诉我，这次座谈会的参加者都是购买过中低收入保障房的客户，并再次真诚地希望我能参加。4 月 1 日下午，我向单位请假，将信将疑地来到了管理中心的会议室，会前一打听，参会的十几位代表都和我情况类似，这下才安下心来。管理中心来了三位领导，领导们作了自我介绍，因为我坐得较远，只记住了其中两位，年长的和蔼可亲的是陈主任，还有一位年轻干练的姓许（后来在电视新闻里也看到过他们两位)。座谈会开始,领导们先客气地感谢我们抽时间来参会,关心地询问和听取了参会家庭的现状和存在的困难,然后作了归纳,解答了一些疑问,并提供了一些参考建议,一下子就拉近了彼此间的距离。接着,领导们介绍了管理中心的工作思路,希望我们多提意见。他们以聊家常的方式和亲民的姿态,使会场上形成了互动,气氛热烈。临近结束时,气氛达到高潮,领导们透露了未来的工作动向,说管理中心为了最大限度地发挥好公积金的优势,已结合政策着手制定了一系列惠民便民举措并争取尽快实施,具体是什么?卖了一个关子,让我们多看新闻。会后走出会场时,我们都说管理中心的三位领导不打官腔,不盛气凌人,没有架子,对弱势群体很尊重。

果然,不久之后,一系列贴近民生的措施陆续出台,如“职工患重病可提取公积金支付政策”,可以解患病职工的燃眉之急,这就扩大了政策的惠民覆盖面。距那次座谈会过去将近三年以后,就是今年3月底,我又获悉了一条好政策:苏州市区保障性住房的公积金贷款贴息办理公告发布了。下班后,我立即上管理中心的网站咨询相关政策。很快,网上和管理中心的专门致电都给了我明确答复:我可以享受相关政策优惠。是啊,虽然这笔贴息返款的数额对很多人来说不算多,甚至买不到一个好的手机,但对于我们这些中低收入家庭,可以开几个月的伙仓,可以作孩子的学费,也可以补充老人的药费,细算一下,可以派很多用场呢!又过了几天,还发来短信,提醒我有周末专场服务。几天后,我再一次兴冲冲地走进管理中心,办理公积金贷款贴息的事务。很顺利地办好后,我环顾四周,从我第一次踏进这扇大门,四年了,一切似乎都未改变,开放式的工作间,服务窗口,休息等候区,甚至许多工作人员都觉得有点眼熟,是不是人心情好时看什么都眼顺?此话有一定道理,我想另有一层原因:是他们亲切的微笑,一如既往的办事高效和细致服务,让人感到眼熟。四年了,一切似乎都已改变,改变的是我的生活,搬出陋室,喜迁新居;买了房子,讨了娘子。大多数普通人,一生来这里的机会恐怕不会很多,四年里,我也只来过几次,但每一次来都会带给我暖意,而这暖意,既有来自公积金管理中心的便民优质服务,更有来自住房公积金惠民政策的阳光普照。

管理中心领导为我开讨论会

苏州市祥符寺巷 顾百勤

2003年初秋,我居住的祥符寺巷成为苏州市街巷改造的试点巷。这次街巷改造的原则是,既要改善市民的生活条件,又要保持街巷古巷风貌。为此,原先已破旧的住房将彻底拆除,然后全部用新砖、水泥按原样重建,且不要老百姓掏一分钱的改造费用。这样的好事理应得到老百姓的积极响应,可不知为什么响应者寥寥无几。而当改造办与我联系改造事宜时,我当即同意改造,只是考虑到孩子已大,再同住一个房间不方便,所以想利用园子搭建一间小房。改造办考虑到我的实际情况,同意我多搭一间小房,但另搭房子的费用要我承担,大概3万元。

这另搭房子不在改造规定范围,我们承担费用合情合理。问题是除了这3万元以外,我们另租房要一笔钱,房子改造后要装修,又要新换家具也需要钱,加起来至少要10余万元。然后,我们没有那么多积蓄,况且我和妻子当时都下岗在家,靠摆摊卖花有点收入。这让我们很为难:放弃吧,以后还有这样的机会吗?坚持吧,这笔钱从哪里来?这时我忽然想起我和妻子都有住房公积金,加起来也有好几万元,如果用上这笔钱,我们的犯愁不就解决了吗?

我把自己的困难和设想与改造办谈了,他们认为这是个办法,但说按规定住房公积金只能买新房或修私房,而我住的房是公房,不在使用公积金的规定范围。我让改造办开了个证明,然后来到苏州市住房公积金管理中心,办事员看了我的证明和听了我的说明,摇摇头表示按规定不能提取,建议我去找主管的领导谈谈,看看是否可以解决?于是,我又去找了主管的领导,说明了自己当时的经济状况和很想改造的愿望。主管领导说,你的情况我理解,但规定是不能改的。他见我十分失望的神情,深表同情,说将向管理中心主任汇报,看能不能解决,让我三天后去听结果。我理解他们很同情我的情况，只是帮不了我。唯一的办法是先向亲戚借了再说，可这样一笔钱亲戚也拿不出。一晃三天到了，我抱着死马当活马医的心情来到管理中心，没想到刚见到那位主管领导，他就笑眯眯地从抽屉里拿出那张证明，说你可以去取钱了。我见那张证明上有中心主任的批示："根据该住户实际情况，经研究同意提取公积金。"我盯着那张证明，久久说不出话来。那主管领导见我愣愣的样子，拍拍我的肩膀说："为了你的事，我们特地开了个中层干部讨论会，主任说，公积金的目的就是为了帮助有困难的老百姓，而帮困是硬道理。"

其实，管理中心无论是办事员，还是主管领导、中心主任，都完全可以用规定来"拒绝"，这样更省事又不会犯错误。相反，他们这样虽然帮我解决了困难，却得不到任何好处，甚至要承担突破规定的风险。但他们甘愿冒风险，帮我救了急，圆了我多年梦寐以求的改造梦，使我成为苏州首条街巷改造试点中的第一个实现改造的住户，也带动了其他用户积极响应改造的热情。

今天，看到报纸上报道，苏州住房公积金制度已建立20年了，不由得又想起当年管理中心那办事员、主管领导、中心主任为了帮我解困不辞辛苦的情景，很想再见见他们，真切地向他们道一声谢谢。遗憾的是我已记不住他们的大名，更不知道他们是否还在管理中心工作。我知道他们一定也记不起曾经有过的这件事，因为在他们看来，他们也仅是做了他们该做的事，尽了他们该尽的责任。然而，就是恰恰因为有这样多认为仅仅是做了该做的事的热心人，才使我们老百姓解决了许许多多难以解决的难题，使更多的老百姓过上了舒适幸福的生活，党的惠民政策得到了具体的贯彻，而这一切都离不开管理中心的工作人员的无私奉献和默默工作。是啊，当今天我们生活在舒适幸福的新环境中，我们该记住那些曾给予我们热情帮助过的人们，更应用我们自己的努力，为打造一个宜居新苏州，共筑美好新家园而奋斗。

圆 梦

太仓市双凤中心小学 张惠生

我家位于太仓市千年古镇双凤北部夏家泾河畔，儿子媳妇都在太仓城区某外资公司供职。自2001年年底结婚以后，一直没有在单位附近找到心仪的出租房，天天骑着摩托车起早贪黑早出晚归，“两头茫茫皆不见”，十分辛苦。为此，我和妻子人在乡下，心里总牵挂着他俩的舟车劳顿和路途安全。每当他俩哪天晚回一点，或者听说哪里发生了点什么，我和妻子就像热锅上的蚂蚁坐立不安，直到见人才放心。

这样的日子约莫过了一年半光景。一个周末的黄昏，儿子终于开口与我商量，想在太仓城里买套房子，结束这种两点一线的颠沛生活。儿子买房是好事，作为父亲，我打心底里支持，可是有口难言。因为我知道，近来太仓房价飞涨，几乎一月一个价，一般商品房价每平方米都在两三千元，高的更高，低的少有，想在城里置办一套像样的新房，没个二三十万元想都别想。而我一个小学教师，虽说收入比上不足，比下有余，但是平时除了家庭日常开支以外，还要供两个孩子上学读书，日子一直过得紧巴巴的。要不是妻子农闲时养养鸡鸭，打打短工，赚点外快贴补家用，说不准哪天就会经济赤字亮红灯。儿女工作后，一个个谈婚论嫁，为儿女婚事，我的钞票一直前花后空，哪有余钱可存。在这个“非常时期”奢谈买房，岂不是癞蛤蟆想吃天鹅肉？想到这里，我轻轻叹了口气说：“不是我不支持你买房，实在是我拿不出那么多钞票，而且我辈亲眷没一个做官当老板的，借钱也难。”

儿子见我如此为难，赶忙解释道：“爸，我找您商量买房，不是要您钞票，而是请您帮我参谋参谋，去中介看看阿有合适的二手房，买下来作为暂时安顿的地方。我知道，这几年您操持这个家挺不容易，所以买房的钱您别操心，我自己想办法。我和玉萍（儿媳）现有七八万元，再稍微筹措一点，我想买套便宜点的二手房，应该不成问题。您看如何？”

既然儿子如此体谅，我还有什么可说的。于是乎，第二天开始，我和儿子一有空就跑中介，看房源，穿街走巷，四处奔波。然而好事多磨，硬是没有找到称心如意的房子，不是房价谈不拢（二手房价涨得吓人），就是地处太偏僻，白忙乎了一阵子。我很灰心丧气，可儿子却诙谐地说：“买不成二手房算了，再过一年看我买套新的。”说得倒轻巧，钱呢？我心里暗暗嘀咕，不禁黯然神伤。

正当我们“山重水复疑无路”时，一次偶然的聚餐，让我“柳暗花明又一村”。那天，办公室一位同事请客。席间，大家天南海北地神聊，无意间聊到住房公积金。我顿时眼睛一亮，神清气爽。对呀，我不是有公积金吗？何不借助公积金来圆我的新房梦呢？真是愚人多忘事。

2002 年，在党和政府的殷切关怀下，我们乡村教师终于也享受到了可喜的住房公积金，虽然额度不是很大，但已显见党和人民对我们教师的无比尊重和关怀。而住房公积金的更大意义还在于它能帮助我们取得国家的低息房贷，让平民百姓也能享受到经济上的实惠。

我喜滋滋地把自己的想法跟儿子一说，连媳妇也一起乐开了花。心动不如行动，我们很快就在“盛大花苑”相中了一套百多平方米的顶楼错层复式房，售价 22 万元多一点。接着我和儿子立马去住房公积金管理中心咨询用公积金贷款买房的相关事宜。那天，接待我们的是一位年届不惑的男同胞，高高大大，精神帅气。他不厌其烦地回答着我们的问题，解释着我们的疑惑，一一告诉我们持什么证件去哪办，找谁办，讲得清清楚楚，道得明明白白，那热情的服务态度给我留下了深刻的印象。都说教师敬业，依我看，那位同志的敬业精神才真正无愧于人民公仆这个光荣称号。

如此这般，几经周折，没几天我们就办妥了一切，带着一摞子材料又来到了公积金中心申办买房贷款。说来也巧，那位“不惑”同志正好也在当班，他再次热情地接待了我们。他认真地看了我们的材料，没有多说什么，只是客气地朝我们笑笑说：“好，请跟我来。”于是，他带着我们找这个，寻那位，填表格，敲图章，不亦乐乎。我记得，在“不惑”同志的热情服务下，我们没费多大劲就一切 Ok 了。最后，他把所有的材料交到我们手上，谦和地说：“这些资料请收好，妥善保管，切勿遗失。”还叮嘱我们房贷一定要准时还付，不要失信，否则会引起不必要的麻烦。真是仁至义尽，我们万分感谢而回。那次买房，我们总共贷款 12 万元多点，期限 10 年，月还贷款 2 000 元不到，余款全由儿子筹措解决。

事后，儿子怕我还贷有压力，宽慰我说：“爸，这些贷款您不用操心，我和玉萍负责慢慢归还。您只要管好乡下家里的开支就行了。”听了儿子的话，我着实心里一轻松。心想，我一向生活节俭，把把细细过日子，要不是实在心疼儿女，谁愿意如此“铤而走险”，贷那么多款，负那么多债。现在，贷款有儿子一肩承担，我真是说不出的高兴，但我绝不会袖手旁观，我会尽我的绵薄之力和儿子一起共渡难关。

买房就像一个美丽的梦，让我欢喜让我忧。梦圆时分，我要感谢住房公积金，更要感谢党和人民对我们教师的无比关怀。

走过时代的房子

苏州橡胶制品加工厂　管培明

对住房公积金，我有一份特别的感情，没有她，便没有我们今天这个幸福温馨的家。

住房对于我来说，一直都是一个天大的难题。小时候，家里穷，父亲早逝，读完小学我就辍学跟师傅学做木匠，吃不饱穿不暖。随便在哪里蜷一夜就算是“家”了，我从来没有想过自己也能在属于自己的好房子里入睡。那时候，萦绕在心头的，最让我牵挂的就是家里的母亲和弟妹，不知道那漏水的屋顶是不是又淋湿了他们梦境。20 世纪 70 年代，我进了化工厂，做了车间里的小车工，在那里认识了我现在的老伴。我们没有婚房，单位体恤我们的苦衷，给了一间废弃的小办公室。办公室旁边就是堆积的化工原料，墙壁被熏染得色彩斑驳。我们在这间小办公室里一住就是三年，这三年中，妻子多次流产，身体越来越差。岳母认为是房子紧挨化工车间，空气有毒。在将信将疑中，我们惶恐地搬出了办公室，租了一间临河的小房子。一年后，儿子出生了，我们家也终于有了幸福的喜色。随着孩子的成长，我们租住的房子越来越显得局促狭小。就在 20 世纪 80 年代，我们一家三口终于和岳父岳母还有岳母的老母亲，一起搬进了一套 45 平方米、当时叫做中户的楼房里，这是岳父岳母单位里的特别照顾，也是他们单位里第一栋有厨房和卫生间的三室一厅的现代建筑。当时，我们在家里也必须睡上下铺的那种双人床，那份局促和困窘至今难忘。企盼单位里分房成了我们当时最大的心愿，无奈，僧多粥少的现状，让我们一次又一次地望房兴叹。

儿子参加工作后，很少愿意回家。我知道，家里没有他独立的空间，他感觉不自由。有一天，他神情黯然地回来了，独自坐在那里一声不吭。在我的再三追问下，他才说，心仪很久的姑娘始终不答应做他的女友，说，“因为你们家没有房子。”房子，在那么多年后，又一次把我深深地击垮。看着儿子那悲伤的样子，一种人生的挫败感把我压进谷底，喘不过气来。

房子，房子。我禁不住仰天发问：“为什么偌大的苏州，竟没有属于儿子的片瓦之地？”

两年后的一天，儿子奔回家，给我看他那张绿色的卡，“看见了吗？这是我们单位给我们办的住房公积金卡！”见我愣怔地望着他，他又赶紧解释：“爸爸，你知道吗？在每个月的工资中，有一项扣除越多让人越高兴的事就是住房公积金了。因为每个月工资中被扣多少，单位就要同样补多少，而这些钱都是为我们职工个人所拥有，在买房和建房、大修房等条件具备的时候就可以申请使用。退休或者离开原单位时，这笔钱也可以全部取出来！而且啊，贷款利率比商业贷款低好多了！”有这么好的事吗？我都听迷糊了。

接下来的日子，儿子和女友一起为新房奔波着，老伴持观望态度，她怎么也不相信，年纪轻轻的他们能够买得起房。“我和你爸都大半辈子过去了，还没攒够买房的钱，你这小子怎么行啊？”当儿子拿着新房钥匙，喜滋滋地请我们去参观新房时，我们犹如走在梦中，老伴还掐了我一把说：“老管，这是真的？啊？”

儿子的时代已不是我们当年的时代，他们幸福地生活在改革开放中，党的惠民政策让他们真的拥有了父辈们怎么也想象不到的好房子。

这真是一个充满感激的年代啊！岳父岳母留给我们的老房子也在去年拆迁，按照面积，我们又分到了一套房子。真没有想到，我们老两口和儿子都分别住上了满意的新房子。今年，又喜添孙子，这大胖小子从出生第一天就拥有自己的小房间。他根本不会知道，他的爷爷为了房子，足足等待和期盼了几十年。

对于我这样在住房问题上历经沧桑的老人，随着时间的推移，对住房公积金的感激愈加深刻，回味甘长。抚今思昔，真是感慨万千。我深知，没有改革开放，就没有我们的今天；没有住房改革，就没有我和儿子两代人温暖的家;没有住房公积金全力相助,儿子就可能会沿着我们当年走过的路,心酸徘徊。

走过时代的房子,感激无限在心头。

暖暖的窗口

苏州市吴中经济开发区　董立平

对于我们市民群众来说，在去各窗口单位办理业务的时候，最期待的就是工作人员的态度好，服务周到。笔者去年曾带着两岁的儿子陪朋友去苏州住房公积金管理中心办理业务，在那里见识到了什么是真正的态度，什么是真正的服务周到。直到今天，我都无法忘记那天的场景。

朋友打算在市区某小区里买一套房，因为他这些年来一直都交住房公积金，所以那天他看我没有事做，便叫我陪他去住房公积金管理中心办理一下证明手续，以便他去银行申请按揭。因为朋友开了口，所以我也不好拒绝，于是带着两岁的儿子陪他去。

来到住房公积金管理中心，朋友对直走到了业务受理台前去办理业务，我则抱着儿子在大厅里站着。也不知为何，儿子突然哭闹了起来，说要回家，这让我有些没有办法了。于是，我拍了他几下屁股，让他不要闹。可是，我越说他，他竟然哭得越厉害，让我是又气又无奈，总不能丢下朋友一个人先走吧。

就在这个时候，从管理中心里面房间走出了一位女工作人员，告诉我说小孩子哭闹是要哄的，我这样打他是不行的。在女工作人员的指示下，我坐在了旁边的一把椅子上，然后哄起了儿子。可能因为女工作人员也是孩子的母亲吧，所以当我按照她说的方法哄了儿子后，儿子还真就呵呵地笑了起来。看着我将儿子哄得正开心，女工作人员离开了，不一会儿就端了一杯温开水给我，说你儿子刚才哭闹了一阵，现在一定口干了，让我给儿子喝点水。接过开水后，我的心里当时暖暖的，心想这住房公积金管理中心的工作人员可真会体贴人，来他们这里办理业务受到的待遇就像是住进了一家酒店。

在为儿子喂开水的时候，我突然闻到了一股臭味，我知道完了，儿子肯定是拉便便了。要是在家里或者大街上我也不会觉得难堪，可这里是市住房公积金管理中心，很多人还在这里办理业务呢，当时我心里就在想，这下肯定会给工作人员臭骂一顿了。然而，事实并非如此。

正在我不知道怎么办的时候，之前那名女工作人员又走了过来，看见儿子拉在地上的便便后，只是微微笑了一下，然后拿来清洁工具，准备扫走便便。因为便便不比其他垃圾，于是我连忙告诉女工作人员让我自己来处理就行了，可是她却说小孩子拉便便是很正常的，没有什么。如果说之前她为我儿子倒开水让我心里感到温暖，那么此时她的举动绝对是让我感动了。在把便便扫进垃圾桶以后，她竟然又拿出一张湿纸巾为儿子擦起了屁股，丝毫不嫌脏，就像对待她自己的孩子一样。

在女工作人员为儿子擦完屁股以后，我对她表示了感谢，然而她却说不用谢，只要是管理中心内的事情，都是他们的职责所在。

很快，朋友的手续办理好了，我们便离开了住房公积金管理中心。对于此次苏州住房公积金管理中心之行，我的心里好几天都是暖暖的，心想公积金管理中心有了女工作人员这样的职工、这样的服务态度，真是我们市民的福气，就凭着她的这种服务态度，苏州住房公积金管理中心又怎么能不是市民心目中的文明服务单位呢？

住房公积金助我老有所居

苏州市虎丘路　郑凤鸣

“购房”是个热门的话题。每每有人问我：“你是什么时候购买的商品房？多少钱一平方米？”我会得意地告诉他：“2000 年，每平方米 2 000 元还不到。”对方会发出惊奇的羡慕，然后为我惋惜，没有买大房子，甚至投资赚钱。他哪里知道，我与妻子 2000 年的收入很低，别说投资买房赚钱或买大房子，就是买现在住的商品房也是“极吼吼”的，要不是住房公积金帮忙，恐怕连现在的房子也住不上。如果错失了那次机会，这辈子也许就别想住到好房子了。

买商品房之前，我家的住房虽然不大，但是采光好、通风好、离工作单位近，所以妻子舍不得放弃。我则力数其弊端：卫生间不透气、隔音隔热差、管道老化、顶层漏水，更主要的是年龄越来越大，住高层爬楼梯越来越不适应。这最后一条理由击中了妻子的“软肋”，我乘胜追击，给妻子发出了“最后通牒”——住房公积金是单位及其在职职工缴存的长期住房储金，是住房分配货币化、社会化和法制化的主要形式。按照规定，公积金贷款购房面对的是在职职工。实行住房公积金制度时我已年龄偏大，到退休年龄只差 7 年。如果过了退休年龄，贷不到住房公积金，你想买商品房也买不到了。妻子被我说动了，但她还有一条要求：选房要在老房子附近。我们取得了妥协，选中了现在的商品房住宅。

幸好我所在的单位按规定为我缴存了住房公积金。我的住房公积金交费年度不长，积存的住房公积金不多，但是毕竟有了个基数，并且获得了用住房公积金贷款买房的资格。

我拿着提取证明向住房公积金管理中心申请提取住房公积金。住房公积金管理中心在受理申请之日起3天内作出了准予提取的决定，并通知了我。我顺利地办理了“个人住房公积金组合贷款”。我的住房公积金个人购房贷款的还款方式是每月等额本息还款。我们那时是每半年提取一次住房公积金，但是要在卡上留存1 000元。受委托银行按照住房公积金管理中心的审批手续，爽快地给予支付，为我较快、较好地解决住房问题提供了保障，助了一臂之力。

靠住房公积金的福，拿到了商品房的钥匙，住上了称心满意的新公房。

小区环境真好。春天来了，布谷、鹧鸪、白头翁等小鸟在小树林里跳跃歌唱；酷暑，我家南窗前那排杉树一片绿色，就像一幅巨大的绿茵壁画，赏心悦目，给我们带来了一阵阵阴凉；金风送爽的季节，这排杉树“知趣”地脱去“外套”，宁可自己成了“光杆司令”，也不愿影响我享受冬日的阳光。

梦想成真，老有所居。新式厨房是老妻的最爱，我总算有了写作的一角清净之地。茶余饭后，打开电脑，驰骋文思，我对住房公积金滋生出一种感激，自己的心也似乎变得诗意盎然起来，这篇征文也就很自然地流淌了出来。

圆梦在苏州

苏州市三香路彩虹新村　傅　洁

“1”“2”“3”“4”“5”……用正常语速从1数到20需要用18秒的时间，但是从1年到20年，却需要经过整整7 300多个日日夜夜。苏州住房公积金制度就是在这么多个日子里，秉承“取之于民，用之于民，造福于民”的宗旨，让广大群众沐浴在助民、惠民政策的阳光下，为千家万户雪中送炭、锦上添花，使我们能够顺利、快速地拥有属于自己温馨的小家。

如果把公积金比喻成一个人，那这个人就是20岁正值壮年的男子或是20岁正值妙龄的少女。如今，我们有目共睹，公积金为广大市民的生活带来了巨大的改善。它拉近了百姓与理想住房的距离，也拉近了银行与个人之间的距离。公积金制度让我这新苏州人赶上了“居者有其屋”的时代，终结了“捉襟见肘”的租房“蜗居”时代。

作为一名新苏州人，我是住房公积金制度不断发展中的直接受益者，是公积金贷款让我实现了购房置家的梦想，是公积金冲还贷让我能够减轻还款的压力。正所谓“人人为我，我为人人”，公积金这项互助制度更为我们这个社会多增加了一份人情味儿。

“住房公积金”这几个字真的像亲人的名字一样能温暖人心！记得2002年年底我的母亲因内退来到苏州边打工边照应我的生活。当时租房住在50多平方米的“蜗牛壳”里。住了半年多，后来房租渐涨，亲朋好友劝我们“该出手时就出手”，有租房的钱，不如依靠“住房公积金”贷款买房。

2003年，我在苏州工作才4年多，按照当年规定其贷款数额仅10

万元。我们全家人坚持量力而行,决定首付8万元,于是我兴冲冲地去工商银行交了首付款,签了意向书,分10年还清贷款,购买了一套65平方米的房子。经过5年多的努力,全家人齐心协力把未付的5万元一次性缴清。我们终于成了真正的有房一族,在苏州城里有了属于自己的房子。这套房子面积虽然不大,但我们布置得很温馨。搬入新居的那晚,全家人别提多高兴了,我们如释重负,心情无比轻松。母亲由衷地感慨:做梦也没想到会在天堂苏州筑起了“安乐窝”,终于告别了每月交房租的日子,彻底结束了租房的“蜗居”生活。

公积金制度惠及了我们新苏州人,现在我家曾两次使用过公积金贷款。三年前,为了扩大居住面积,提高生活质量,在符合购房满五年的政策下,又用公积金购买了第二套住房。第二次是以小换大,置换的时候又贷了10万元,面积达100平方米,两次贷款解决了我的燃眉之急,完成了我成家后的安居计划,圆了父母定居苏州的住房梦,为父母“老年漂”生活和自己能安心工作,真正解决了后顾之忧。

在住房公积金制度的呵护下,我的心不再漂泊,而是真正的“心有所安,情有所牵”。虽然还要承受还贷款的压力,但这给了我们更多的希望和动力。当家人搬入宽敞明亮的新居时,从心底里感受碧空丽日、云淡风轻,仿佛空气中能依稀嗅到迎春花的芳香。在我们的第二故乡——苏州,在拥有惬意的新居中,生活是多么的美好!

“外来妹”的生活变迁

张家港市金港镇 吴 坚

大学毕业后，我随先生一起来到张家港市金港镇的一家企业工作，婚后就租住在一套50平方米的两居室里。每到周末，我就会和先生到张家港“市区游”。张家港虽然是一座年轻的城市，但市区的城市建设仍然让我这个“外来妹”惊叹不已。那车水马龙的长安路常让我忍不住驻足观看；那人头攒动的步行街也总让我迷恋其间。我们常常泛舟在碧波荡漾的暨阳湖上看鱼戏莲叶；我们常常流连于风景如画的生态园中看蝶舞花丛。也正是这一次次的“游历”，让我对港城有了更多的了解，也让我更加热爱这座美丽的城市。与此同时，我和先生产生了一个共同的梦想：梦想在市区有一个自己的家。

随着改革开放的深入和商品经济的快速发展，港城的商品房建设热了起来。一幢幢造型别致的商品房拔地而起，一个个新建的住宅小区应运而生。这让许多城市居民告别了蜗居，也让许多新市民梦圆港城。每当听说某某人在市区买了新房时，我在好生羡慕的同时又跃跃欲试。特别是孩子的出生，使得原本就狭小的房子变得更加拥挤不堪。我们好想改变一下居住环境，可那动辄数十万元、上百万元的房款对于我们这样的工薪族来说，无疑是个天文数字。在市区买房只能是我们深藏在心底的一个遥远的梦想。

有一次，我听说单位里一位年轻的同事在市区买房了，当时我根本不相信，因为我知道这位同事的经济状况和我差不多，是不可能买得起房的。后来才知道他申请了住房公积金贷款。我连忙向这位同事了解情况，弄清了申请公积金贷款的相关程序和要求。原来，缴纳住房公积金的职工都可以申请公积金贷款,公积金的贷款利率比商业贷款低好多。这样的好事,我怎么不知道呢? 回家后,我立即与先生商量申请公积金贷款买房的事。结果当然在意料之中——买! 工作后的积蓄加上父母的支持,交30%的首付应该缺不了多少。剩下的70%可以申请公积金贷款。数字虽然不小,但分120个月偿还,压力就小多了。也就是说,有了住房公积金贷款这个后盾,我多年的梦想就有望变成现实了!

心动不如行动,周末我们就到市区的几个楼盘做了现场考察,最后选定了城西悦丰新村的一套套型设计比较合理、价格也比较公道的三室一厅。在房产公司办好相关手续后,我们就急匆匆地去住房公积金中心申请贷款了。住房公积金中心的工作人员认真审核了我们的材料,很快就批准了我们的贷款申请。在办妥手续的那一刻,我激动得几乎要哭出声来,因为,此时的我们已经是市区一套三居室的准业主了,我们的梦想即将变成现实。

经过一年多漫长的等待,我们拿到了新房的钥匙。经过简单的装修之后,我们全家便隆重地搬进了新居。从此,我们一家人就过起了向往已久的城市生活。

如今,我们一家入住新居已经十年多了。在这个温馨的港湾里,我们的生活质量有了明显的提高。春和景明的假日,我常常带着家人漫步在绿树成荫的世纪广场,看草长莺飞,听鸟语啾啾;华灯初放的夜晚,我常常和先生徜徉于流光溢彩的购物公园,看霓虹闪烁,听笑语声声。每当此时,我都会从心底涌起由衷的感激之情:感谢党的好政策,感谢住房公积金让我好梦成真。

住房公积金　助我筑爱巢

苏州市供电局　朱亿嘉

四年学习结束了，又要回到苏州了，去一个，回来时一双。男朋友不是苏州人，临毕业前决定和我一起回苏州。我在苏州新区的街道联系好了单位，男朋友学的是物流，很快也在新区找到了工作。

毕业顺利，就业顺利，工作顺利，生活顺利，一切顺利，生活充满阳光。父母对我的男朋友也很满意，转眼五年过去了，双方家长准备把我俩的婚事办了。于是，顺利之中的不顺利终于出现了——婚房问题。

房子问题，任谁也不敢说轻松。男朋友独立性很强，到了苏州就是不肯住到我家，在外面独立租房。要是结婚，男朋友肯定是不愿靠我父母的。可是到几个新建的楼盘一转，最便宜的80多平方米的也要50万元。

虽然男朋友的收入比我在社区工作高好多，但这五年也就攒了10多万元。在学校里，有时候聊起结婚，也说到房子问题，不过那时候雾里看花，至今才真正有了深切体会。

连续几个双休日，我和男朋友全城东西南北较远的楼盘都跑下来了，按最便宜的算下来，两个人手头的钱加起来还是差得远。怎么办呢？男朋友家里条件一般，按照他的脾气，也不会靠我家支持。因为来苏州前说好的，买不起房结婚，那就先租房，买房钱不够，就先买小一点的，但一定主要靠自己，不让父母多操心。

家是家庭温馨的港湾。我们这两个毕业才几年的小两口囊中羞涩，看着新造的林立高楼，只能一声叹息："安得广厦千万间，大庇天下寒士俱欢颜。”看来，很快攒够钱买婚房，还有点遥不可及。

一次偶然的机会，在高中同学的婚宴上，听说现在用住房公积金贷款买房很方便，利息比商业贷款低很多，而且公积金好像还可以帮助缴纳购房款。还有这样“天上掉馅饼”的美事？平时只知道单位为每个人交五金是因为国家规定要交，对个人的好处就是看病养老什么的，觉得病和老离自己还远着呢？根本没太在意，五金里边有一项公积金，说来惭愧，竟不太明白到底是用来干嘛的。

听同学一说，我和男友不禁心头一喜，第二天就拨通了苏州市住房公积金管理中心的咨询电话。听完我的咨询，住房公积金管理中心的工作人员在电话里耐心细致地告诉我申请住房公积金的条件，需要准备的材料和办理的程序。我原以为很烦心的事，到了面前，竟然豁然开朗。需要准备哪些材料，分别在哪里办理，一桩桩，条理清晰，电话里住房公积金管理中心的工作人员认真周到，让我心头暖意融融。工作人员还建议我们到现场咨询。

就这样，我和男朋友迫不及待地来到苏州市住房公积金管理中心。按月还贷、委托还贷、账户积累、利率优惠等以前距离我很远的名词，在工作人员的解释下开始走进了我们的生活。工作人员耐心而又详细地给我介绍了苏州住房公积金贷款的相关政策，并且十分肯定地告诉我，只要手续齐全，正常情况下，15 个工作日后就能申请到公积金贷款。

有了公积金，买房时只要支付一定比例的首付，剩余部分通过公积金贷款。使用住房公积金贷款，五年以上利率才 3.87%，比银行的商业贷款利率 5.94% 低 2.07 个百分点，如果贷 40 万元按揭 20 年的话，利息就可以少支付约 11 万元。

从公积金中心出来，我和男朋友兴奋地直接又去了上次我们看中的一个楼盘的售楼处。没多久，我俩选择了一套 80 多平方米、总价 54 万元的小两居，房子明亮舒畅、南北通透，双方家长也很满意。

随后，房子进入申办公积金贷款买房流程，我俩根据自身经济条件（当然也在双方家长给力支持下），最后选用了 10 年房贷 20 万元，每月还款 2 000 元左右。通过住房公积金管理中心申报核准，我们很快办妥了相关手续，内心那种温暖的感觉很难用言语来表达。公积金真好！我俩终于拥有了全新的属于自己的小窝。

后来，我才慢慢知道，公积金制度在苏州创建这20年，圆了好多市民的安居梦。我们就是其中受益的人。有了自己用住房公积金买房的经历，如今我对公积金可以说“了如指掌”。后来，慢慢觉得公积金制度真是“博大精深”，只是以前不了解而已。住房公积金其实就是单位发给个人的住房工资，只不过是国家“强制”发的——由单位和个人按同等比例缴存。

一个人如果缴存了住房公积金，就拥有一个住房公积金账户，不管个人缴交的部分还是单位缴交的部分，日积月累，就能形成一笔可观的“储蓄”。实际上是以法定强制储蓄的形式为市民营造着一笔个人财富。这笔个人财富可能转化为实物形式——即你可以动用住房公积金购买住房；也可以表现为货币形式——即归你所有的储蓄存款。

后来，每次在报纸杂志或者网上，看到公积金字眼，便忍不住要多看两眼。对住房公积金的了解也越来越多，后来还有了惊人的发现，我把我这“独家发现”（一般人真不知道）告诉了我男朋友——国家的住房公积金制度里，公积金最后还有可能成为你的退休收入，如果你从来没动用过公积金，或者你以前曾动用过但后来又有了积累。

现在，每当身边有人要提取公积金时，总会激起我兴奋的神经，我会将自己提取公积金的过程细致地告诉他们。当我一看到住房公积金管理中心“纪念苏州市住房公积金制度建立二十周年”征文时，虽然工作挺忙，但一直记在心里，决定一定参加，写下了自己用公积金购房的事，感谢国家有这样好的住房制度和政策，也给更多的市民分享，希望大家都能得到住房公积金的帮助。

记得搬入新家的那晚，我和男朋友都兴奋极了，很晚很晚了，我俩还手拉着手在阳台上说话，夜幕笼罩下的城市流光溢彩。男朋友说：这是我们自己的“小狗窝”，过两天咱们就把婚礼办了吧。我也开心极了，紧紧依偎在他怀里。

今年“五一”，我和男友结婚了。如今，我们的小家安置在环境优美的小区。小区里鸟语花香，绿草如茵；每次，当我俩漫步小区时，都会相视而笑，脸上幸福荡漾；每天，当清晨的阳光洒满客厅，我时常会走到阳台上，迎着东升的旭日，对朝阳道个早安！也在内心说一声——你好，公积金！谢谢！

住房公积金，圆我爱巢梦！

住房公积金人礼赞

广东省江门市蓬江区 李志华

岁月长河悠悠流淌，既留下了脚步，也承载着希望。2012 年也许只是平凡的一年，但是对于每一个住房公积金工作者来说，这又怎能是平凡的一年？公积金制度喜迎 20 华诞，20 年的悠悠岁月，你们与苏州广大市民阔步前行。作为每一名苏州市民，在这特殊的日子里不禁心潮澎湃，想说的话有很多、很多……

我们的这个“家”不也是借助于住房公积金贷款，才开始住有所居、安居乐业的生活吗？自己正是公积金制度下住房政策的众多受益者之一，正是在这样惠民政策的支持下，我这个“外省人”才得以告别了“蜗居”的生活，有了自己的居所，在苏州这个大都市扎根、成长！想到这里，我不禁激动起来，感慨自己是一位赶上公积金时代的幸运儿。

20 年前，我们学习先进地区的公积金成功经验，结合中国的国情，建立起了具有中国特色的住房公积金制度，开辟了我国住房公积金制度的先河，在深化住房制度改革上迈出了重要一步。20 年来，住房公积金制度在促进苏州房地产市场科学发展、逐步实现住房商品化、市场化方面发挥着极其重要的作用。住房公积金低息贷款如雪中送炭，帮助了千千万万的家庭圆了住房梦。20 年后的今天，苏州市的公积金制度又率先在推进普遍性住房保障，尤其是针对中、低收入群体的特殊住房保障(廉租房、经济适用房、拓展支取范围)方面进行探索和尝试，不仅推进住房政策改革的顺利进行，也使公积金制度、公积金工作进入新的起点，引向新的机遇，迎接新的挑战！

“不积跬步无以至千里，不积小流无以成江海。”公积金制度能取得今天的成绩，与苏州市众多住房公积金工作者辛勤付出密不可分。大家付出的不但有汗水也有泪水；每一份付出、每一份爱心都蕴涵了代代相传的公积金精神，更满载了一批批公积金人的希望和憧憬。你们的汗水如能让更多的人“居者有其屋”那将是工作者们最大的梦想。公积金工作者在那服务窗口为市民热情周到讲解；负责业务咨询的公积金工作者不厌其烦地与市民沟通……还有更多更多服务在幕后的公积金人，用辛勤的汗水浇灌着公积金事业希望的沃土。

20 年在历史的长河中转瞬即逝，但 20 年公积金制度的发展却深深地烙在了每一个热爱这份事业的公积金工作者心头。你们满怀自豪感，自豪于对事业的执着和奉献；你们肩负责任感，你们的一言一行都可能影响着一个家庭的住房梦想；你们深怀使命感，促使你们时刻学习时政方针，实践当前，思考苏州的未来。

每一名新入职的公积金工作者充满自信，你们无愧使命，必将在公积金的天地中快速成长！你们对事业的希望与坚定信念，我相信在广泛的宣传下，公积金制度一定会更加深得民心；我相信在督促与执法的结合下，公积金的缴交一定会执行更到位，覆盖更广泛；我相信在保障房工作的逐步推进中，公积金制度的互助性会越来越被认可，高收入缴存者对中、低收入缴存者在政策享用中的“反哺”作用越来越普遍；我相信在公积金制度的不断发展与优化机制会越来越合理，风险防范会越来越完善；我相信在不久的将来，公积金制度的互助性和公平性会像一阵阵春风吹遍苏州的每一个角落，照映出社会互助和公平的影子；这一天的到来并不遥远，希望就在明天！

公积金制度让企业留住人才

苏州市工业园区　贾迎虹

我是公司的人事主管，最近好不容易招聘到一位技术精湛、从事计算机研发的“海归”孙歆。在面试时，孙歆向我们提出：他的家属都在广东，进公司后不想缴纳公积金，当然也包括社保基金。我向公司老总汇报后，公司老总叫我和他详细介绍苏州公积金制度的优越性，并请办公室主任向他介绍公司的发展前景，地点可以找一个幽静茶室，泡上一壶新茶，茶钱可以到公司里报销。

在茶室里，我向孙歆详细介绍了苏州公积金贷款利率优惠、还款方式灵活多样、公积金贷款成数高、首付压力小等优越性。办公室主任向他介绍了公司的过去和发展前景，气氛十分融洽。孙歆感叹地说：“上有天堂，下有苏杭。苏州又有这么好的政策，苏州真是人间天堂！”孙歆说他原来准备干个几年就回广东老家，听了我们的介绍，知晓了苏州经济发展的前景后，改变了主意，决定在苏州扎根落户。我们问：“是否要交公积金和社保基金？”孙歆不好意思地说：“当然要交！”

因为和孙歆话谈得投机，不知不觉地到了吃中饭的时候，我和办公室主任暗自商量：没办法！今天只能自己花钱请孙歆吃一顿中饭，初次请客必须有一定的档次。当我向孙歆表明要请他吃中饭时，孙歆对我和办公室主任说：“今天你们给我上了一堂很有意义的课，让我茅塞顿开。今天我一定要请两位老师吃顿饭，出这一点学费真是小意思啦。”

由于苏州有好的公积金制度和社保基金制度，使我们公司留住了人才。时间证明：自从公司有了“海归”孙歆这个人才，我们公司有了长足的发展。

拳拳公益之心 积小流成江海

张家港市暨阳中路 龚震岐

唐代诗人杜甫有诗云:“安得广厦千万间,大庇天下寒士俱欢颜。”诗句对于贫居茅屋且茅屋仍为秋风所破的诗圣杜甫来说,在当时无疑是一种遥不可及的梦想,因而诗人也只能赋诗以解愁绪。但杜甫在千年之前梦想的景象,在当今已成为现实:广厦林立,岂止千万间!这样璀璨的成果,除了社会制度的本质不同、经济发展水平的提高等因素之外,离不开住房公积金制度所作的巨大贡献。

1992年,苏州市在“我国深化住房制度改革、建立具有中国特色的住房公积金制度”的政策背景下,在国内率先建立了住房公积金制度,实行“个人存储、单位资助、统一管理、专项(住房)使用”的原则。其后,国务院颁布了行政法规《住房公积金管理条例》,苏州市人民政府发布了地方规章《苏州市住房公积金管理办法》。这些法规、规章的完善,使得住房公积金制度不仅依靠政策,而且有了法规依据。如今,住房公积金制度已经深入到千家万户,成为劳动就业、居家生活的常见话题,构筑了民生工程“五险一金”中的“一金”。

在实施住房公积金制度的过程中,为了保障缴存者的知情权、监督权,增加服务渠道和管理的透明度,住房公积金管理中心向缴存者发放了住房公积金卡,开通了电信自动语音查询电话65111288、电话查询16822888、短信查询、网站查询以及建设银行龙卡查询等多个住房公积金查询渠道。近年来,苏州市住房公积金管理中心在苏州市率先基本实现现代化的号角激励下,市中心以及下属的各个分中心,以创新举措、服务民生的态度,不断增设服务渠道,便利百姓生活。而我,作为一名执业律师,也在苏州市住房公积金管理中心张家港分中心的便民举措感召下,自2010年1月1日起,受聘担任了该分中心的法律顾问,成为苏州市住房公积金管理中心张家港分中心便民工作大团队中的一员。

在担任法律顾问之初,由于对公积金制度的具体细节了解不深,我仅仅是一名提供法律、政策咨询的律师,服务对象主要是分中心的相关部门。2011年,张家港分中心领导进一步创新服务理念,与本人所在的江苏国之泰律师事务所共建了全国首创的“住房公积金法律咨询服务中心”,由此,我和我的同事的服务领域开始了全新的拓展。牌子挂了,就得做事:深入学习公积金制度知识、建立服务台账、开通服务热线、链接服务网站,解答群众咨询等一系列的行动,只为了更好地服务于公积金制度的实施,更好地服务于百姓生活。

在为群众提供关于公积金政策法规咨询的服务工作中,我不时会听到“我想买套自己的房子”这样朴实的话语。我想:这就是我们中国人,始终受“安居乐业”传统理念强烈影响着的一代代中国人。购房者东凑西借,加上自己积攒了多年的积蓄,就是为了有套自己的房子。只有有了房子,才算真正地有了自己的家,才能在这忙忙碌碌的城市中找到一个属于自己的栖息地,才会觉得安稳,才会感到幸福,这也是我们的党和政府希望给予百姓的幸福之一。但是,仅靠积蓄和私人借款,难以早日实现购房的心愿,而正是住房公积金制度,给了购房者有力的援手。

在服务工作所需的公积金制度的学习中,我了解到:20年来,苏州市在推行住房公积金制度中,牢牢把握住了“民生制度”的本质,宣传并倡导互助互济,不断提高住房保障能力。通过社会统筹,帮扶中、低收入家庭和困难群众解决和改善住房问题,践行着社会公平。时值20年后的今天,公积金制度又率先在推进普遍性住房保障,尤其是针对中、低收入群体的特殊住房保障(廉租房、经济适用房)方面开始进行探索和尝试,不仅推进住房政策改革的顺利进行,也把公积金制度、公积金工作者带入新的工作起点。

在因服务工作而与住房公积金中心工作人员的接触中,我感受到:苏州市在推行住房公积金制度的工作中能取得今天的成绩,苏州市住房公积金管理中心和各分中心能够成为家喻户晓的单位,都是与众多住房公积金工作者的辛勤付出密不可分的。他(她)们把法规赋予的管理权看成了服务百姓的职责和义务;他(她)们满怀的不只是激情,更有着一份公益服务心:深入企业了解公积金扩面的难点问题并予以解决,认真倾听每一位来访群众的疑问并给予耐心的解答。住房公积金事业满载着一批批公积金人的期望和憧憬。

20 年,在历史的长河中转瞬即逝。而公积金制度 20 年的发展历程,却像烙印一样深深地印在每一个热爱这份事业的人的心头。

由服务工作中的所见、所闻和所思,我感受到了为住房公积金制度做好服务工作的意义:它不只是一件工作,还是一项公益活动。我突然想到了“不积跬步无以至千里,不积小流无以成江海”这句话,或许,它在一定程度上体现了公积金的“积”字,如果再与和谐社会中“我为人人,人人为我”的公益理念相结合,“公积金”三字,岂不昭示了制度设计之初就已定下的内涵!

附 录：

苏州市住房公积金制度发展报告（1992—2012）

苏州科技学院房地产研究所

一、苏州市住房公积金制度的特色与发展经验

苏州市住房公积金制度始于1992年，至今已有20年的发展历程。它对改善居民住房条件、提升居民购房支付能力、培育住房金融、促进住宅房地产业发展、推进住房市场化配置，都发挥了重要的推动作用。

（一）制度特色

在20年的实践中，苏州市住房公积金事业适应经济社会发展的实际情况，归集扩面工作从以公有制单位为重点发展到以非公企业为重点，在全国率先给予外来职工以“市民待遇”，不断探索促进保障受益面的扩大，积极推行“管办分离”模式以及完善资金风险监管机制等，形成了苏州市住房公积金事业发展特有的脉络和鲜明的特色。

1. 公有制单位发展到非公企业，住房公积金的归集面不断扩展

1992年，苏州市住房公积金的缴存主体为行政、事业、国有企业单位。1995年，缴存主体扩大为“党政机关、群众团体、企事业单位（包括国有、集体、民营、私营和股份制等企业）和中外合资、合作、独资企业”。2004年，明确“以非公企业为重点，努力扩大住房公积金覆盖面”工作目标，为非公企业公积金扩面营造有利的政策环境。2006年，苏州市政府以政府规章形式颁布实施了《苏州市住房公积金管理办法》，通过立法强力推动扩面工作的开展。该《办法》对依法规范各主体的行为，切实维护职工群众的合法权益，提供了有力的法律保障，对推进住房公积金制度产生了深刻的影响。2008年，缴存住房公积金被列入劳动合同新示范文本，增强了企业和职工缴存住房公积金的意识，深化了住房公积金的扩面工作。

2. 率先给予外来职工以“市民待遇”，探索并促进了保障受益面的扩大

1999年4月，国务院《住房公积金管理条例》颁布后，苏州市基于自身外向型城市的特点，率先规定凡是企业的在职外地户籍职工，不论来自城市，还是来自农村，均应一视同仁为其缴存住房公积金，不得歧视。2002年8月，苏州市又取消了借款人必须具有本市常住户口的限制，外地户籍的职工同享住房公积金制度的优惠政策。

自2006年起，降低租房提取住房公积金的政策门槛，职工用住房公积金支付房租不受家庭收入的限制，只要租房，即可提取本人账户中等同于租金额的住房公积金。2011年，苏州成为第一个在省内尝试租住企业集宿楼可以委托提取公积金的城市，并且将此方式在公租房等领域推广。大大增强了公积金制度的吸引力，赢得了社会对公积金制度的理解和支持。

3. 积极推行“管办分离”模式，严格实行全系统“四统一”管理，完善资金风险监控机制

2003年，按照《条例》规定，调整充实了住房公积金管理委员会，作为住房公积金管理的决策机构。设立了苏州市住房公积金管理中心（1992—2002年7月名为苏州市住房基金管理中心，下同），负责本行政区域内住房公积金的管理运作。及时制定了涉及住房公积金缴存、提取、个贷、财务、计算机系统、执法等九大类业务管理规程，使全系统上下较快完成了制度“对接”，在全省率先实行“四统一”管理。2004年，补充制定了货币资金、贷款审批、提取审核、贷后管理等四项内部控制制度，组建内部审计工作组，做到全系统各项业务始终处于监管之中。住房公积金资金风险监控机制得到不断完善。自2004年起开展资金管理ISO9001:2000质量体系建设，于2006年年底通过验收，获得中国质量认证中心颁发的《质量管理体系认证证书》。2011年，为适应管理规模和提升服务需求，积极推行市区公积金“管办分离”管理模式，设立市区管理部具体负责办理各项公积金业务，分解管理与服务职能，从体制上保障管理和服务水平的提升。

2005年自主研发并试点运行统一的公积金个人贷款管理系统，初步实现了对贷款运行状态的实时监控。2009年苏州市住房公积金管

理中心实现与中国人民银行“个人征信系统”联网，统一规范档案管理整理标准，档案管理规范化和数字化进程得到明显加快。2010 年，公积金综合业务管理信息系统于当年 3 月 1 日正式上线运行，全市公积金业务系统架构和运行效率居全国前列，业务管理和服务工作迈上了新台阶。

（二）发展经验

苏州 20 年住房公积金制度的发展引起全国同行的高度关注。20 年来，苏州立足于自己的实际情况，不断创新，按照住房公积金制度发展的特有规律走出了自己的路子。20 年，苏州经验总结如下：

1. 坚持社会公平与互助原则，大力支持中低收入群体

公积金管理始终坚持社会公平与互助原则，把支持中低收入群体住房保障工作作为“重中之重”。住房公积金始终坚持对中低收入家庭实行 VIP 服务，出台一系列优惠政策专对中低收入家庭倾斜，在支持中等收入以下群体提高购房支付能力方面，发挥了重要作用。

2009 年，《关于进一步做好对中低收入家庭住房公积金服务的意见》出台，全方位构建中低收入家庭住房公积金保障服务体系，充分体现了住房公积金制度保障优势。同时，苏州市住房公积金管理中心协调住房置业担保公司，对中低收入家庭实行住房公积金贷款担保服务费全免政策，实实在在减轻了他们购房资金的支付压力。并且中低收入家庭职工办理住房公积金提取时也能享受到更多的优惠政策，不论是办理购房提取，还是还贷提取或还贷委托提取，都可以全额提取，住房公积金账户不需留存额，苏州市住房公积金管理中心还设计开发了“中低收入家庭数据集中查询库”，通过查询应用该数据库，对一些月缴存额低于最低标准的职工，有针对性地到用人单位开展催缴增缴工作，尽力做好企业与职工的沟通和协调。

2. 坚持科学管理，推动业务标准化、规范化、制度化

一直以来，苏州市住房公积金管理中心紧紧围绕保证住房公积金的安全、化解业务操作风险、提高绩效能力和服务水平等问题，进行了积极的理论探索和工作实践。整个过程按照“规范科学、结构合理、程序严密、防范风险、制约有效”的思路，在相关专业咨询公司的帮助下，经过两年多的努力，组织研编和实施了《苏州市住房公积金业务操作

与控制手册》。该《手册》对于公积金机构贯彻落实法规政策，创新管理模式，提高服务水平，降低管理成本，保证住房公积金资金安全运行，化解业务操作风险，建立和完善住房公积金的考核体系和绩效评价体系，具有十分重要的意义。

2009年8月，中国软科学研究会组织国内管理、金融、房地产方面的著名专家、学者对《苏州市住房公积金业务操作与控制手册》进行论证。与会专家一致认为，苏州市住房公积金管理中心推出涵盖住房公积金业务和服务标准化、系统化、规范化19项《手册》的做法，充分表明苏州走在了全国的最前列，首创“苏州标准版《手册》”具有在全国推广应用和借鉴的价值。

3. 坚持利民便民，推动服务创新

苏州自2004年起使用全市统一的公积金卡，实行凭卡办事制度。通过公积金卡的发放，全市基本实现缴存公积金的职工“一人一卡”。并且各级均在当地组织承办银行、担保公司进驻服务大厅，实行公积金贷款、提取、开户等业务“一站式”服务。2006年，开始全市各级统一执行“服务标准”和“管理规定”，努力实现服务的规范化、标准化、人性化。当年，苏州市住房公积金管理中心服务大厅同时取得“五一文明岗”称号和通过“青年文明号”创建验收，全系统8个服务大厅实现零投诉。2009年，市区范围内实行各承办银行提取通兑，大市范围内取消商业住房贷款还贷证明，办事效率明显提高。同时全系统各级深入售楼处、房交会、社区现场，提供政策咨询、预约办理等服务，受到广大群众的好评。2010年，为优化网点设置，全市公积金窗口网点从原来的31个增至41个；取消职工遗失公积金卡需登报声明的规定，实行大市范围内个人账号及公积金卡全市通用；同时依托业务信息系统支持拓展服务功能，开发实施单位暂存汇缴挂账功能和企业汇缴委托收款业务，简化企业公积金错缴更正手续，启动单位网上业务，为企业办理公积金业务提供了更加便利快捷的服务。自2011年起，全力打造“公积金，惠万家”特色金牌服务，建立品牌VI手册，实现服务品牌软硬件设施和内容形式标准统一。20年的不断发展与完善，社会对住房公积金的感受度、信任度和满意度不断增强。

二、住房公积金的归集

自1992年苏州市建立住房公积金制度以来，截至2012年年末，累计公积金归集额已达722.61亿元；归集余额为303.3亿元；缴存人数达170万人。

（一）归集

住房公积金归集是指住房公积金管理机构，依据《住房公积金条例》，将职工个人及其所在单位按照规定比例缴存的住房公积金，全部归集于管理机构在受委托银行开立的住房公积金专户内，存入职工个人账户，并集中管理运作的行为。住房公积金归集随着时间的推移，不断增强着职工解决住房问题的互助性支付能力，为扩大职工的住房消费构筑了坚实的基础。

苏州市住房公积金2002—2012年归集额逐年快速稳步地增长，从2002年的13.82亿元到2012年的140亿元，平均年增长率为26.35%。同时，缴存人数也呈现稳步增长的态势，从2002年的61.94万人到2012年的170万人，平均年增长率为10.93%。预计到2015年年末，全市住房公积金缴存人数将达220万人。

（二）积累

苏州市住房公积金2002—2012年累计归集额和期末归集余额均呈现出快速增长的态势。

苏州市住房公积金累计归集额，由2002年年末的59.10亿元增加到了2012年年末的722.61亿元，累计净增加663.51亿元，年平均增长率约为28.45%。其中，“十一五”期间，全市累计归集住房公积金333.36亿元，年均增长19.96%；“十一五”末住房公积金余额达203.31亿元。预计“十二五”期间，归集额年均递增15%，全市累计归集680亿元，比“十一五”时期翻番。

苏州市住房公积金期末归集余额，由2002年年末的39.06亿元增加到了2012年年末的303.3亿元，累计净增加264.24亿元，年平均增长率约为22.75%。2002年年度人均缴存公积金数额约为2 231元/人；到了2012年，年度人均缴存公积金数额增加到约8 235元/人，10年间增加了3.69倍。

期末归集余额与累计公积金归集额比较来看，期末归集余额占当年累计公积金归集额的比值越来越小，从 2002 年的 66.09% 下降到 2012 年的 41.97%，公积金归集资金的利用效率得到了持续提升。

三、住房公积金的使用

（一）住房公积金个人贷款总体概况

1993 年，苏州市住房公积金个人贷款正式发放，当年发放金额约为 0.10 亿元。随后发放额度逐年增加，到 2012 年度住房公积金贷款发放金额约为 98.68 亿元。从 1993 年到 2012 年 20 年间，苏州市住房公积金个人贷款累计发放总额达 443.79 亿元。截至 2012 年年末，住房公积金贷款余额为 269.27 亿元。个人贷款累计受益户数为 22.6 万户；支持购、建房总面积为 2 135.14 万平方米。

1. 住房公积金个人贷款金额持续增加

1997 年个人贷款发放额突破 1 亿元，2003 年突破 10 亿元，2009 年突破 50 亿元，2012 年个贷发放额高达 98.68 亿元。从 1993 年到 2012 年的 20 年间，个人贷款累计发放额为 443.79 亿元，其中，1993 年至 2002 年累计总额为 26.57 亿元，年均 2.66 亿元；2003 年至 2012 年累计总额为 417.23 亿元，年均 41.72 亿元。

2. 贷款累计发放户数不断扩大

从 1993 年到 2012 年 20 年间，住房公积金贷款累计发放户数不断扩大。截至 2012 年年末，累计受益户数约为 22.6 万户。从 2004 年到 2012 年，住房公积金个人贷款受益户数净增加约为 16.41 万户，年均净增 1.82 万户。

3. 户均公积金贷款金额稳中有升

2007 年和 2008 年户均贷款金额连续 2 年接近 20 万元的上限。苏州市住房公积金管理中心审时度势，根据居民收入状况和房价走势，适时调整了公积金贷款的上限，自 2009 年 1 月始市区范围内，两人以上符合条件最高贷款额度为 50 万元，一人符合条件最高贷款额度为 30 万元。总体来看，人均贷款金额呈现稳中有升的态势。

4. 资金使用维持高效，贷款逾期持续下降

自 2004 年到 2011 年，资金使用率持续维持在 80% 左右，呈现出既高效使用又安全流转的良好态势。从贷款逾期率方面来看，贷款逾期率由 2004 年的 0.086 8‰下降到 2011 年的 0.000 1‰，呈现持续下降

的态势。特别是近5年来,苏州市住房公积金管理中心在贷款业务管理中坚持规范化、标准化和科学化,不断完善住房公积金贷款制度,贷款逾期率一直维持在较低的水平,年均贷款逾期率仅为0.002 3‰。

（二）基于随机抽样数据的住房公积金个人贷款情况分析

苏州市(不含工业园区)2001年到2011年公积金贷款总人数约为16.28万人,经按80/20规则随机抽样并审核形成的36 288条数据,统计显示:

(1) 平均总房价、平均公积金贷款额、平均公积金和商业组合贷款均呈现递增趋势。其中,平均总房价由2001年的每套19.45万元上涨到2011年的78.25万元;平均公积金贷款金额也由2001年的7.52万元增加到2011年的29.42万元。在公积金和商业组合贷款中,商业贷款使用量相对较少,2001年平均仅为2.9万元,2011年平均也仅为7.18万元。

(2) 在使用公积金或公积金和商业组合贷款购买的房屋中,各年份房屋平均面积与主贷人平均年龄呈一定程度的下降态势,尤其是自2003年到2011年下降较为明显。其中,房屋平均面积最大在2003年为130.72平方米,之后逐渐降低至2011年的103.53平方米。主贷人平均年龄最大在2004年为35.87岁,之后有所降低,到2011年平均为32.73岁。上述关系说明了在房价不断上涨的过程中,购买房屋的面积逐渐趋向中小套型,同时,购房人群也逐渐趋向年轻化。

(3) 平均公积金贷款额与房屋平均单价、平均家庭月收入和公积金平均贷款年限四者变动关系呈现同向递增的关系。其中,历年平均公积金贷款额与房屋平均单价、平均家庭月收入三者近似为同步递增关系。另外,由于购房人年龄的年轻化和平均公积金贷款金额的增加,引致了公积金贷款年限的拉长,尤其是近年来平均公积金贷款年限增加较为明显,从2005年的13.87年增长到2011年的19.72年。

（三）住房公积金提取情况及分析

1993年苏州市住房公积金提取业务就已开展,当年提取额仅0.04亿元,到2012年度住房公积金提取额为83.17亿元。截至2012年年末累计提取额约为419.31亿元,其中,用于构、建住房和偿还贷款为332.9亿元,用于其他为86.41亿元。近年来,随着住房公积金贷款人数的不断增多，提取笔数逐年飙升，如2010年和2011年两年的总提取笔数已近300万笔。

1. 住房公积金提取金额逐年递增

1993年当年提取总额约为0.04亿元，到1998年度提取额突破1亿元，2004年突破10亿元，2009年突破50亿元，2012年度提取额再创新高。截至2012年年末，住房公积金累计提取总额约为419.31亿元，其中，1993年至2002年10年间累计提取金额约为20.04亿元，年均2亿元；2003年至2012年10年间累计提取金额约为399.27亿元，年均39.93亿元。

2. 住房消费类提取是住房公积金提取的“大头”

2000年度住房消费类提取额约为1.47亿元，年度销户类提取额约为1.07亿元，总提取额约为2.54亿元，其中，住房消费类提取额占总提取额的57.77%。到2006年度住房消费类提取额约为18.73亿元，年度销户类提取额约为4.57亿元，总提取额约为23.30亿元，其中，住房消费类提取额占总提取额的80.40%。再到2011年度住房消费类提取额达54.89亿元，年度销户类提取额约为12.30亿元，总提取额约为67.19亿元，其中，住房消费类提取额占总提取额的81.69%。2000年至2006年间，年度住房消费类提取额占年度总提取额的比例不断攀升，而年度销户类占比则持续下降。2006年后，年度住房消费类提取额占比基本维持在80%左右，年度销户类占比则基本维持在20%上下。显然，在历年住房公积金提取中，住房消费类提取是住房公积金提取的“大头”。

3. 在住房消费类提取中，归还按揭贷款类提取占主导

住房消费类提取总额主要由购房一次性提取额和归还按揭贷款类提取额两部分组成。其中，归还按揭贷款类提取占主导。从2000年到2011年，累计住房类消费总提取额约为262.32亿元，其中，累计归还按揭贷款类提取约为175.79亿元，后者对前者的占比为67.01%。另外，从历年归还按揭贷款类提取额对该年住房类消费总提取额的占比来看，最低占比年份为2000年的29.07%，最高占比年份为2008年的78..88%，2007年至2011年的平均占比约为70%。

4. 提取笔数逐年飙升，单笔提取金额逐年下降

提取笔数与单笔提取金额呈反向变动关系，提取笔数逐年飙升，单笔金额逐年下降。从提取笔数来看，自2006年至2011年的6年间，2006年为24.43万笔，2008年为53.04万笔，2010年为129.76万笔，2011年为161.20万笔。再从单笔提取金额来看，2006年单笔提取额约为9 537元，2008年约为6 950元，2010年约为4 526元，2011年约为4 168元。二者之所以呈现反向变动，显然是由于在住房消费类提取中归还按揭贷款类提取是“大头”所导致的，即越来越多的人利用公积金偿还每月的按揭贷款所致。

（四）住房公积金对保障性住房建设的支持情况

苏州市住房公积金制度在长期的实践探索中，逐步把推行、加强和完善住房公积金制度与苏州市实施住房保障工作紧密结合起来，努力秉承住房公积金“取之于民、用之于民、造福于民”的目标取向和服务理念。早在2001年之前，苏州市住房公积金管理中心就已开始建立“廉租房建设补充资金”用于支持廉租房建设制度。2012年7月31日，苏州市住房公积金管理中心印发了《苏州市住房公积金支持保障性住房建设项目贷款实施办法（试行）》，规范住房公积金支持保障性住房建设项目贷款管理工作。除此之外，2011年12月，苏州市住房公积金管理中心还印发了《苏州市中等偏低收入住房困难家庭住房公积金贷款贴息实施办法（试行）》的通知，也是一项切实实现中等偏低收入住房困难家庭的住房保障的利民举措。

1. 使用含有公积金贷款支持的购、建房面积持续增长

近年来，在全市全部购、建房中，使用含有公积金贷款支持的购、建房面积持续增长。2006年至2012年，使用含有公积金贷款支持的购、建房总面积已由2006年的800万平方米增加到2012年的2 135万平方米，年平均增长率为18.05%。使用含有公积金贷款支持的购、建房面积的持续增长，说明了住房公积金对居民实现住有所居的支持作用越来越大。

2. 坚持公积金对廉租房建设补充资金的持续支持

住房公积金对廉租房建设给予了持续的支持，支持资金呈现增加的趋势。住房公积金对廉租房建设累计给予7.1亿元的资金支持。近

3 年,平均每年建立的廉租房建设补充金额约为 1.49 万元。

四、住房公积金的管理

(一) 业务管理

2006 年苏州市政府颁布实施了《苏州市住房公积金管理办法》,使苏州市住房公积金制度法制化、规范化建设上了一个新台阶。同时,苏州率先在全省强化"四个统一"管理体系,管理机制进一步健全和完善。

1. 手册

苏州市住房公积金管理中心围绕保证住房公积金的安全,化解业务操作风险,提高绩效能力和服务水平等问题,进行了积极的理论探索和工作实践。整个过程按照"规范科学、结构合理、程序严密、防范风险、制约有效"的思路,经过两年多的努力,组织研编和实施了《苏州市住房公积金业务操作与控制手册》。该《手册》对于公积金机构贯彻落实法规政策,创新管理模式,提高服务水平,降低管理成本,保证住房公积金资金安全运行,化解业务操作风险,建立和完善住房公积金的考核体系和绩效评价体系,具有十分重要的意义。

2. ISO9001

ISO9001 标准是世界上许多经济发达国家质量管理实践经验的科学总结,具有通用性和指导性。细化和完善并全面推行 ISO9001 质量管理体系,深挖住房公积金管理中心在各项业务中的风险点,以"风险防范"为导向,以"消除隐患"为目标,强化"业绩考核",加强和完善住房公积金管理中心内部控制体系,实现对重点业务和项目的事前、事中、事后全过程控制及有效的内外部监督,保证业务管理和资金运行安全高效。

3. 信息技术开发与应用

全面提升、扩展单位网上业务功能,进一步使单位快速便利办事,所有缴存业务应网尽网,所有缴存单位应网尽网;与商业银行建立更紧密的合作关系,全面推广缴存委托收款业务,采取多种收款方式,促进汇缴及时到账。全力发展住房公积金个人网上业务,积极开展面向职工的移动互联网平台应用开发,逐步增加职工通过网络办理个人业务的种类。借用银行卡信息资源及身份认证,实现住房公积金卡与银行卡的绑定，开通了提取住房公积金实时转账方式，逐步减少柜台现金提取，为实现自助服务打下了基础。加快信息服务平台建设，丰富服务渠道，建立以门户网站、网上服务大厅、呼叫中心、短信平台、自助终端等多方位的服务窗口，为缴存单位、职工提供全方位便捷服务；逐步建立全面的数据交换和信息共享平台，与相关职能部门、受托银行、缴存单位交换数据，实现数据资源的共享，促进服务创新和强化业务控制。

4. 廉政指引

为了切实加强住房公积金廉政风险防范工作，确保资金安全和有效运用，维护缴存职工的合法权益，根据中纪委十七届五次全会关于“推进廉政风险防控机制建设，形成有效预防腐败的长效机制”的要求，苏州市住房公积金管理中心编制了《苏州市住房公积金廉政风险防控指南》。针对每一种风险类型，明确了可能存在的风险点。针对不同情形的风险点，又有各种不同的防控措施、责任人、政策依据及具体规定内容等。20 年来，通过体制和机制的保障，切实加强了住房公积金廉政风险防范工作，确保资金安全和有效使用，维护缴存职工的合法权益。

（二）增值收益管理

住房公积金增值收益是住房公积金归集、使用过程中业务收入和业务支出之间的差额。2012 年预期实现增值收益 22 169 万元。住房公积金增值收益全额存入住公积金管理中心在受委托银行开设的住房公积金增值收益专户。住房公积金增值收益用于建立住房公积金风险准备金、管理中心的管理费用和提供廉租住房建设的补充资金。苏州市住房公积金增值收益管理执行《住房公积金财务管理办法》（财综字〔1999〕59 号），进行住房公积金增值收益及其分配核算。住房公积金增值收益在建立住房公积金贷款风险准备金和上交财政管理费用后的余额，作为城市廉租住房建设的补充资金。城市廉租住房建设的补充资金，经住房委员会批准后，上缴本级财政部门，由财政部门拨给廉租住房建设主管部门，专项用于城市廉租住房建设。

五、苏州市住房公积金制度实施的效率与效益

（一）苏州市住房公积金制度实施的效率

近年来，随着苏州经济的快速发展和城市化进程的加快，职工的住房消费需求持续增加，越来越多的职工享受了住房公积金制度给自己带来的益处。

1. 公积金归集扩面持续增长，覆盖面与受益面不断扩大

2002—2012年苏州市住房公积金缴存人数，由2002年年末的61.9万人增加到2012年年末的170万人，10年间公积金缴存覆盖人数净增加约108万人。年度公积金归集额也由2002年的13.82亿元增加到2012年的140亿元，累计归集额高达677.33亿元。很显然，公积金归集扩面实现了持续增长，尤其是归集“总盘子”实现了高速扩大。之所以能持续保持快速的增长速度，主要是住房公积金管理中心依靠政府，将扩面增人目标连续多年列入政府实事项目，实行目标责任考核的结果。

住房公积金管理中心以“进一步扩大非公企业住房公积金归集覆盖面”为责任目标，加大宣传和督促力度，协调各方多渠道开展催建催缴，争取社会各界更多的支持和配合，共同营造全社会维护职工合法权益的有利氛围。自2005年以来，扩面增长十分显著。特别是在2008年至2009年期间，面对金融危机，住房公积金管理中心及时调整缴存扩面策略，制定出台困难企业降低缴存比例和缓缴政策，较好地应对了金融危机带来的影响。

2. 贷款规模持续扩大，公积金普惠性作用明显

截至2012年年末，全市（不含工业园区）住房公积金贷款累计发放额已达443.79亿元，是2000年年末累计额的36.9倍，是2005年年末累计额的4.5倍。从整体趋势来看，住房公积金个人贷款金额持续增加。2003年，对借款人的户籍进一步放宽为“取消共同共有产借款人申请公积金贷款需具有市区城镇常住户口的规定，调整为共同共有产借款人申请公积金贷款可不受户籍所在地限制”。2007年，为适应苏州城市化进程，方便职工异地购房贷款，在苏州大市范围内开办异地购房的住房公积金贷款业务。2008年，夫妻一方在苏州工业园区工作并参照市区住房公积金政策缴存住房公积金，另一方在苏州市区缴存住房公积金的，可以按双方月缴存额合并计算贷款额度。2010年，为优化招才引智软环境，支持高层次人才解决住房问题，住房公积金管理中心印发了《关于高层次人才住房公积金政策优惠有关规定的通

知》。2011 年,针对中等偏低收入住房困难家庭,印发了《苏州市中等偏低收入住房困难家庭住房公积金贷款贴息实施办法》。以上举措,显著地促进了公积金贷款规模的持续扩大,有效地扩大了公积金普惠性作用。

3. 公积金资金运行安全,办事及服务效率持续提高

2005 年,苏州市住房公积金管理中心采取建立内部审计机构、完善内部控制制度等措施,实现了内部监管的加强,确保了资金运行的安全。2006 年,资金管理 ISO9001:2000 质量体系通过验收。2007 年,苏州市住房公积金管理中心实施《业务操作与控制手册》等内控制度,使住房公积金主要业务更加规范化和刚性化,进一步保证了流程的规范化和资金的安全化。2008—2009 年,以强化管理为核心的住房公积金信息管理系统升级换代工作全面展开,新系统为住房公积金的安全运行提供了更强的技术保障。

2005 年 8 月,继市住房公积金管理中心之后,各分中心管理部全面实行了"一站式"大厅服务,服务效率进一步提高。2006 年,住房公积金管理中心强化服务意识,健全服务制度,规范服务标准。2010 年、2011 年连续两年在市作风效能建设评比中,名列承担部分公共服务职能的企事业单位组第一名。2008—2010 年,对计算机管理系统的运行环境进行了全面改造,提升了信息化服务的便捷性、稳定性和安全性。

(二)苏州市住房公积金制度实施的社会和经济效益

1. 促进社会公平和实现社会互助

在苏州市住房公积金制度 20 年的发展历程中,住房公积金缴存比例根据社会经济发展和居民收入的实际情况进行了多次调整:1992 年单位和职工各为 5%、1997 年为 6%、2000 年为 7% ~8%、2002 年为 8%、2003 年后为 8% ~12%。2006 年,《苏州市住房公积金管理办法》的出台将统一缴存比例强制上升到法规的约束层面,既体现了对不同情况企业给予一定的弹性空间,又杜绝了任意多缴或少缴的不合理不公平现象。

2001 年是"月平均工资低于 600 元的,按 550 元计缴,月平均工资超过 2 500 元的,按 2 550 元计缴";2003 年是"月平均工资收入低于 600 元的,按 600 元计缴;月平均工资收入超过 5 000 元的,按 5 000 元

计缴”;2005 年之后基本按照“各地缴存的月工资基数最低不得低于最低月工资标准,最高不超过苏州市统计局公布的当地上年度职工月平均工资的 3 倍”的标准执行。尽管缴存基数下限年年上调,但上限基本受到封顶基数的强制约束,这一点有效约束了住房公积金缴纳的差距,限制了多寡之间的两极分化,促进了社会的公平。

设置最高贷款额度上限,不仅可以使归集有限的住房公积金在更大范围内惠及更多的贷款需求人,同时也限制了不符合保障性和合理性的住宅消费需求。另外,设置单笔住房公积金贷款额上限也直接限制了住房公积金贷款对高价房屋的贡献率,房价越高房屋面积越大,住房公积金贷款对其的贡献就越小,甚至为不支持。

2. 促进苏州住宅市场的良性发展

住房公积金制度的建立和发展既拉动了住宅市场的发展和繁荣,又对住宅投资和投机起到了一定的抑制作用。

住房公积金对苏州住宅市场的发展和繁荣起到了极大的贡献作用:截至 2012 年年末,在全市购、建房中,使用含有公积金贷款支持的购、建房面积高达 2 135 万平方米。

2002 年为大力发展个人住房贷款业务,进一步提高职工购买住房的支付能力,拉动苏州房地产市场的发展和繁荣。苏州市住房公积金管理中心对市区职工住房公积金贷款的有关规定适时作出了调整。这些政策的直接效果是 2003 年全年住房公积金贷款较 2002 年增幅高达 116%。间接效果是房屋均价由 2002 年的 1 987 元/平方米大幅上涨到 2003 年的 2 908 元/平方米,增长了约 46%。

同样的举措见诸于 2008 年,由于 2008 年爆发了全球性金融危机,作为拥有众多跨国企业和港澳台企业的苏州,其房地产市场备受冲击,为此苏州市住房公积金管理中心配合国家有关政策,审时度势出台了相应的政策:一是调整市区住房公积金贷款最高限额,二是降低住房公积金贷款首付款比例。

2011 年下发《关于贯彻落实四部委〈关于规范住房公积金个人住房贷款政策有关问题的通知〉的通知》,主要内容:一是对办理第二套住房公积金个人住房贷款,首付款比例不低于住房总价的 50%。贷款利率按同期首套住房公积金个人住房贷款利率的 1.1 倍计算。二是停止向购买第三套及以上住房的借款申请人(含共同借款申请人)办理住房公积金个人住房贷款。该政策的出台体现了贯彻落实调控的作用。

3. 在整个住房保障体系中发挥着重大作用

截至2011年年末,住房公积金对廉租房建设累计给予了7.1亿元的支持。2012年9月4日,在住建部等3部门联合印发的《关于做好扩大利用住房公积金贷款支持保障性住房建设试点范围的通知》中,将苏州市正式列为第二批住房公积金贷款支持保障性住房建设试点城市,批准苏州用公积金贷款支持3个危旧房片区改造项目,贷款金额20亿元,建设规模计67.78万平方米。从整个住房保障体系来看,住房公积金制度不仅有效发挥了对中低收入普通职工家庭群体的住房保障作用,而且对廉租房建设、危旧房解危改造、老住宅小区综合整治等保障性住房建设起到了越来越大的支持作用。

六、苏州市住房公积金对住房消费的贡献与效果

(一) 对家庭住房消费的支持和贡献

1999年《住房公积金管理条例》颁布后,苏州市住房公积金管理中心果断地停止住房建设贷款,把归集的住房公积金全部用于支持职工住房消费。截至2012年年末,累计向22.6万户职工家庭发放贷款443.79亿元;支持购、建房总面积为2 135万平方米。

1. 住房公积金对家庭住房消费支持和贡献十分显著

根据2001年至2011年住房公积金个人贷款情况,在使用公积金贷款或公积金和商业组合贷款购房中,公积金贷款对家庭购房支持度或贡献率十分显著:从2001年到2011年,公积金贷款对家庭购房资金的平均支持度或贡献率约为43.05%,而商业贷款对家庭购房资金的平均支持度或贡献率仅约为8.88%。在使用公积金或公积金和商业组合贷款购房中,平均单笔公积金贷款支持额具有明显的阶梯式增长特征,2001年至2002年平均支持额约为9万元/笔,2003年至2008年平均支持额约为20万元/笔,2009年至2011年平均支持额约为28万元/笔。这说明了公积金贷款对家庭住房消费的支持是与经济发展同步的支持,是与房价、收入增长同步的支持,也是有效的支持。

2. “20～40岁”人群是公积金支持的主体

从总体来看，在年龄分段中，“20～40岁”人群是住房公积金支持的主体。近5年来，对“20～40岁”人群住房消费支持度约为76%。

从趋势来看，住房公积金对“20～30岁”人群住房消费的支持度已由2002年最低的25.15%增加到2011年的42.61%，总体呈现递增趋势。与此相反的是，住房公积金对其他年龄段人群住房消费的支持度则呈现一定程度的下降趋势。这是因为随着“80后”人群成长起来，其释放的刚性住房需求成为整个住宅市场需求的主力军，住房公积金贷款在年龄结构上的支持情况正好与之相吻合。

3. 中等及中等偏下收入家庭是住房公积金支持的主体

从总体支持情况来看，中等及中等偏下收入家庭是住房公积金支持的主体。月收入在2 000～8 000元之间的家庭，是收入层次处于中等及中等偏下的家庭群体，住房公积金对其住房消费的总体支持度约为61.21%。显然，该收入层次的家庭是公积金重点和主要支持的对象。公积金对家庭月收入小于2 000元的家庭住房消费的支持度为3.75%，对家庭月收入大于15 000元的家庭住房消费的支持度为4.74%。很显然，住房公积金对收入处于两端的家庭的住房消费支持程度较小。

4. 面积在“80～140平方米”的住房消费是住房公积金支持的主体

面积在“80～140平方米”的住房消费是住房公积金支持的主体，总体支持度约为68.84%。其中，对面积在“80～100平方米”的住房消费支持度最大，约为26.40%；其次为面积在“120～140平方米”的住房消费，对其的支持度约为23.35%；对面积在“100～120平方米”的住房消费支持度相对前两者略小，约为19.09%。

5. 总价在“20～80万元”的住房消费是住房公积金支持的主体

对于购买不同总房价住房的购房群体来说，购买房屋总房价越高，公积金对其支持得越少，公积金对购房者减轻压力是向总房价小的购房群体倾斜的。其中，对购买总房价在“20～40万元”和“40～60万元”的支持度最大，支持度分别约为29.73%和29.25%；其次是对购买总房价在“60～80万元”的支持度约为17.18%。而对总价超过125

万元的房屋支持度极小，仅约为2.81%。

（二）始终把为中低收入家庭解决住房困难作为工作重点

为支持中等偏低收入家庭改善住房困难情况，减轻住房消费负担，充分发挥住房公积金制度的住房保障作用，苏州市住房公积金管理中心始终把为中低收入家庭解决住房困难作为工作重点，陆续出台了多项对社会困难群体和中低收入职工家庭的保障措施。这些措施不仅充分体现了住房公积金制度对中低收入群体住房保障的优势，而且切实为中低收入家庭解决住房困难提供了多方面的资金扶持。

2005年，苏州市住房公积金管理中心根据苏州市政府《苏州市切实解决中低收入家庭住房若干意见》文件精神，及时有效地推出了若干惠民措施。2009年住房公积金管理中心出台了《关于进一步做好对中低收入家庭住房公积金服务的工作意见》，2011年12月住房公积金管理中心印发了《苏州市中等偏低收入住房困难家庭住房公积金贷款贴息实施办法（试行）》的通知，针对符合条件的住建部门认定的中等偏低收入住房困难家庭和所购自住住房为政府定向供应的保障性住房的家庭实施住房公积金贷款贴息。

（三）坚定不移地支持城镇保障性住房建设

住房公积金制度建立初期，为支持单位房改，累计发放单位购建住房低息贷款1.40亿元，为部分单位缓解职工住房困难发挥了作用；早在1995—1998年期间，就已实施国家安居工程的建设，住房公积金作为地方配套资金，先后支持经济适用房、安居工程等住房建设共83万平方米，为中低收入职工家庭提供了9 000多套住房；在市区实施旧街坊改造中，先后发放旧街坊改造安居工程建设贷款6 000万元，使居住在破旧危险房屋里的1 000多户居民直接受益，明显改善了居住条件。

近3年来，平均每年建立的廉租房建设补充金额约为1.49亿元。截至2011年年末，住房公积金对廉租房建设累计给予7.1亿元的支持。2010年，开工建设城区居民公共租赁住房小区，建设住房1 489套、9.3万平方米，首期工程确保城市低收入无房家庭能配租到公共租赁住房。2011年为配合市政府实事工程（南环新村危旧房解危改造工程、城区居民家庭改厕工程、桃花坞历史文化片区综合整治保护利用工程和虎丘地区综合改造工程）安置工作的顺利进行，减轻居民在安置过程中的经济负担，针对市政府实事工程中涉及拆迁、改造和安置的住宅户居民，住房公积金管理中心适时出台了“可以一次性提取本人和配偶个人住房公积金账户中的全部金额，不受拆迁安置支付金额限制”的惠民政策。

七、苏州市住房公积金制度对城镇住房制度转型的作用

（一）促进住房分配制度转型

1. 住房公积金制度的实施促进了住房分配理念的转变

我国始于20世纪80年代的住房制度改革，目标就是要不断改善和提高人民的居住水平。但随着住房制度改革的不断深入，一方面住房建设单纯依靠国家和企业筹资，不但不能满足住房的实际需求，而且国家和企业的负担越来越沉重，融资困难成为住房建设发展的障碍；另一方面城市居民对住房资金的积蓄匮乏，住房消费资金来源不足，住房消费支付能力低，住房消费的融资问题也成为住房体制进一步改革的主要障碍。1992年苏州市住房公积金制度的建立，是住房分配商品化的关键一步，即住房公积金制度通过增加职工工资当中的住房消费含量，改变了以往住房实物分配的理念，在人们的心目中建立一种全新的理念和认识，实现住房分配体制的改革，使我国住房分配制度从福利制向市场化发展。

2. 住房公积金制度的实施促进了住房分配向货币化转变

1992年到1998年期间，苏州市住房公积金管理中心通过发放单位住房建设贷款，缓解住房供需矛盾。自1999年起，苏州全面停止住房实物分配，逐步实行住房分配货币化。如今，单位是否建立住房公积金、住房公积金缴存多少已经成为广大青年择业的重要标准，“五险一金”也成为各单位尤其是企业网罗人才的重要砝码。

20年来，苏州市住房公积金个人贷款呈现出四个方面的特征：① 住房公积金个人贷款金额持续增加；② 贷款累计发放户数不断扩大；③ 户均公积金贷款金额稳中有升；④ 资金使用维持高效，贷款逾期持续下降。

2012年年度公积金贷款为98.68亿元，购房总金额为246.7亿元，2012年年度公积金贷款占本年度购房总金额比例为39.36%；2012年

公积金在购房资金来源中所占比例为48%,公积金在住房分配制度从福利化向货币化转变过程中发挥着巨大的作用。

(二) 促进住房建设体制改革

住房制度改革的内容之一,是建立以中低收入家庭为对象、具有社会保障性质的经济适用住房供应体系和以较高收入家庭为对象的商品房供应体系,与这两种住房供应体系相对应,必须建立政策性和商业性并存的两种信贷体系。住房公积金制度的建立契合了房改的需要,将由国家和单位统包的住房建设投资体制变为由国家、单位、个人三者合理负担,发挥了三个方面的积极性,增加了住房建设的资金来源,有力地支持了住房建设和经济发展,促进了城镇住房建设的发展。

从2001年到2011年11年间,住房公积金对廉租房建设给予持续支持,支持资金呈现出逐年增加的趋势。尤其是“十一五”期间,在实现住房公积金增值收益8.02亿元中,向各级政府提供廉租住房建设补充资金4.96亿元,有力地增加了住房建设资金的来源。同时,在市区实施旧街坊改造中,先后发放旧街坊改造安居工程建设贷款1.20亿元,使居住在破旧危险房屋里的1 000多户居民直接受益,明显改善了居住条件。住房公积金的出现为国家和个人分担了住房建设投资的负担,对苏州住房建设体制改革起到了极大的贡献作用。

(三) 促进住房保障制度建设

住房公积金制度把住房改革、住房发展和住房保障制度建设转型紧密地结合起来,解决了长期困扰我国住房机制转换问题和筹集政策性住房资金问题,为完善住房保障制度体系建设奠定了基础。

苏州市从1992年起建立住房公积金制度以来,住房公积金管理中心始终围绕以下三个方面建立和完善住房保障制度,第一,住房公积金归集,在扩大资金规模的同时,为职工住房消费积累资金;第二,住房公积金的使用,不断提高职工住房消费的支付能力;第三,住房公积金增值收益的资金投向,直接为社会困难群体提供廉租住房建设补充资金,从而形成了住房保障制度环环相扣的“资金链”。

随着“十二五”规划的实施,进一步加强住房公积金制度的保障作用,住房公积金将增强对基本住房消费的支持力度,积极探索以住房公积金支持保障性住房建设，不断提升住房公积金制度在住房保障和维护职工权益方面的积极作用，建成与苏州基本现代化相匹配的住房公积金制度。在更高层次、更高水平上实现苏州市住房公积金制度的长远、健康、稳步发展，最终实现住房公积金制度从政策覆盖到制度覆盖。

后记

编纂这本《公积金　惠万家——苏州住房公积金制度20年》，其直接动因是为苏州住房公积金制度的20岁生日献上一份贺礼，而当编者一旦投入和开展这项工作时，便感到这绝不是一项应景式的工程，而是一件具有长久价值和意义的事情。

20年来，苏州市住房公积金事业在顺应国家宏观经济体制转型，在贯彻执行历届党委、政府的工作部署，在服务民生、保障民生方面，经过历任住房公积金人的努力工作、艰辛付出，在苏州市迈向全面小康和基本实现现代化的发展进程中，为广大职工群众“住有所居”作出了积极贡献。

岁月流转到今天，当我们回顾苏州住房公积金事业的20年历程，感恩之情油然升起，我们不能忘记为住房公积金事业辛勤开拓、默默耕耘的老同志，不能忘记千千万万参与住房公积金制度的职工群众，不能忘记住房公积金事业一路走来所得到的社会各界的关心与支持。历史让我们尊重这样的情感，现实让我们选择这样的情感。

本书主要分五个部分：“回首”以史实为依据，还原了苏州住房公积金制度建立以后的重要历史过程；“收获”包括了创新经验、重大举措、数说业绩和荣誉集锦等四个方面的专题；“耕耘”感念老同志，反映了老一代住房公积金人所经历的艰辛、坎坷与自豪；“见证”表达了职工群众对住房公积金给他们生活带来新变化的感言心声；“附录”是联合专业科研机构共同完成的课题实证研究成果。

每一部分篇章的体裁不尽相同，角度各有侧重，各部分之间始终贯穿了一条保障民生、服务职工的主线，突出了苏州住房公积金探索、实践、创新的主题，抒发了一代住房公积金人勤于耕耘、乐于奉献的情怀，也融进了见证住房公积金事业发展的职工群众的心声。所有这些都促使我们将视野聚焦于历经20年所创建的住房公积金的苏州经验、苏州模式，以及所形成的推进各项工作的思路、举措和理念，其历程之艰辛，其成绩之显著，其意义之深远，足以让我们驻足沉思。相信对今后苏州住房公积金工作在借鉴历史、总结经验、激励精神、探索规律、指导实践等方面会有所裨益。为此，我们捧出这本书，与广大读者共飨其盛。

本书众手成册，书稿历经增删、修改，四次统稿，四次校对，得以出版，是集体智慧的结晶。但由于时间和资料的局限不能全瞻，敬请读者见谅。

本书承蒙苏州大学出版社的大力支持得以付梓，在此诚挚谢忱。

《公积金　惠万家——苏州住房公积金制度20年》
编委会
2012年12月